자기탐색을 통한

인지행동치료 경험하기

치료사를 위한 자기훈련/자기반영 **워크북**

James Bennett-Levy · Richard Thwaites
Beverly Haarhoff · Helen Perry 공저 | **정은주** 역

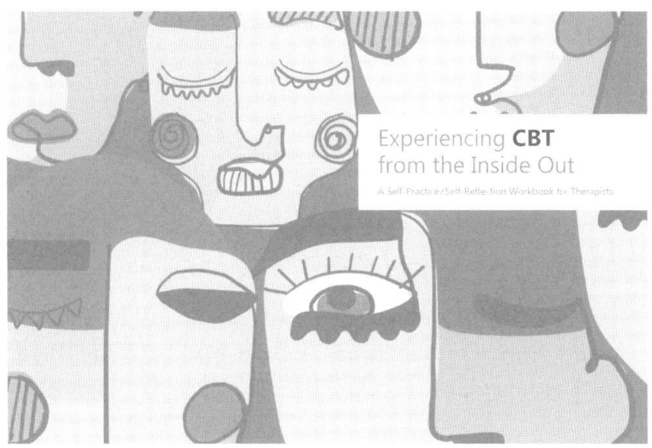

학지사

Experiencing CBT from the Inside Out:
A Self-Practice/Self-Reflection Workbook for Therapists
by James Bennett-Levy, Richard Thwaites, Beverly Haarhoff, and Helen Perry

임상적 기술과 우정으로 옥스퍼드 인지치료센터에서의 많은 시간을
풍요롭게 만들어 준 Concord(Ann, Melanie, Gillian 그리고 Martina)에게

— James Bennett-Levy

격려와 이해를 보내 준 Sarah에게,
그리고 SP/SR을 지지하고 공동 학습과정의 일부였던
첫 단계에서의 모든 동료에게

— Richard Thwaites

가장 친한 친구이자 지지자인 Errol과
나에게 많은 것을 가르쳐 준 매시 대학교 CBT 대학원생들에게

— Beverly Haarhoff

나를 항상 자랑스러워하는 부모님과
베풀어 준 지지와 시간에 감사하며, Dave에게

— Helen Perry

역자 서문

2016년 영국에서 만난 인지행동치료(CBT)는 제2의 물결과 제3의 물결이 공존하는 대세의 흐름 속에 있었다. 사실 나는 그 당시 실존주의에 관심을 갖고 있었지만 어떠한 이유로 대세 인지에 호기심을 갖게 되었고 인지행동치료의 문을 두드렸다. 그들이 열어 보여 준 세상은 간결함과 명확함 그 자체였다. 인지행동치료를 간단히 설명하면, '잡은 물고기를 주는 것이 아니라 물고기 잡는 법을 가르쳐 준다.'는 것이다. 즉, 내담자가 자신의 인지행동치료사가 될 수 있도록 돕는 것이라 했다. 환자로 바라보고 지시하는 것이 아니라, 그들을 믿고 그들이 치료 방법을 익힐 수 있게 하여 스스로를 돕도록 하는 방법이었다. 눈을 크게 뜨고 다시 바라보게 된 세계였다. 내가 지금까지 알고 있던 인지행동치료는 수박 겉핥기 수준에 불과했다는 것을 깨달았으며, 이론과 실습으로 구성된 강의를 통해 다양한 정신병리에 대한 각각의 접근방법을 경험할 수 있었다.

그 경험을 가지고 한국으로 돌아왔고, 인지행동치료를 배우고 싶다는 학생들의 제안으로 연구소에서 워크숍을 진행하게 되었다. 이 과정을 통해 학생들은 인지행동치료의 명료함은 경험할 수 있었지만 동시에 외국 사례가 아닌 우리의 사례를 통한 실제적인 이해의 필요성 또한 더욱 절실히 느끼게 되었다. 이에 연구 대상을 선정하여 인지행동치료를 실시하게 되었는데, 그 과정에서 연구 대상은 DTR(일상적 사고 기록지)을 익혀서 보다 균형 잡힌 사고를 가질 수 있었고, 행동 실험, 심상 작업 등을 통해 사고와 행동의 변화를 모색할 수 있게 되었다. 10회기의 치료 과정은 내담자의 불안을 감소시키는 데 도움이 되었으며, 이러한 경험들이 학생들에게 전달되어 보다 효과적으로 인지행동치료를 이해하는 데 보탬이 되었다.

그러나 인지행동치료를 배우는 학생들이 이론이나 간접적인 이해가 아니라 실제적이고 직접적으로 인지행동치료를 훈련받는 과정 또한 필요하다는 것을 인식하게 되었다. 그러던 찰나에 영국에서 수학 중 접했던『자기탐색을 통한 인지행동치료 경험하기(Experiencing CBT from the Inside Out)』가 눈에 들어왔다. 손에 들고 펼쳐 보는 순간 '이거야!' 하는 생각이 머릿속을 스쳐갔다. 감사한 마음이 가득한 순간이었다. 그렇게 번역은 시작되었다.

진행은 빠르게 되었지만 역시 번역은 모국어가 아닌 언어를 다루는 것의 어려움을 실감하게 하는 일이었다. 초벌 번역을 마치고, 나와 마찬가지로 석사과정에서 상담을, 박사과정에서 미술치료를 전공한 동생(정광석)에게 독자의 입장으로 좀 더 객관적으로 봐 주기를 바라면서 한번 읽어 주기를 부탁했고, 동생이 세심하게 읽고 의견을 준 부분들을 수정하고 또 읽어 나갔다. 그러나 여전히 어색하거나 부족한 부분이 있으리라 생각한다. 이에 대한 독자들의 조언을 기꺼이 받아들일 마음의 준비가 되어 있으니, 의견을 주신다면 이를 반영하여 추후 계속해서 수정 · 보완해 나가도록 하겠다.

내가 영국으로 공부하러 가지 않았다면 이 책은 나와 인연이 되지 못했을 것이다. 그렇기에 그 짧고도 긴 모든 시간을 떠올리지 않을 수가 없다. 영국으로 공부하러 갈 때 응원을 아끼지 않으셨던 최외선 교수님, 김갑숙 교수님, 최선남 교수님께 이 책을 통해 감사의 인사를 드리고 싶다. 메일을 주고받으면서 내 마음을 읽어 주었던 나의 친구이자 동료인 서소희 교수에게도 따뜻한 마음을 표한다. 지지를 보내 주었던 학생들에게도 고마움을 전하고 싶다. 믿음의 눈빛을 보내 주었던 가족들 그리고 군복무 중이던 믿음직한 아들, 내가 하고자 하는 일에 대해 한 번도 반대가 없었고 영국에서 공부하는 아내를 위해 물심양면으로 지원을 아끼지 않았던 남편에게 사랑의 말을 전하고자 한다.

번역판이 나오기까지 도움을 주신 분들이 많다. 이 책의 번역이 시작될 수 있도록 도와주신 학지사 김진환 사장님, 항상 따뜻하게 답해 주시는 소민지 대리님 그리고 책의 편집을 맡아 주신 이영봉 대리님께 감사드린다. 그리고 겨우 삼계죽 한 그릇으로 고맙다는 말을 전했는데, 바쁜 와중에 시간을 내어 원고를 읽어 준 동생에게도 감사한 마음을 전한다.

마지막으로, 이 책을 통해 많은 치료사가 인지행동치료에 대해 더 많은 관심을 가지고 그 실제를 경험하며, 그 경험을 임상 장면에 적용하고 연구하여 인지행동치료가 더욱더 발전하기를 바란다. 또한 실제적으로 자기 삶의 변화를 추구하는 사람들에게 이 책이 작은 도움이 되기를, 나아가 이 사회가 더 건강해지고 행복해질 수 있기를 기대한다.

2020년
나의 작은 서재에서
정은주

추천사

인지행동치료(CBT)를 배우는 가장 좋은 방법 중 하나는 자신의 삶에서 그것을 활용하는 것이다. 매주, 매일의 실습을 통해 CBT에 사용된 방법의 힘과 정서적 · 인지적 · 행동적 영향 그리고 내담자가 활용할 때 직면하게 될 수 있는 장애 등을 인식하게 된다. 이러한 이유로 나는 나의 첫 번째 내담자였으며, 훈련 프로그램과 워크숍에 자기훈련을 항상 포함시키고 있다.

CBT 자기훈련과 자기반영에서 배운 점은 무엇이었을까? 더 나은 자기이해뿐만 아니라 CBT를 더 신뢰하게 되었다. 내가 "이 방법을 처음 사용했을 때는 어려웠고, 몇 주가 지나서야 도움이 된다는 것을 알게 되었어요."라고 말할 때 내담자들은 종종 놀라거나 감동받는다. 당신이 말을 실천할 때 당신의 진실성, 치료적 동맹 그리고 내담자의 충실성이 강화된다. CBT를 활용한 개인적 경험이 이 방법이 가치가 있다는 당신의 확신을 내담자에게 전달되도록 한다.

내가 해 보지 않았거나 할 계획인 것을 내담자에게 과제로 제시하지 않는다는 것이 내 규칙이다. 가끔 내담자에게 이렇게 말한다. "이번 주에 우리 둘 다 이 과제를 해 봅시다. 그리고 다음 회기에서 우리에게 어떤 일이 일어났는지를 기록한 노트를 비교해 봅시다." 내담자의 속도에 맞추는 것은 치료에서의 협력에 대한 당신의 헌신을 강력하게 표현하는 것이다. 또 그것은 현실적 점검이 되기에, 당신은 다양한 학습 과업을 하는 것이 어떤 것인지에 대한 관점을 잃지 않을 것이다. 그리고 "나도 이것을 하는 데 많은 시간을 쓴답니다."라고 내담자에게 말할 수 있을 때 치료 실험과 학습 훈련의 중요성을 강조하게 된다.

자동적 사고 확인하기와 같은 기초적인 과제도 당신이 시간을 들여 조용히 생각하는 시간을 가질 때 더 풍부해질 수 있다. 직장에서 압박감을 느끼고 자동적 사고를 인식하는 시간에, 처음에는 '할 일이 너무 많아. 오늘 이 일을 다 해야 하는데 할 시간이 거의 없어.'와 비슷한 생각을 할 것이다. 처음의 이 자동적 사고를 확인한 후에도 여전히 압박감을 느낀다. 그러나 나의 생각에 집중할 더 많은 시간을 가진다면 생각은 달라질 것이다. '다른 사람들이 나에게 의지하고 있고 나는 좋은 일을 하기를 원해.' 좀 더 많은 반영 시간을 가지면 더 깊은 수준의 의미들이 명확해진다. '최선을 다하는 것은 정말 중요해. 이 일을 중요하게 여기고 있고 도움이 되기를 원해. 이 일은 나에게 변화를 가져올 좋은 기회야.' 더 깊은 의미, 가치와 연결된 자동적 사고를 발견하는 시간을 가졌을 때 내가 느꼈던 압박감은 활기찬 목적의식으로 변화될 수 있었다. 따라서 CBT를 가장 효과적으로 사용하는 방법을 배우고 싶다면, 단순히 표면적인 사고, 정서 그리고 행동이 아니라 더 깊은 수준의 인식과 연결하는 방식으로 그것을 훈련하는 것이 중요하다.

이 자기훈련의 개념은 내가 자신과 내담자에게 CBT를 처음으로 사용하기 위해 배웠던 1970년대보다 훨씬 더 잘 이해되고 있다. 나는 2001년에 James Bennett-Levy의 박사논문, 즉 CBT 학습에서의 자기훈련/자기반영(SP/SR)의 효과에 관한 첫 연구의 심사자로 초대되었다. Bennett-Levy의 자기훈련에 솔직한 자기반영을 덧붙인 아이디어는 행동에 의해 학습한다는 개념을 훌륭하게 확장시킨 것이었다. 결합된 훈련과 반영의 힘은 우리가 이후에 함께 시행한 연구에 의해 지지되었고(Bennett-Levy & Padesky, 2014), 많은 SP/SR 연구가 이 책의 저자들에 의해 이루어졌다. 이 책을 끝까지 읽을 때 '자기탐색을 통한(from the inside out)'의 개념을 이해하게 될 것이다.

독자로서 당신은 실력 있는 사람이다. 저자들은 스스로에게 이 방법을 사용했으며, 이 과정으로 수많은 치료사를 지도했다. 훈련, 활동지 그리고 지시문들은 모두 검증되었고, 자기훈련을 위해 CBT를 사용하여 가능한 한 최고의 경험을 하도록 돕기 위해 계획되었다. 이 책에 포함된 자기반영 훈련은 모든 단계의 방법을 최대한으로 배울 수 있도록 한다. 이 책이 강점 확인, 새로운 가정과 행동 형성 그리고 심상 활용과 행동 실험에 대해 강조하고 있어서 좋았다. 이 모든 방법은 강점기반 CBT의 핵심으로(Padesky & Mooney, 2012), 이는 우리 센터가 앞장서서 전 세계의 많은 치료사를 가르치고 있는 것이다. 저자들은 이 개념을 창의적으로 적용하였고 치료사의 발달에 적합하도록 훈련을 개발시켰다.

『자기탐색을 통한 인지행동치료 경험하기』는 CBT 훈련에 대한 이해를 돕는 이상적인 지침서로 자기 발견과 학습을 위한 지도를 제공한다. 제시된 다양한 길을 탐색하는 것은 당신의 몫이며, 그 선택은 당신이 무엇을 학습하게 될지를 결정한다. 이 책은 당신이 책 속에서 전속력으로 달리기보다는 천천히 걸을 것을 제안한다. 각 장에서 많은 시간을 쓸수록, 예상치 못한 발견을 더 많이 하게 될 것이며, CBT 훈련에 대한 새롭고 깊은 의미를 찾아 나가려는 노력은 당신을 더 나은 치료사, 더 행복한 사람이 되도록 도울 것이다.

저자들은 당신이 개방적인 호기심으로 SP/SR에 참여하기를 바란다. 나는 당신이 훈련을 통해서 CBT가 제공하는 모든 가능성에 대한 진정한 이해와 기쁨을 발견하게 될 것이라고 자신한다.

Christine A. Padesky, PhD
캘리포니아 헌팅턴 비치 인지치료센터
www.padesky.com

참고문헌

Bennett-Levy, J., & Padesky, C. A. (2014). Use it or lose it: Post-workshop reflection enhances learning and utilization of CBT skills. *Cognitive and Behavioral Practice, 21,* 12-19.

Padesky, C. A., & Mooney, K. A. (2012). Strengths-based cognitive-behavioral therapy: A four step model to build resilience. *Clinical Psychology and Psychotherapy, 19*, 283-290.

저자 서문

『자기탐색을 통한 인지행동치료 경험하기』의 세계로 온 것을 환영한다. 15년의 연구 이후, SP/SR은 공식적으로 활용 가능한 첫 SP/SR 워크북을 출판하기에 충분한 수준에 이르렀다. 이 책은 포부 있고 숙련된 CBT 치료사들이 단순히 CBT에 대해 읽는 것이 아니라 스스로 훈련할 수 있도록 한다. 연구에 의하면, SP/SR은 CBT에 대한 치료사의 이해를 깊게 하고, 반영 기술과 치료적 관계를 강화하는 능력 등의 메타능력을 포함한 치료적 기술을 연마하게 한다.

『자기탐색을 통한 인지행동치료 경험하기』에서 우리는 단지 CBT의 현대적 이해를 재고하는 것이 아닌, 그것을 확장하는 기회를 갖게 된다. 워크북을 쓰는 동안, 우리는 오래된 존재방식과 새로운 존재방식을 공식화하고 비교하기 위한 통합적인 방법으로서 디스크 모델을 개발하였다. 책을 쓰면서 SP/SR을 통한 워크북이 CBT를 하는 새로운 방법을 소개하기에 적절한 공간인지 고민했다. 그러나 존재방식 디스크 모델은 완성되었고, 결국 우리는 이를 포함하기로 결정했다.

SP/SR 참여자인 당신이 이 책을 사용하면서 이 새로운 모델을 실험해 보기를 바란다. 단순히 CBT에 대한 이해와 치료적 기술의 발달을 위함이 아니라, 무엇보다 자신을 위해 그것의 의미를 탐색하기를 권한다. 만약 그 과정에서 모델을 확장시킬 새로운 방법을 찾는다면 우리에게 알려 주기를 바란다. 그것을 들으면 기쁠 것이다.

무엇보다도 자기탐색의 관점을 통해 CBT를 경험하는 즐거움을 느끼기를 바란다. 이 워크북이 당신을 격려할 것이며, 당신은 CBT의 풍부함과 다양성을 이해할 수 있을 것이다. CBT의 장점 중 하나는 비교적 짧은 기간 동안 지속적으로 발전한다는 점이다. 존재방식 디스크 모델과 SP/SR 실습이 CBT 진전에 또 다른 작은 발걸음이 되기를 바란다.

James Bennett-Levy

Richard Thwaites

Beverly Haarhoff

Helen Perry

일러두기

심리치료사를 위한 SP/SR 지침

James Bennett-Levy(시리즈 편집자)

이 시리즈는 SP/SR을 사용한 '자기탐색을 통해' 치료의 효율성을 높이고자 하는 치료사들을 초대한다. 이 시리즈의 책은 그들이 바꾸고 싶어 하는 개인적 · 직업적인 문제에 초점을 맞추는 것, 스스로에게 치료적 기술을 써 보는 것(자기훈련), 그리고 경험에 대해 생각해 보는 것(자기반영)의 세 단계의 구조화된 과정으로 치료사들을 이끈다. 연구들은 전통적인 훈련 절차를 통해, 그동안 가능하지 않았던 통찰과 기술을 제공하는 SP/SR의 독특한 장점을 지지한다. 이 접근은 훈련생부터 숙련된 슈퍼바이저까지 모든 경험 수준에 있는 치료사에게 적합하다. 책에 포함되어 있는 활동지나 표는 독자가 사용하기 편하도록 큰 사이즈로 구성하였다.

시리즈의 첫 책은 CBT와 도식치료를 다룬다. 그 다음 책은 수용전념치료 및 다른 증거기반 치료를 포함할 것이다.

『자기탐색을 통한 인지행동치료 경험하기:
치료사를 위한 자기훈련/자기반영 워크북』
James Bennett-Levy, Richard Thwaites,
Beverly Haarhoff, & Helen Perry

차례

PART Ⅱ 새로운 존재방식 형성하고 강화하기

CHAPTER 1

자기탐색을 통한 CBT 경험하기 소개

> 치료의 과정을 온전히 이해하기 위해서는 자기 스스로 인지치료를 활용하는 것이 유일한 방법이다.
>
> - Christine, A. Padesky, p. 288[1]

지난 15년 동안의 연구에 의하면 초보자부터 숙련된 슈퍼바이저까지 모든 수준의 CBT(Cognitive behavioral therapy) 치료사의 기술에 자기훈련/자기반영(Self-Practice/Self-Reflection: SP/SR)이 긍정적인 영향을 미치고 있다. 이 SP/SR 접근을 즐기길 바란다. CBT 이해, 기술들, 자신감 그리고 반영 능력 면에서 이 경험이 도움이 될 것이다. SP/SR은 당신의 전문적인 면과 개인적인 면에서 유익할 것이다. 그리고 당신의 경험은 내담자에게 직접적인 도움이 될 것이다. SP/SR 참여자들은 우리가 활성화시키고 있는 일관된 특징을 보이는 프로그램인 SP/SR에 대한 열정적인 반응을 나타내는 예시가 될 것이다.

이 장에서는 SP/SR을 간단히 소개하고, SP/SR 접근의 근거를 논의하며, 연구 결과를 간단히 다룬다. 그리고 이 책을 끝까지 활용하도록 돕기 위한 지침을 제공하며, 2장에서 4장까지는 SP/SR 참여자들과 촉진자들의 경험을 향상시키기 위해 상세한 내용을 제공한다.

SP/SR이란

SP/SR은 치료사들이 CBT를 스스로 사용해 보고(자기훈련), 그 훈련에 대해 생각해 보는(자기반영) 구조화된 실습을 제공하는 경험적인 훈련 방법이다. 이 SP/SR 프로그램에서 초점을 맞출 전문적인 문제나 개인적인 문제를 선택하고, 그 문제를 확인하고, 공식화하고, 다루기 위해 CBT 전략을 사용한다. 자기훈련 후, CBT 기술을 써 본 자신의 경험에 대해 깊이 생각해 보게 된다. 이 심사숙고한 생각들을 단순히 '생각하기'보다 적어 본다면 훨씬 더 가치 있을 것이다. 그래서 이 반영의 기록은 SP/SR의 핵심적인 부분이다. 이 반영들은 다양한 수준에서 일어난다. 예를 들어, SP/SR 참여자들은 CBT 기술(예: 행동 실험)에 대한 개인적 경험에 대해 처음으로 생각해 볼 것이고, 어떤 요소들이 도움이 되는지 확인하게 될 것이다. 그리고 CBT 이론의 지식과 임상실습 훈련의 의미를 생각해 볼 것이다.

만약 집단 SP/SR 프로그램이라면, 참여자들은 집단원들과 프로그램에 대한 생각들을 나눌 수 있고, 특별한 방법에 대한 그들의 경험이 서로 어떻게 비슷한지 또는 다른지 알 수 있게 된다. 이것이 '보통의' CBT 훈련 형태[2]와는 다른 SP/SR 훈련의 자기경험적 요소이며, 일반적으로 참여자들은 '자기탐색'을 통해 CBT를 경험함으로써 CBT를 '더 깊이 이해하게 되었다.'[3]고 말한다.

SP/SR의 근거와 연구 결과

초기 단계(1970년대 중반~1980년 후반)에 CBT는 '치료사 개인'에게는 거의 또는 전혀 관심을 두지 않는, 주로 기술적인 개입으로 묘사되었다. 그러나 1990년대에 CBT의 자기훈련의 가치에 대한 인식이 증가하였다.[1, 4-7] 그 근거는 두 가지 주요 범주로 나눌 수 있다. 첫째, Judith S. Beck과 Christine A. Padesky와 같은 훈련가들은 CBT의 자기훈련이 CBT의 기술 습득과 개선을 촉진한다고 말한다.[1, 5] 둘째, 1990년대 독창적인 두 권의 책인 『성격장애를 위한 인지치료(Cognitive Therapy Personality Disorders)』[4]와 『인지치료에서 대인관계 과정(Interpersonal Processes in Cognitive Therapy)』[8]의 출간은 다른 치료에서만큼 CBT에서도 특히 치료적 관계에서 문제가 발생하는 심각한 문제를 가진 내담자와 일할 때 치료사의 자기자각과 자기이해가 중요하다는 인식을 증가시켰다.[7] 이 책들과 CBT 기술들을 자신에게 적용해 본 개인적인 경험[9]은 SP/SR 워크북을 만드는 데 영감을 주었다.

그 후 다른 저자들은 CBT에 대한 자기훈련과 자기반영[10-12]의 가치를 강조하였고, 경험적인 SP/SR 연구의 중요성을 부각시켰다.[2, 3, 13-33] 다른 참여자 집단을 대상으로 서로 다른 나라에서 지속된 연구 결과는 SP/SR이 CBT와 CBT 기술들에 대한 이해, 치료사로서의 자신감 그리고 CBT가 효과적인 치료라는 믿음을 높여 주었다.[16, 17] 이 연구들은 SP/SR의 효과가 초보 치료사만큼 숙련된 치료사에게도 가치가 있다고 말한다.[13, 15] 참여자들은 '자기탐색을 통한 CBT 경험하기'를 통해 SP/SR이 치료에 대한 '더 깊은 이해'[3, 13]가 가능해졌다고 말한다. 그 영향은 개념적 기술(예: CBT 공식화),[18] 전문적 기술(예: CBT 기술들을 더 효과적으로 활용하는 능력)[13] 그리고 대인관계 기술(예: 내담자에 대한 공감)에서 느껴진다.[16, 26, 34, 35] 또한 참여자들은 깊이 생각하는 기술이 SP/SR을 통해 향상되었다고 말한다.[13] 반영이 치료사의 직업을 통해 '평생학습을 위한 원동력을 제공하는' 중요한 메타인지 능력이기 때문에 이는 중요한 발견이다.[14, 34]

아마도 모든 SP/SR 연구에서 중심이 되는 가장 중요한 결과는 대인관계 기술과 치료적 관계를 향상시키는 내담자에 대한 태도에 SP/SR이 영향을 미친다는 점이다.[22] 자기탐색을 통한 CBT 경험하기를 통해 변화의 어려움, 부정적 인지적 편견, 반추적인 사고와 같은 기저 양식의 역할과 도움이 되지 않는 존재방식을 유지시키는 역할을 하는 안전 행동, 변화를 위한 몇 가지 CBT 기술이 일으키는 불안(예: 노출, 행동 실험) 그리고 변화 과정을 지지하는 치료적 관계의 가치에 대해 직접적으로 이해하게 된다. CBT 훈련은 전통적으로 공식화 기술과 전문적인 기술들을 가르치는 데 강하지만 대인관계 영역에서는 다소 약하다.[36] 숙련된 CBT 치료사들은 대인관계 기술을 익히고 개선하는 데 가장 좋은 방법이 치료적 기술들에 대한 자기훈련과 자기반영이라고 말한다.[37] "개인치료와 무경험 치료 사이의 유용한 중간 경로로서, 연구소, 상담자들, 학생들이 인정할 만한"(p. 155)[13] SP/SR은 CBT 내에서 대인관계 기술을 향상시키는 안전하고 효과적인 수단을 제공하는 것으로 보인다.

SP/SR은 치료사 훈련과 성장에 특별한 역할을 한다. 이는 절차적 기술과 CBT의 서술적 이해를 연결시켜 주는 통합적인 훈련 전략을 말한다. 대인관계 기술과 개념적이고 전문적인 기술을 통합하고, '치료사 자기'와 '개인적인 자기' 사이의 의사소통의 통로를 향상시킨다.[16] SP/SR의 자기경험적 요소가 이 연결들을 촉진시킨다. 즉, 반영이 연결되도록 한다.

자기탐색을 통한 CBT 경험하기의 초기 지향

지금은 다양한 지류와 함께 많은 'CBT'가 있다(예: 인지치료, 합리적 정서행동치료, 도식치료, 수용전념치료, 인터넷 기반 CBT, 메타인지치료 그리고 마음챙김명상 기반 인지치료).[38] 『자기탐색을 통한 인지행동치료 경험하기』에서 CBT는 새로운 공식화 방법들을 확장시키고 있지만, Aaron T. Beck의 인지치료에 초점을 맞추고 있다. 자기탐색을 통한 CBT 경험하기에서는 마음챙김명상 기반 인지치료, 수용전념치료, 도식치료 그리고 메타인지치료와 같은 CBT 영향을 받은 다른 치료들의 기술들을 포함하지 않는데, 이들의 일부는 길퍼드 출판사(Guilford Press) 시리즈 『심리치료사를 위한 SP/SR 지침』에서 개별 워크북의 주제가 될 수 있기 때문이다.

『자기탐색을 통한 인지행동치료 경험하기』는 두 가지 주요 영역, 즉 소개하는 장(1~4장)과 SP/SR 모듈(모듈 1~12)로 구성되어 있다. 모든 참여자가 1, 2, 3장을 읽기 바란다. 2장은 워크북의 내용에 영향을 미친 개념적인 토대들을 다룬다. 자기탐색을 통한 CBT 경험하기에서 전통적인 CBT 접근과 새로운 접근법을 발견하게 될 것이다. CBT에 대한 우리의 접근은 인지과학, 임상적 혁명 그리고 아직 완전히 주류에 흡수되지 못하고 있는 신경과학적 지식의 영향을 받았다. 2장은 존재방식 모델을 포함해 이 워크북의 핵심 구조를 지원하는, 당신이 경험하게 될 좀 더 독창적인 몇 가지 전략의 근거에 대해 언급한다.

SP/SR 참여자들이 3장 'SP/SR 참여자를 위한 지침'을 읽는 것은 중요하다. 이 장은 이 워크북을 사용하는 지침을 제공하고, 초점을 맞출 전문적인 또는 개인적인 문제를 선택하는 방법, SP/SR을 할 시기, 개인적으로 또는 집단에서 SP/SR을 할 때 장단점과 같은 문제들을 언급하고, 반영 능력을 키우는 법, SP/SR에 얼마나 시간을 쓸 것인지에 대한 지침을 제공한다. 이 장은 마음가짐과 모듈 1~12를 실시하는 방법을 제공한다. 모듈들은 내용과 이론적 구조로 이루어져 있다. 처음 6개 모듈(Ⅰ부)은 '도움이 되지 않는 오래된 존재방식을 확인하고 이해하는' 것에 초점을 맞추고 있다. 다음 6개 모듈(Ⅱ부)은 '새로운 존재방식을 형성하고 강화하기'를 위해 Ⅰ부를 활용한다. 지름길이 있다고 말하고 싶지만, 워크북을 최대한 활용하기 위해서는 각 모듈에 적절한 시간을 쓰면서 체계적으로 훈련하는 것이 최선이라는 것이다. Ⅰ부는 2시간 정도, Ⅱ부는 3시간 정도 소요된다.

4장 'SP/SR 촉진자를 위한 지침'은 SP/SR 프로그램을 계획하는 CBT 치료사를 위해 특별히 집필되었다. 당신은 집단을 돕게 될 것이다. 또는 전문적인 성장을 목적으로 프로그램을 운영하는 훈련 집단을 이끌게 될 것이다. 또는 자기탐색을 통한 CBT 경험하기를 기존의 CBT 훈련 프로그램에 통합하여 계획할 것이다. 4장은 SP/SR 훈련 프로그램을 효과적으로 운영하기 위한 주요 문제들을 다룬다. 이 장은 SP/SR 참여자로서 자기탐색을 통한 CBT 경험하기를 하는 사람들이 선택적으로 읽을 수 있다.

『자기탐색을 통한 인지행동치료 경험하기』는 전통적인 CBT 교재는 아니다. 모듈에서 자료와 예시를 제공하지만 스스로 연습하게 될 CBT 기술들에 대한 자세한 지시문을 제공하는 것은 아니다. 당신이 그 기술들을 이미 알고 있거나, 기억을 떠올리게 하는 모듈 기록이나 참고문헌을 활용할 수 있는 충분한 지식을 가지고 있을 것이라고 생각한다. 참고문헌 바로 앞쪽, 이 책의 끝에 각 모듈의 주석을 제공한다. 주석에 있는 참고문헌은 모듈에서 다루는 특별한 방법을 더 상세히 설명한다. 이 워크북에서는 SP/SR 참여자들이 일반적으로 경험하는 치료사의 문제나 개인적인 문제 유형을 가진, 경험 정도가 서로 다른 3명의 치료사 셜리,

자야쉬리와 데이비드를 '창조하였다'. 당신이 특별한 기술들을 사용하도록 안내하기 위해 셜리, 자야쉬리 그리고 데이비드의 SP/SR 예시를 제공한다.

이 워크북을 즐기길 바란다. 이 책이 전문적인 그리고 개인적인 삶에 긍정적인 영향을 미치고, 결과적으로 내담자가 상당히 개선되는 효과를 낳는 새로운 존재방식을 창조하게 되기를 바란다.

CHAPTER 2

자기탐색을 통한 CBT 경험하기: 개념적 근거

이 장에서는 『자기탐색을 통한 인지행동치료 경험하기』의 내용을 규정하는 개념적 근거와 영향들을 설명하고, CBT의 새로운 개발 내용을 강조한다. SP/SR 참여자로서 프로그램의 도움을 받는 것이 목적이라면, 이 장을 읽는 것이 필수는 아니다. 그러나 이 워크북의 몇 가지의 혁신적인 방법들의 근거를 이해하길 원한다면 이 장이 흥미로울 것이다.

1998년 이후, 우리는 동료들과 함께 원래의 SP/SR 워크북을 계속 제작하고 있었다. 그러나 CBT의 상황이 최근 몇 년 동안 상당히 변했기 때문에 다시 시작하기로 결정했다. 새 워크북을 계획할 때, 잘 조직되고 연구된 Beck의 전략들(예: 공식화, 사고 기록, 행동 실험 그리고 소크라테스식 질문하기)과 다음 내용을 인정하는 현대적인 지향 사이에 균형을 이루도록 노력하였다.

- 사고의 내용뿐만 아니라 과정의 중요성
- 증가하는 초진단적인 접근의 영향
- 강점기반 전략의 가치
- 자신과 세계에 대한 경험에 있어서 문화의 역할
- 변화를 위한 경험적 전략의 중심적 역할
- 신체와 정서의 밀접한 관련성에 대한 증가하는 인식
- 신체중심 접근법이 정서, 사고와 행동에 직접적인 영향을 미칠 수 있다는 발견

이 아이디어들 중 몇 가지는 자기탐색을 통한 CBT 경험하기를 위한 이론적인 근거를 제공하는 인지과학에 기반을 둔 두 가지 주요 모델, 즉 John D. Teasdale과 Philip J. Barnard의 인지 하위체계 상호작용 모델[39-44]과 Chris Brewin의 회복 경쟁 모델[45]에 요약되어 있다. 이 장의 뒷부분에서 이 모델들을 다룰 것이다. 또 우리는 Teasdale과 Barnard의 이론,

Brewind의 이론에 매우 적합한 독창적인 CBT 개입방법을 개발한 Christine A. Padesky와 Kathleen A. Mooney 그리고 Kees Korrelboom과 동료들의 영향을 인식하고 있다. 이들의 영향으로 이 책에서 존재방식 모델로 설명하는 새로운 개념을 소개하게 되었다. 이 존재방식 모델은 다른 접근들, 특히 Padesky와 Mooney,[46-48] Korrelboom,[49-53] 그리고 Hackmann, Bennett-Levy와 Holmes[54]의 접근들에서 구성 요소들이 인식될지라도 CBT 치료사들에게는 친숙하지 않을 것이다.

이 장은 세 영역으로 나누어진다. 첫째는 『자기탐색을 통한 인지행동치료 경험하기』 개발의 근거가 되는 CBT의 전통적인 개념과 현대의 개념을 알아보고 그것을 포함한 이유를 설명한다. 둘째는 존재방식 모델의 발달에 미친 개념적 영향과 임상적 영향을 토론한다. 마지막으로, 존재방식 모델의 근거와 주요 특징을 설명한다.

자기탐색을 통한 CBT 경험하기의 주요 CBT 개념

CBT에서 공식화의 주 역할

시작 이래 CBT에서 중심이 되고 있는 원리인 공식화의 주 역할은 모든 원칙의 토대를 이루는 것이다.[10, 11, 55-57] Beck의 CBT는 이론적으로 일관적이라는 명성을 얻고 있으면서도 '방법적으로는 관대하다.'[58] 이 방식이 발달하도록 창조성을 허용하고, 많은 CBT 파생물을 양산하고 있다(예: 도식치료, 수용전념치료, 메타인지치료 그리고 마음챙김명상 기반 인지치료). 공식화를 이 워크북의 '중추'로 세움으로써 이 전통이 살도록 하는 반면, 오래된 생각들과 새로운 생각들과 함께 '방법적으로는 관대한' 태도를 취하였다.

사고의 내용뿐만 아니라 과정, 사고와 행동의 기저 양식에 초점

CBT의 초기 버전은 사고의 내용을 변화시키고 사고와 행동의 '역기능적인 방식'을 수정하는 데 초점을 맞추었다. 비록 CBT의 초기 버전에서는 과정이 내용의 보조 역할을 하고 있었음에도 불구하고, CBT는 항상 행동의 기저 양식(예: 회피)과 도움이 되지 않는 사고방식(예: 재앙화)의 중요성을 인식하고 있었다.[57, 59]

세기가 바뀐 이후, 생각을 초래하고 행동을 유지하는 과정을 더 강조하고 있는데, 이는 사고의 실제적인 내용보다는 내담자의 사고(그리고 정서, 신체 및 행동)와의 관계에 더 초점을 맞추는, 치료의 새로운 형태를 발달시키고 있다(예: 마음챙김명상 기반 인지치료, 메타인지치료, 수용전념치료). 이는 Alison G. Harvey, Edward Watkins, Warren Mansell과 Roz Shafran(2004)이 쓴 유명한 책 『정신장애에 대한 인지행동 과정들(Cognitive Behavioural Processes across Psychological Disorders)』[60]에서 강조된 사고와 행동의 기저 양식에 초점을 두고 있다. 이 저자들은 자기초점식 주의, 고통스러운 기억의 회피, 흑백사고와 같은 잘못된 추론 과정, 사고 억압, 반추, 안전 추구 행동, 회피 행동 그리고 다른 기저 양식들이 장애에서 일반적이라는 것을 인식하였다.

따라서 자기탐색을 통한 CBT 경험하기는 사고의 내용(예: 모듈 4, 5 참조)뿐만 아니라 과정을 강조하고 있으며, 사고와 행동의 기저 양식에 대한 참여자의 주의를 찾아내고자 한다.

초진단적 접근

발달 면에서 CBT는 정신적 진단과 밀접하게 관련되어 있다. Beck과 동료들은 우울과 불안을 위한 특별한 치료 매뉴얼들을 발달시켰고,[57, 59] 이후 Keith Hawton, David Clark, Paul Salkovskis와 Joan Kirk(1989)의 『정신의학적 문제를 위한 인지행동치료(Cognitive Behaviour Therapy for Psychiatric problems)』[61]와 Salkovksis(1996)의 『인지치료의 선구자들(Frontiers of Cognitive Therapy)』[62]과 같은 책에서 볼 수 있는데, 특별한 치료들이 많은 정신장애를 위해 발달되었다. 그러나 최근에 '연구와 치료에서의 초진단적 접근'이라는 부제가 달린 Harvey 등의 책[60]이 전조가 되었던, CBT에서의 초진단적인 것을 강조하는 움직임을 이해하기 시작했다. David H. Barlow와 동료들이 선두에 선 최근 CBT 치료사들[63-65]은 기대할 수 있는 효과들과 함께 초진단적 치료 프로토콜을 발달시키기 시작했다.[66, 67]

SP/SR 워크북들은 항상 치료보다는 훈련을 위해 계획되고 있다. 그래서 처음부터 CBT 기술의 자기훈련과 함께 초진단적인 것을 강조한다. 『자기탐색을 통한 인지행동치료 경험하기』는 기존의 워크북들의 초진단적인 강조를 유지한다. 그러나 지금은 SP/SR의 초진단적인 강조와 CBT에서의 최근 지향 사이에 더 많은 연합이 있다는 것을 알고 있다.

강점기반 접근

CBT의 전통적인 초점은 문제를 이끌어 내고 공식화하는 것이며, 특히 도움이 되지 않는 사고와 행동을 인식하고 그 후 사고를 수정하는 작업을 하며 문제를 성공적으로 해결하기 위해 더 적응적인 행동들을 발달시키는 것이었다. 이 전략의 효과는 반복적으로 증명되고 있다.

그러나 Christine Padesky와 동료들의 연구에서 보이듯, 최근 CBT 내에 내담자의 강점을 포함하는 흐름이 증가하고 있다.[11, 46, 48] Kuyken, Padesky와 Dudley가 "내담자의 강점에 주의를 두는 개념화는…… 많은 이점을 가지고 있다."라고 했듯이, 단지 문제의 쟁점이 아니라 전인(全人)에 대한 설명과 이해가 제공된다. 강점에 초점을 두는 것은 고통의 경감과 내담자의 삶의 질의 정상적인 기능적 개선 그리고 내담자의 탄력성을 강화함으로써 잠재적인 치료 효과를 확장시킨다(p. 8).[11] 긍정심리학의 증거기반 개입[68-72]의 병행 성장과 더불어, 최근 경험적 자료들은 사실상 강점기반 CBT 접근이 결핍초점식 모델에 이점이 된다는 것을 가리킨다.[73, 74] 이는 CBT에서 강점을 더욱 강조하는 움직임이 당위성을 가지게 될 것이라는 것을 말한다.

따라서 자기탐색을 통한 CBT 경험하기에서 강점은 CBT 공식화에 명백히 포함되고, 이는 새로운 존재방식을 촉진하고 지지하는 데 사용된다.

문화적으로 반응적인 치료

CBT는 서구 문화 환경에서 발달하였고, 최근까지도 비교 문화적으로 CBT의 적절성이나 CBT 효과에 대한 문화적 영향에 거의 관심이 없었다. 더구나 문화적 관행과 전통이 사람들의 생각과 세상에서의 존재방식에 분명하게 중요한 영향을 미치고 있음에도 불구하고, 일반적으로 CBT 공식화는 문화적 영향을 포함하지 않고 있다. 최근 임상가들은 문화적으로 민감한 CBT[75-78]를 발전시키고자 하며, 초진단적 접근방법의 사용을 포함하여 다른 문화 집단에 대한 CBT 연구[79-81]를 발달시키고 있다.[82]

Pamela Hays는 CBT에 문화적 관점을 소개하는 데 앞장서고 있으며,[75, 83, 84] 약자 ADDRESSING[75]으로 요약되는 문화에 대한 광범위한 정의를 제공하고 있다. 이 문화적 영향들은 다음과 같다.

- 나이와 세대의 영향(**A**ge and generational influences)
- 발달장애와 다른 신체적 · 인지적 · 감각적 · 정신적 장애들(**D**evelopmental and other physical, cognitive, sensory and psychiatric **D**isabilites)
- 종교와 영적 지향(**R**eligion and spiritual orientation)

- 민족적 그리고 인종적 정체성(**E**thnic and racial identity)
- 사회경제적 지위(**S**ocioeconomic status)
- 성적 성향(**S**exual orientation)
- 전통적 유산(**I**ndigenous heritage)
- 출신 국가(**N**ational origin)
- 성(**G**ender)

세상을 경험하는 데 있어 문화의 중요성을 인식하여, 자기탐색을 통한 CBT 경험하기는 모듈 2에서 CBT 공식화에 문화적 영향을 포함하고 있다.

존재방식 모델의 인지과학적 토대

존재방식(way of Being) 모델에 반영된 인지과학에서 나온 두 가지 모델인 Teasdale과 Barnard의 모델인 인지 하위체계 상호작용(Interacting Cognitive Subsystems: ICS)[39-44, 99, 100]과 CBT에 대한 Brewin의 회복 경쟁(Retrieval Competition) 설명[45]은 CBT에 대한 접근법을 발달시키는 데 많은 영향을 미치고 있다. 유효한 치료적 변화를 낳기 위해 이론적으로 파생된 제안들은 주목하지 않을 수 없으며 그들의 모델들은 상호 보완적이다.

ICS는 복잡한 모델인데, 현재의 제안들과 관련된 면들만을 강조함으로써 단순화시키고자 한다. 온전한 이해를 위해서 ICS를 쓴 Teasdale, Barnard와 다른 저자들을 참고하라. 간단히 말해, Teasdale과 Barnard는 두 가지 정보처리 '체계'인 명제적인 체계(propositonal system)와 함축적인 체계(implicational system)를 말한다. 이들 두 체계의 특징은 다음 쪽 표에 기술된 존재방식 모델과 관련된다.

ICS는 두 체계가 매우 다른 특징을 가지고 있다고 말한다. 명제적인 지식은 명백하고 구체적인 정보를 전달한다(예: '양극성장애 내담자를 다루는 지식과 기술이 더 필요해.'). 명제적인 지식은 신체적 경험, 정서나 감각 입력과 직접적으로 연결되지 않는다. 그것의 진리값은 시험되고 확인될 수 있다(지적 앎). 반대로 함축적인 체계는 도식적이고 전체적이다. 종종 '느껴진 감각(felt sense)'으로 경험되며, '스키마 꾸러미'의 중심을 이루는 신체, 정서, 감각 정보

회복 경쟁(Retrieval Competition account): 회복되기 위해 경쟁하는 자기를 포함한 많은 기억이 있다. CBT는 직접적으로 기억 내의 부정적인 정보를 수정하려고 하지 않는다. 부정적인 표상과 관련된 긍정적인 표상을 활성화시킴으로써 변화를 낳는다. 긍정적인 것이 회복 경쟁에서 이기도록 돕는다.

로부터의 입력이고, 항상 언어화될 수 없는 암묵적인 의미를 낳는다(예: 치료사들은 때때로 심한 우울증을 겪는 내담자와 일할 때 인식된 무기력감을 경험할 것이다). 느껴진 감각은 직접적으로 시험해 볼 수 없고, 가슴 수준의 정서적 신념으로 경험된다(예: '우울증 내담자와 어느 정도 잘하고 있다는 것을 머리로는 알지만, 결코 내가 잘하고 있는 것처럼 느껴지지 않는다.').

Teasdale과 Barnard의 모델은 치료의 직접적인 의미들을 나타낸다. 중요한 변화를 위해 합리적인 논쟁적 개입과 심리교육이 중요한 관점 변화를 초래하지 않는다면, 그것들은 적절하지 않다고 말한다(Teasdale과 Barnard의 용어인 '대안적인 스키마 모델들'). 다음 표를 참조하라. 예를 들어, 사고 기록지와 행동 실험이 문제에 대한 자각과 이해를 명백히 하지만, 행동 실험이 변화를 낳는 데 사고 기록지보다 더 효과적이라는 것을 발견하였다.[85, 86] ICS 모델은 강점이나 자신감을 구체화하는 새로운 신체 자세를 적용하는, 사고와 정서의 관계를 '마음챙김하는' 또는 온정적 마음을 발달시키는 행동 실험이나 심상기반 개입과 같은 경험적 개입들이 적어도 모든 수준의 스키마에 영향을 주기 때문에 함축적인 체계에 직접적인 영향을 미칠 것이라고 말한다. 또, ICS 모델은 오래된 존재방식의 관점으로 경험을 처리하는 것이 변화를 낳지 못하지만, 경험적인 방법의 영향을 처리하는 참고 틀로서 다른 마음상태(예: 새로운 존재방식 마음상태)를 적용하는 것이 변화를 촉진한다고 말한다. 예를 들어, 대중에게 말하는 것에 대해 공포를 느끼는 남성 내담자가 오래된 존재방식의 관점을 통해 성공적인 말하기를 처리하려 한다면, 그는 변화 과정을 돕지 못하는 '회피하는' 결론을 내릴 수 있다. 반대로 '나는 대중에게 말하는 것에 자신이 있어(비록 지금 그것을 많이 믿지는 않더라도).'와 같이 만약 새로운 존재방식 관점을 통해 그것을 처리한다면, 그는 자신의 말하기에 대한 새로운 생각을 지지하는 증거를 갖게 될 것이다.

Brewin[45]의 회복 경쟁은 오래된 '기억 표상들'과 새로운 것들 사이의 관계 또는 Teasdale과 Barnard의 용어로 '대안적인 스키마 모델들' 사이의 관계를 명료하게 설명한다. Brewin은 내담자들이 정서적 장애를 겪고 있을 때 침습적인 기억, 자신을 무시하는 해석 그리고 지배적인 반추적 사고를 통해 부정적인 기억 표상들(스키마)에 접근이 가능하다고 말한다(예: '나는 쓸모없어.'와 관련된 기억들). 긍정적인 그리고 부정적인 기억 표상들은 '회복 경쟁' 안에 있다고 가정된다(부정적 기억 표상들은 결코 '사라지지 않으며', 단지 접근하기가 어려울 뿐이다).

그러므로 CBT의 목적은 그러한 기억들에 대한 접근 가능성을 향상시키고 강화시킴으로써 대안적 · 적응적인 기억들의 회복을 촉진하는 것이며(예: '내가 나의 가치를 보았을 때'), 그래서 그것들은 광범위한 상황에 걸쳐 활성화되고 회복 경쟁에서 이기게 된다. ICS 모델과 같이, 새로운 존재방식 관점의 적용은 긍정적인 기억 표상의 접근성을 강화하는 것으로 보이며, 미래 상황들에서 더 많이 이용 가능하게 만든다.

Teasdale과 Barnard의 ICS 모델의 주요 요소 요약

명제적인 체계	함축적인 체계
ICS 모델 내에서의 현상학	
명제적인 의미는 언어적으로 표현될 수 있고 분명한 앎의 형태 안에서 구체적인 정보로 전달될 수 있다(예: '그 내담자에게서 낮은 평가를 받았어.').	함축적인 의미는 도식적이고, 전체적이며 비교 상황적이다. '느껴진 감각'으로 경험되고 대개 말로 나타내기가 어렵다(예: '치료사로서 쓸모없다는 나의 느낌' 또는 덜 일반적인 수준에서 '정말 우울한 내담자가 상담실에 들어올 때 나의 가슴 철렁거림').
신체, 정서 또는 감각 경험으로부터 명제적인 체계로 오는 직접적인 입력은 없다.	신체, 정서 그리고 감각 입력(예: 냄새, 목소리 톤)이 암묵적인 의미를 전달한다. 모두 '스키마 꾸러미'에 내재한 것이다. 그들 중 어떤 것은 스키마의 활성화를 야기할 것이다(예: 피로 또는 비판적인 목소리).
명제적인 지식은 (진실 혹은 거짓) 진리값을 지니는데, 이는 증거를 통해 이성적으로 평가되고 확인될 수 있다(예: '무엇을 잘 했지? 무엇을 잘 못했지?'). '이성 수준'의 지적 신념으로 경험된다.	함축적인 스키마는 정당성에 대해 전체적인 '느껴진 감각'을 지닌다. 그것들은 진실 혹은 거짓으로 평가될 수 없다(예: '그냥 내가 존재하는 방식이야.'). '가슴 수준' 또는 '본능 수준'의 정서적 신념으로 경험된다.
ICS 모델 내에서의 치료를 위한 의미	
이성적인 논쟁방법(예: 사고 기록지)과 심리교육은 명제적인 체계에 더 영향을 미칠 것이다. 그리고 비교 상황적인 새로운 존재방식을 형성하는 데 경험적 전략들보다는 덜 영향을 미칠 것이다. 그러나 예외의 경우들이 있다. ① 새로운 정보가 새로운 고등 수준의 의미를 초래하게 되는 경우(예: 많은 내담자가 단기치료로 개선이 없었다는 것을 슈퍼바이저를 통해 알게 된 자신감 없는 초보 치료사가 자신감을 재평가). ② 이성에 근거한 개입들이 새로운 '스키마 모델들'의 형성을 초래하는 경우(예: '내 생각들이 사실이 아니라는 것을 알게 되었어. 그것들은 깊이 생각되고 평가될 수 있는 생각과 의견들이야.').	경험적인 방법들(예: 행동 실험, 심상, 신체적 자세 수정하기, 마음챙김 명상, 주의집중 훈련, 온정초점 접근들)은 이성에 기반한 개입들보다 함축적인 수준에 더 영향을 미친다. 그러므로 새로운 존재방식을 형성한다. 이는 스키마 수준에 직접적인 영향을 주기 때문이다(정서, 신체, 인지, 행동). 만약 새롭고 더 적응적인 마음상태로 도전적인 상황들에 접근한다면 변화를 위한 가능성은 크게 높아진다(Teasdale의 용어로, 새로운 또는 수정된 '스키마 모델'). 예를 들어, '나는 훈련 중인 치료사야. 나는 배우면서 해 나가고 있어.'

ICS 모델과 회복 경쟁 모델의 주요 요소들을 존재방식 모델에 담고자 하였다. 특히 다음 내용들의 가치에 주목한다.

1. '대안적인 스키마 모델'이나 마음상태 발달시키기(예: 새로운 존재방식)
2. 새로운 존재방식 관점에서 새로운 경험을 해석하기
3. 회복 경쟁에 나타나는 도움이 되지 않는 오래된 존재방식과 새로운 존재방식을 공식화하고 대조하기
4. 새로운 존재방식을 강화하기 위해 행동 실험, 심상 그리고 다른 경험적 기술을 사용하기
5. 신체기반 개입방법을 사용하여 새로운 존재방식을 구체화하기(예: 강점과 자신감 있는 신체 자세 적용하기)

존재방식 모델에 대한 임상적 영향

두 그룹의 CBT 임상가인 Christine Padesky와 Kathleen Mooney 그리고 Kees Korreboom과 동료들의 임상적인 혁신들은 존재방식 모델에 중요한 영향을 미치고 있다. Padesky와 Mooney의 구체계/신체계 접근은 주로 고전적인 CBT 개입방법에 반응하지 않는 만성적 어려움을 가진 내담자들과의 관계에서, 특히 경직된 부정적인 핵심 신념이 있는 성격장애를 가진 내담자들을 대상으로 발달하였다.[47, 87] 이들 접근의 목적은 세상과 상호작용하는 '구체계'를 좀 더 적응적인 '신체계'로 전환시키는 것이다. 치료사와 내담자가 함께 내담자의 존재방식과 내담자가 바라는 타인의 존재방식에 대한 관점을 구성한다. 이 관점은 이야기들, 심상, 운동감각적인 신체 자각, 은유들 그리고 관련된 기억들을 통해 발달된다. 그리고 새로운 존재방식을 지지하는 새로운 핵심 신념들, 기본적인 가정들 그리고 행동 전략들을 통해 확인된다. 입원환자와 작업하는 Korrelboom은 성격장애, 우울, 섭식장애와 같은 진단을 받은 낮은 자존감을 지닌 환자를 위한 COMET(COmpetitive MEmory Training)를 발달시켰다.[49-53, 88] COMET의 목표는 환자들의 긍정적 자기이미지를 세우고 강화하는 것이다.

Padesky와 Mooney의 구체계/신체계 접근과 Korrelboom의 COMET 자기이미지 훈련은 긍정적인 대안을 구성하기 전에(신체계/신뢰할 수 있는 긍정적 자기이미지), 현재의 부정적 상태(구체계/부정적 자기이미지)를 공식화함으로써 시작한다. 두 전략 모두 긍정적인 대안을 형성하기 위해 심상을 사용한다. 그다음 신체계/긍정적 자기이미지에서 자신감을 강화하기 위

해 약간 다른 기술을 강조한다. Padesky와 Mooney는 특히 역할극과 행동 실험을 강조한다.[87] Korrelboom은 새로운 관점을 강화하기 위해 긍정적인 심상 훈련과 감각(음악)과 신체지향 방법들을 선호하는 경향이 있다.

Teasdale과 Barnard의 이론과 Brewin의 이론 그리고 Padesky, Mooney의 이론과 Korrelboom의 혁신적인 전략들은 잘 어울린다. 이들 모두는 미래 활용을 위해 현저성과 접근 가능성을 증가시키는 목표와 '대안적인 스키마 모델'[40, 44]의 형성, 이 관점으로 새로운 경험을 처리하는 것의 중요성을 말한다. 또한 Teasdale와 Barnard, Padesky와 Mooney 그리고 Korrelboom 모두 "생성된 새로운 또는 수정된 모델들 내에서 경험을 하는 것"(p. 90)[39]에 무게를 두는데, 예를 들면 행동 실험, 심상 훈련과 같은 또는 Korrelboom의 감각적, 신체지향 전략들과 같은 다른 활동적인 방법들이다. 최근의 경험적 문헌들을 살펴보면, 인지, 정서 그리고 신체지향 개입과의 관계에 대한 잠재적 영향에 대한 자각이 증가하고 있다.[101-104]

존재방식 모델의 주요 특징과 설명

존재방식 모델의 근거와 설명

'새로운 존재방식'이란 용어를 처음 사용한 출판물은 Hackmann 등의 『인지치료의 심상에 대한 Oxford 지침(Oxford Guide to Imagery in Cognitive therapy)』[54]이었다. Hackmann 등은 '새로운 존재방식'을 "기존의 강하고 지속적인 부정적 신념들을 가진 내담자들이 자기계발을 하도록 격려한다는 긍정적 지향…… 새로운 존재방식은 다양하고 새로운 인지, 행동, 정서, 신체적 반응과 느껴진 감각을 포함한다."(p. 182)는 뜻으로 사용하였다. 따라서 Teasdale과 Barnard의 ICS 접근과 마찬가지로 존재방식 모델은 오래된 존재방식에서 새로운 존재방식으로의 변화가 복합 모델인 스키마 수준에서 일어난다는 것을 인정한다. Hackmann 등은 "대안을 만들기 전, 과거 상황에 대해 이해할 수 있고, 적응적인 반응으로써 현재의 역기능적인 존재방식을 평가하는 것이 필수적이다. 그러나 새로운 존재방식 치료 작업의 주요 초점은 새로운 존재방식이나 바라는 상태를 계획하는 것이다."(p. 182)라고 덧붙였다.

『자기탐색을 통한 인지행동치료 경험하기』에서는 워크북의 일치성과 전체적 틀을 제공하기 위해 도움이 되지 않는(오래된) 존재방식과 새로운 존재방식 개념을 사용한다. 첫 6개 모듈(이 책의 I 부)은 도움이 되지 않는/오래된 존재방식을 이해하고 확인하는 것에 초점을 맞추고 있다. 영역Ⅱ는 새로운 존재방식의 형성에 초점을 두고 있다. 그러나 Hackmann의 책에서 새로운 존재방식 개념이 소개된 이후 많은 CBT 문헌에서 언급되었듯이, 스키마 변화가 반드시 핵심 신념 변화를 포함하지는 않는다. Ian James, Matt Goodman과 Katharina Reichelt[90]는 최근 그러한 관점이 '다소 일차원적'이라고 말한다. James 등은 스포츠 심리학을 예로 사용하여, 자신의 기술을 변화시키길 원하는 전문적인 골프 선수는 새로운 스윙을 연습하는 데 많은 시간을 써야 한다고 설명한다. 과제는 오래된 스키마를 약화시키고 새로운 스키마를 형성하는 것이다. 반복은 오랜 시간에 걸쳐 변화 가능한 새로운 신경망의 형성을 포함한다. 복합 모델에서의 스키마 변화는 그 과정의 핵심이지만 핵심 신념의 변화에 의미를 두지 않는다. 변화는 어떻게 생길까? James 등은 "이는 심상, 행동 훈련, 신체 자세 훈련, 기억 재조건화 기술의 사용을 포함할 수 있다."(p. 8)[90]라고 말한다. 이 모든 전략은 모듈 9~11에서 특징지어진 새로운 존재방식 모델에 포함되어 있다.

SP/SR 참여자들과 몇몇 내담자들에게 존재방식 모델을 활용해 보니 더 문제가 많은 사람들과 마찬가지로 강한 부정적 핵심 신념이나 주요 성격적 문제가 없는 사람들에게도 의의가 있었다. 사실, 핵심 신념을 이 워크북 훈련에서 소개하지 않기로 했다. 어떤 측면에서 SP/SR 참여자들이 이것을 '깊이' 다루는 것을 원하지도 기대하지도 않기 때문이며, Ian James[91]가 얼마 전에 지적했듯이 연구에 의하면 단기 CBT 치료에서는 핵심 신념 작업 없이 내담자들이 잘 지내고, 때때로, 단기치료에서 치료사가 내담자와 스키마 작업을 하는 것은 사실상 반치료적이기 때문이다.

좀 더 자세히 설명하면, 많은 이가 자신에 대한 신념에 '사로잡혀' 있으나(예: '난 공격적인 사람들과 일하는 것에 능숙하지 못해.' '난 매우 산만해.') 주요 정신 병리나 역기능적인 핵심 신념을 나타내는 것은 아니다. 치료적으로 중요한 관점 이동은 핵심 신념 수준에서의 문제를 언급하지 않고도 일어날 수 있다. 예를 들어, 내담자는 거리 두기나 마음챙김 전략들을 통해 자신의 사고와 다른 관계를 발달시킴으로써 관점 이동을 경험할 수 있다.[92] 사고는 더 이상 '사실'이 아니다. 그러나 견해, 아이디어 또는 일시적인 인지 경험들은 타당할 수도 있고 그렇지 않을 수도 있다. 예를 들어, 치료 상황에서 초보 치료사들은 몇몇 내담자가 개선이 되지 않기 때문에 자신은 능력이 없다는 생각에 종종 빠진다. 많은 내담자가 약속을 지키지 않거나 또는 전문 치료사들임에도 불구하고 회복되지 않는다는 것을 아는 것은 초보 치료사들의 기대를 정상 상태로 돌리고 불안과 무능력감을 현저하게 줄일 수 있다. 다시 말해, 관점의 이동은 새로운 존재방식을 시작하는 것이다. '나는 지금처럼 잘할 거야. 내 능력은 계속 발전되고 있어.' 이는 시간이 지남에 따라 강화될 수 있다.

요약하면, 존재방식 모델은 초진단적이고, 강점기반 접근은 변화를 촉진함에 있어 경험적 기술의 가치를 강조한다. 오래된 그리고 새로운 존재방식 개념은 주요 정신 병리가 없는, 사고나 행동의 패턴이나 신념에 '묶인' 사람들에게 쉽게 적용 가능하다. 관점 이동과 대안적인 존재방식의 상대적 중요성과 접근성 안에서 변화를 이끄는 CBT 전략들로부터 도움을 받을 수 있다. 12주에 걸쳐 전문적인 또는 개인적인 삶에서 변화를 원하는 치료사들을 위한 워크북에서 존재방식은 유용한 모델로 보인다.

도움이 되지 않는(오래된) 그리고 새로운 존재방식의 디스크 모델 개념

존재방식 모델과 함께 사고, 행동, 정서/신체 감각 사이의 관계를 나타내는 새로운 방식인 3개 동심원을 가진 디스크 모델(disk model; 모듈 9 참조)을 소개하고자 한다. Teasdale과 Barnard의 ICS는 '느껴진 감각'의 함축적인 수준에서는 신체적 경험, 정서, 인지 그리고 행동들 사이의 경계가 아주 모호하다고 말한다. 게다가 Teasdal에 따르면 오래된 생각들은 꾸러미처럼 "몰려나오고" 새로운 생각들은 환경의 변화에 따라 "몰려들어 간다"(p. 101).[39] 디스크 모델은 전통적인 공식화 표보다 훨씬 더 ICS/존재방식의 전체적인 특징을 나타낸다(예: 모듈 2). 게슈탈트로써 더 쉽게 '몰려들어 오고' '몰려나올' 수 있는 것으로 느껴진다. 그리고 시각화하고 기억하기에 더 쉽다는 장점이 추가된다.

디스크 모델의 또 하나의 특징은 새로운 존재방식 모델에 근거를 둔 개인의 강점들이 포함된다는 것이다. (오래된 것이 아닌) 새로운 존재방식 모델에 포함하는 이유는 개인의 강점이 새로운 존재방식의 생성과 발달에 중요한 역할을 하기 때문이다.

결론

지난 40년을 돌아보면 CBT의 가장 흥미로운 특징 중 하나는 이론에 의해 야기되고, 경험적 연구에 의해 지지되고, 혁신을 반기는 CBT 사회의 열정으로 지속적인 변화를 하고 있다는 것이다. CBT 치료사들을 위한 새로운 SP/SR 워크북을 구성하는 데 있어서 과거에 지나간 것을 반영하려고 하지는 않았지만, 적어도 다음 몇 년 동안 잘 견뎌 낼 수 있는 현대의 관점을 포함하고자 하였다. 몇몇 독자는 우리가 새로운 관점들을 반영하고 설명하는 데 너무 많이 나아갔다고 생각할 수도 있다는 것을 안다. 다른 이들은 마음챙김 명상 훈련을 포함하지 않는 것처럼 충분히 다루지 않았다고 생각할 수도 있다. 『자기탐색을 통한 인지행동치료 경험하기』에서의 개념들이 건강한 논쟁을 야기하길 바란다. 그렇게 된다면 이 책의 목적 중 하나가 이루어지게 될 것이다.

이 장의 처음에 언급했듯이 공식화는 Beck의 CBT에 기반을 둔 것이며, 우리는 『자기탐색을 통한 인지행동치료 경험하기』가 그것의 중요성에 대한 우리의 이해를 반영하기를 바란다. 마찬가지로, 이론과 임상적 혁신에 대한 우리의 존중이 『자기탐색을 통한 인지행동치료 경험하기』의 내용을 구성하게 했다. 무엇보다도 워크북의 개발에 대한 관심은 참여자들이 탐색을 통해 CBT 기술들—특히 변화의 주요 촉매로 간주되는 경험적 기술들—을 이해하는 것과 전문적 · 개인적으로 가치 있는 과정이 되도록 하는 것에 있다. 이 기준에 따라 이 책의 성공 여부가 판단될 것이다.

CHAPTER 3

SP/SR 참여자를 위한 지침

이 장은 SP/SR에 참여하려는 누구나 필수적으로 읽어야 한다. 프로그램을 시작하기 전에 생각해 볼 주요 질문들을 제기하고 체험으로부터 가장 큰 이익을 얻을 수 있도록 지침을 제공한다. 또 4장의 내용에 대한 많은 것은 알려 주기 때문에 SP/SR 촉진자, 훈련가 그리고 수련감독자에게 중요한 장이 된다.

지난 10년 사이, 여러 나라에서 SP/SR 참여자들은 SP/SR로부터 얼마나 많은 것을 얻었는지 거듭해서 말하고 있다. 이 책의 전문에서 그들이 말하는 다양한 경험의 예시를 볼 수 있다. 일부 참여자는 다른 이들보다 도움을 더 많이 받았다는 것이 분명하고, 왜 그런지 이제 이해하기 시작했다. 참여자들의 참여 정도가 SP/SR로부터 경험하는 이점의 중심이 된다는 것을 알게 되었다.[2, 15, 16, 25] 따라서 이 장의 중심 주제는 다음과 같다. 참여를 최대화하기 위해, 최고의 이익을 얻기 위해 SP/SR을 어떻게 하면 가장 잘 준비할 수 있을까?

1장에서 언급했듯이, 확인된 SP/SR의 이점은 증가되는 CBT 지식, 기술 그리고 자신감, '개인적 자기'와 '치료사 자기' 내에서의 통찰과 변화, 향상된 반영 능력 그리고 내담자들에게서 미묘한 차이를 보이며 개별화된 접근방법을 포함한다. 더 자세한 연구에 대해 공부하고자 하는 이들을 위해 1장에서 참고 자료를 제시하였지만, 많은 선입견 없이 워크북을 활용하는 것이 더 나을 것이다. 책의 전문에 나오는 다른 참여자들의 의견은 당신이 쓰는 시간과 에너지에 보상이 따를 것이라는 믿음을 줄 것이다.

이 장은 4개의 절로 나뉘어 있다. 첫째 절에서는 SP/SR이 다양한 환경에서, 혼자서, 동료와, 집단에서 또는 슈퍼바이저와 함께 어떻게 시작하는지를 설명한다. 이 서로 다른 상황에서 가장 좋은 효과를 얻기 위한 지침을 제공한다. 둘째 절은 SP/SR에서 참여를 최대화할 수 있는 실제적인 수단에 초점을 맞춘다. '도전할 문제'를 선택하는 방법, 시간 관리, 언제 SP/

SR을 할지 그리고 안전을 유지하는 것이다. 셋째 절에서는 특히 성장하는 반영 능력에 초점을 맞춘다. 반영하는 방법은 '정해진 것'이 아니다. 이 절은 반영 기술을 강화하는 방법을 포함한다. 이 세 절은 SP/SR 참여를 향상시키고 『자기탐색을 통한 인지행동치료 경험하기』로부터 가장 큰 이점을 얻을 수 있도록 준비되었다. 넷째 절에서는 세 명의 치료사인 셜리, 자야쉬리와 데이비드를 소개하는데, 모듈 1~12에서 그들을 사례로 설명한다.

SP/SR 환경: 혼자서, 동료와, 집단에서 또는 슈퍼바이저와 하는 SP/SR

혼자서 SP/SR 워크북 활용하기

SP/SR 실습을 혼자 하는 훈련으로 선택하는 많은 이유가 있다. 예를 들면, 지리적 또는 전문적 고립, 인터넷과 같은 연결 기술을 사용하는 능력이나 방법을 모르거나 사용하고 있지 않는 상태, 스스로 더 나은 일을 하고자 하는 의미에서이다. 만약 이것이 당신의 선호하는 방법이라면, 책임질 수 있는 유일한 사람이 자신뿐일 때 끝까지 해내는 것이 보통은 더 어렵다는 것을 명심하라! 훈련에 참여할 규칙적인 시간을 계획하고 성취하고자 하는 것에 대해 분명한 목표를 설정하는 것은 매우 중요하다. 자기훈련을 통한 작업이 당신이 생각한 것보다 더 강한, 예상치 못한 정서적 반응을 야기할 수 있다는 점을 알아 두는 것이 좋다. 그러므로 혼자서 훈련하고자 한다면 사전에 특히 개인적 안전 전략을 세워 두는 것이 좋을 것이다. 이에 대해서는 이 장의 뒷부분에서 좀 더 자세히 다루게 될 것이다.

동료나 '친구'와 SP/SR 워크북 활용하기

치료사들이 SP/SR 프로그램에 참여하는 데 있어 훈련을 공유할 때 더 효과적이었다는 참여자 피드백은 수년 동안 거듭 확인되고 있다.[2, 19] 실습을 하고 다른 이와 생각을 나누는 것은 매우 보상적인 훈련이 될 수 있고 개인적인 접근의 어려움을 극복하는 데 도움이 될 수 있다. 공유하는 경험은 계속 훈련하도록 돕고, 자기훈련과 자기반영 경험의 확장과 정교함을 촉진하고, 어려움을 극복하고, 이상적으로 지지와 격려, 공감적 조율을 제공한다. 그러나 당신이 선택한 동료는 사려 깊은 사람이어야 한다. 서로 신뢰가 높아야 하고, 비밀보장은 가장 중요하다. 또 관련된 경험 정도, CBT 모델의 이론적 지식, 전문적 발달 정도를 고려하는 것이 중요하다. 자세한 것은 뒤에서 논의될 것인데, 경험이 적은 치료사와 기본 훈련을 한 치료사들은 CBT 모델을 적용하는 기술과 지식을 발달시키는 데 주의를 집중하는 것이 좋고, 반면에 경험이 많은 치료사들은 치료적 관계가 더 중심적 문제라고 생각되는 까다로운 내담자와 더 효과적으로 작업하기 위해 더 개인적인 면에서 자기이해를 향상시키는 것에 더 흥미가 있는 것 같다.[12, 35, 93, 94] 그러므로 짝과 함께하는 상황에서 경험을 최대화하고 좌절이나 실망을 최소화하기 위해 이 요소들을 고려하는 것이 중요하다. 마지막으로, 다른 사람과 함께 작업할 때 시간을 동등하게 공유해야 한다는 것을 명심해야 한다. 한 사람이 장악하고 다른 한 사람이 수동적인 경청자나 다른 사람의 '치료사'가 되는 상황에 빠지는 것을 경계하라.

집단에서 SP/SR 워크북 활용하기

집단에서 SP/SR 프로그램을 훈련하는 것은 흥미로운 대안이며, 이 환경에서 SP/SR을 경험하는 참여자들은 많은 장점을 경험하고 동료와 함께하는 상황의 이점을 확대시킨다는 것을 피드백은 증명한다. 집단에는 여러 유형이 있다. 예를 들면, 정신건강센터나 개인치료실의 치료사들, 동료 슈퍼비전 집단, 이익 단체, 대학 학위과정의 집단 등이다. 집단은 '물리적으로' 또는 토론장, 대화방 또는 상호작용이 있는 블로그 사이트가 설치될 수 있는 인터넷을 통해 '가상으로' 만날 수 있다. 예를 들어, 신뢰, 친화성, 경험 정도 등 앞에서 언급한 요소 중 몇 가지는 주의 깊게 고려될 필요가 있다. 또 서로 전문적으로 접촉하고 있는 집단에서 생각되는 장단점도 고려되고 관리되어야 한다. 전문적인 환경은 솔직한 노출이 억제될 수 있기 때문인데, 특히 서열적인 분위기가 형성되어 있는 조직이라면 더욱 그렇다.

슈퍼바이저와 SP/SR 워크북 활용하기

SP/SR 워크북은 '평소와 같은 슈퍼비전'의 매우 유익한 첨가물이 될 수 있고, 이 상황에서 다양한 다른 방법이 활용될 수 있다. 워크북의 진행은 슈퍼비전의 정규 항목이 될 수 있고 SP/SR 워크북에서 비롯되는 문제는 필요에 따라 토론할 수 있다. 이는 혼자서 모듈을 훈련하는 치료사들에게 유용한 모델이 될 수 있다.

이 워크북은 슈퍼비전에서 좀 더 목표 지향적으로 활용될 수 있다. 예를 들어, 특별한 자기훈련 실습들은 워크북에 포함된 개입방법들에 대한 지식과 능숙한 사용을 강화하는 데 추천될 수 있다(많은 방법이 CBT 개입방법의 표준이 되며, 예를 들면 활동과 감정 일지, 사고 기록지, 행동 실험이 있다). 더 경험 많은 치료사들과의 작업에서, 워크북 실습은 치료적 관계의 파열 및 다른 문제들에 대한 이해와 관련된 자기인식을 촉진하는 데 도움이 될 수 있다.

SP/SR의 실제: 참여의 확대와 이점의 획득

'도전할 문제' 선택하기

SP/SR 워크북을 통한 훈련은 당신이 핵심 위치에 서도록 한다. 첫째, 자기훈련의 적용을 위한 시작점으로서 '도전할 문제'를 선택해야 한다. 당신은 훈련을 시작할 때 많은 지침을 보게 될 것이며, 개인적 또는 전문적 영역의 문제에 대해 다루길 원하는지 생각해 봐야 한다. 일반적 지침으로, 당신이 거의 신임 치료사라면 자신의 일과 관련된 어려운 영역을 생각해 봐야 하는데, 그것은 치료사로서의 성장에 매우 도움이 될 것이다. 그것은 CBT 모델의 측면들에 대한 이해와 적용, 치료사로서 자신감이 될 수도 있고, 하고 있는 프로그램이 어떻든간에 그에 맞서는 요청이 될 수도 있다. 슈퍼비전이나 임상 실습 필요조건과 같은 상황들, 슈퍼바이저나 멘토 또는 동료와의 관계, 어떤 내담자들과 작업하는 데 있어 불안 또는 치료사로서 자신에 대한 의심이 전형적인 예시가 된다.

반면에, 좀 더 경험이 많은 치료사들은 개인적인 문제에 대해 훈련하는 것이 까다로운 내담자와 작업하는 것, 훈련생으로서 슈퍼비전 등과 같은 것과 더 관련된다는 것을 알게 될 것이다. 좀 더 개인적인 문제와 관련된 것의 예시는 대인관계 문제일 수 있고, 타인이 당신에 대해 어떻게 생각하는지에 대한 과민한 관심, 분노와 같은 어떤 정서적 표현 형태와 관련된 문제를 인식하는 것 또는 타인에 대한 신뢰의 어려움을 발견하는 것이 될 수 있다. 물론 여러 문제를 다루기 위해 워크북의 실습들은 동시에 또는 순서대로 할 수 있다. 그러나 자신을 관찰하고, 어떤 것이 자신의 현재 욕구나 가능한 시간에 적절할지 선택하고, 강한 정서적 반응을 불러일으키는 문제를 피하는 것은 중요하다(예: 현재 또는 과거의 트라우마 또는 복잡한 애도).

시간 관리

만약 12모듈을 체계적으로 훈련한다면 최대의 효과를 얻을 것이다. 각 모듈은 앞 모듈에서 성취한 것을 바탕으로 이루어진다. 당신은 지름길을 통해 맥락을 잃을 수 있다. 실습을 통해 훈련할 충분한 시간을 계획하고 과정을 반영해 보는 것은 중요하다.

훈련을 생활의 일부가 되게 하라. 대부분의 사람에게는 하루 중 비어 있는 시간이 없다. 만약 할 수 있다면 SP/SR을 위해 하루 중에 정해진 시간을 만들라. 비록 많은 훈련을 일상생활 중에 수행하게 되겠지만, 워크북을 완성하고 반영하는 특별한 시간을 만드는 것이 도움이 될 것이다. 아마도 그것은 더 일찍 일어나거나, 자녀가 있다면 아이들이 잠들고 난 후일 것이다. 계획을 위해 일기나 달력을 활용할 수 있다. 모듈이나 실습 사이의 긴 시간 간격을 두면 초점이나 흥미를 잃을 수 있다.

얼마나 많은 시간을 계획해야 할까? 시간과 여유가 허락한다면 각 모듈을 완료하는 데 일주일이 걸린다. 워크북 전반부의 모듈은 대개 1～2시간이 걸린다(모듈 2는 2～3시간이 걸릴 수 있다). 후반부의 모듈(모듈 7～12)은 좀 더 길게 걸리는데, 각 모듈마다 약 2～3시간이 걸린다. 일부 모듈의 실습(예: 모듈 3, 9, 10, 11)은 매일 해야 한다. 이를 고려하면, 프로그램을 온전히 수행하는 데는 적어도 12주가 소요된다.

집단이 하는 프로그램이라면 2주당 한 개 모듈이 더 실질적일 것이다. 이는 자기훈련과 개인적 반영을 위한 집단 시간과 다른 집단원들의 생각을 이해하고 언급하는 시간을 포함할 것이다. 필요한 실제적인 시간을 확인해 두는 것은 예상치 못한 상황에서 당황할 가능성을 줄여 줄 것이다.

SP/SR를 할 시기 선택하기

개인적 스트레스가 높은 시간에 SP/SR을 하는 것은 피하는 것이 좋다. 왜냐하면 '자기치료'가 되지 않을 것이고 그 시간 동안 역효과를 낳을 수 있기 때문이다. 위험한 것은 그것이 또 다른 '할 일'이 되거나 더 나빠지게 되고 만약 당신이 정서적으로 강렬한 생각들에 매달려 있다는 것을 발견한다면 더 많은 고통을 야기할 수 있다는 것이다. 가능하다면 다른 시간으로 연기하는 것이 더 나을 것이다. 필수코스로 SP/SR을 해야 한다면 문제 스펙트럼에서 가벼운 쪽에 있는 것을 선택하라.

자신을 안전하게 유지하기

비밀보장을 확실히 하기

광범위한 인터넷 기반 포럼이나 면대면으로 만나는 연수 혹은 집단에서 워크북을 사용하고 있다면, 당신이 공유하는 것이 전적으로 통제하에 있다는 것을 기억하라. 여기에는 두 가지 문제가 있다. 개인적인 공간에서의 반영과 공공장소(집단)에서의 반영이다. 우리는 사적인 공간에서 더 깊이 반영할 것을 권한다(이 장의 '반영 능력 형성하기' 절 참조). 공공장소에서는 CBT 자기실습의 내용과 과정을 분명히 구별해야만 한다. 일반적으로 공공장소에서는 CBT 과정에 대해서 반영하기를 권한다(예: "행동 실험을 하는 게 어려웠어요. 그러나 그렇게 한 번 하고 나니……."). 그러나 CBT 자기실습의 내용은 반영하지 않는다(예: "보스에게 휴가를 요청하는 것에 대한 불안이 걷잡을 수 없어요."). 집단원이 서로 가까워질 때 참여자들은 내용에 대한 반영을 포함하는 규정을 따르지 않는 결정을 내리게 된다. 그러나 이런 집단들은 예외적이다.

개인적인 안전 전략 세우기

SP/SR은 항상 편안한 것은 아니다. 놀라게 하거나 화나게 하는 사고나 감정들을 만날 수 있다. 이는 예상되는 것이며 일반적으로 SP/SR 과정을 통해 아주 빨리 해결된다. 그러나 힘들 때는 그것이 지속되고 다루기 어려운 것처럼 보인다. 이러한 이유로 프로그램을 시작하기 전에 개인적인 안전 전략을 세우는 것을 추천한다. 이는 프로그램을 하는 동안 괴롭다면 일련의 단계를 밟는 것을 의미한다. 다음은 3단계의 개인적 안전 전략의 전형적인 예이다.

1. 파트너(또는 SP/SR 동료)와 문제를 나누기
2. SP/SR 촉진자(또는 슈퍼바이저)와 대화하기
3. 기분 나쁜 또는 괴로운 정서적 반응이 2주 또는 3주 동안 해결되지 않는다면 지역 치료사나 의사를 방문하기

참여를 극대화하고 SP/SR의 이점을 높이기

- 적절한 '도전할 과제'를 선택하라.
- 이것이 직업적인 문제인지 또는 개인적인 문제인지 생각하라.
- 현재 또는 과거의 트라우마와 관련된 곤란한 부분을 선택하지 말라.
- 시간 관리: 충분한 시간을 계획하고 SP/SR을 언제 할지 계획하라.
- SP/SR을 언제할지 선택하라: 개인적으로 스트레스가 높을 때는 SP/SR을 피하라.
- 안전을 유지하라: 분명한 비밀보장 동의서를 만들라.
- 사적 공간에서의 반영과 공공장소(집단)에서의 반영을 구분하라.
- 안전감을 유지하기 위해 일반적으로 권하는 것에 대해서 공공장소(집단)에서는 과정에 대해서만 반영하고 개인 실습 경험의 내용에 대해서는 말하지 말라.
- 그 과정 동안의 힘든 경우를 대비하여 SP/SR을 시작하기 전에 개인적 안전 전략을 세우라.

반영 능력 형성하기

SP/SR 프로그램을 통한 우리의 경험에서 보면, 치료사 집단 내에서 반영 능력의 수준이나 반영하는 동기는 다양하다. 일부 CBT 치료사는 훈련 시작부터 반영하는 능력이 '자연스러운' 것처럼 보인다. 다른 치료사들은 반영에 대해 꽤 의심스러워하거나 초조해할 것이다. 그리고 SP/SR 프로그램에 참여하는 데 시간이 더 오래 걸릴 것이다. 게다가 가정 일과 바쁜 직장 생활로 인해 일관되게 효과적으로 생각하는 것이 어려울 것이다. Beverly Haarhoff와 Richard Thwaites가 쓴 최근 책『CBT에서 반영(Reflection in CBT)』[105]은 반영하는 방법에 대한 자세한 지침을 제공한다. 여기서는 일반적인 지침과 팁을 제공하고자 한다. 지침은 반영을 위한 준비, 반영 과정, 자기반영 글쓰기 그리고 그 과정 동안 자신을 돌보는 방법을 포함한다.

반영 준비

반영을 촉진하고, 안전을 느끼며, 조작하기 쉽고 유지할 수 있는 구조를 형성하는 것은 중요하다.

- 워크북을 열고 싶은 마음이 들 때까지 기다리지 말라. 대부분의 사람에게는 항상 삶의 다른 영역에서 해야 할 일들이 있다. 그래서 반영을 위한 규칙적인 시간을 계획하는 것은 중요하다. 앞의 '시간 관리' 절을 참조하라.
- 강한 정서적 반응에 대해 준비하라. SP/SR은 불편하고, 괴롭고, 흥미롭거나 즐거울 수 있다. 반응하는 데 있어 옳거나 그른 방법은 없다. 사람들은 다르게 반응하고 당신은 다른 모듈들에서 다르게 반응할 것이라고 예상할 수 있다.
- 양가적이거나 포기하고 싶은 생각들이 들 때를 대비하라. 이러한 생각이 드는 것은 정상적이다. 변화는 어려우므로, 프로그램을 그만두려는 결정을 빨리 하지 말라. SP/SR 프로그램을 그만둘지 말지 중재하고 확인하기 위해 워크북 내의 기술을 활용하는 것이 그 시점에서 옳은 결정이다.
- 과정 중 자연발생적인 휴식의 가능성을 인식하라(예: 휴가). 중단 간격을 최소화하기 위해 조치를 취하라. 휴식 후의 지속성과 재참여를 유지하는 방법을 계획하지 않는다는 것은 잠재적 위험 지점임을 시사한다.
- 워크북과 반영적 글쓰기를 어디에 둘지 계획하라. 사람들이 워크북에 쓰인 당신의 반영 글을 보게 될까 봐 다소 불안하게 느낄 것이다. 이는 내담자들이 일상적 사고 기록지를 간직하고 있는 느낌과 비슷하다. 워크북이나 반영 글을 보관해 둘 장소를 선택하라. 일부 사람은 비밀번호로 보호하여 전자식으로 보존하는 것을 선호한다. 당신에게 효과적인 방법을 찾으라. 그리고 내담자들이 개인적인 생각을 안전한 곳에 보관하는 의미에 대해 생각하는 계기로 활용하라.

반영 과정

- 방해되거나 산만해질 것 같지 않은 시간과 장소를 찾으라.
- 자기훈련 실습을 반영하는 것으로 전환하라. 일반적으로 SP/SR 참여자들은 집중 호흡 훈련이나 마음챙김 명상 훈련을 활용하는 것이 자기훈련에서 반영적인 상태로 옮겨 가는 데 도움이 된다고 말한다.
- 상황을 떠올리고 사고와 감정의 인식을 향상시키기 위해 효과적인 것을 활용하라.
  - 상황과 동반된 정서, 신체 반응, 사고와 행동들을 회상하려고 노력할 때 눈을 감는 것이 쉽다는 것을 알게 될 것이다.
  - 상황이 가장 강하게 느껴진 순간들과 특별한 상황을 선택하라.

- 상황을 회상할 때 가능한 한 많이, 감각적으로 상세하게 마음속으로 떠올리라(예: 내 담자가 무엇을 입고 있는지, 방은 어떤 모습이었는지, 느낌과 소리 및 냄새는 어떤지).
- 신체로 방향을 돌려서, 신체적 · 정서적으로 어떻게 느끼는지(그리고 느꼈는지) 알아차리라.

• 자신의 사고, 감정과 함께 머무르라. CBT 치료사들은 종종 자신들의 사고에 도전하려고 하거나 문제를 해결하려고 덤벼드는 자신의 모습을 발견한다. 이는 사고의 깊은 수준까지 접근하는 것 또는 이들 사고와 동반된 정서를 더 온전히 경험하는 것을 못하게 할 수 있다. 불편하게 느껴지거나 당신이 보고 싶어 하는 자신과 어울리지 않아서 그 생각들을 떨쳐 버리려는 노력을 하지 말라.

• 예상치 못한 것을 알아차리라. 당신이 알아차린 것과 기대하는 것이 불일치할 수 있다. 아마도 어떤 것을 생각하거나 느끼리라고 예상할 때 사고와 감정이 그에 미치지 못할 수도 있다. 오래된 사고와 감정의 방식이 이미 달라졌다고 생각했을 때 오래된 존재방식으로 후퇴하고 있는 자신을 발견하게 될 수 있다.

• 반영하고 있는지 또는 반추하고 있는지 관찰하라. 자신이 졸고 있다는 것을 알아차리거나 생각이 머릿속에 맴돌고 있다는 것을 알았다면, 반영 시간(객관적인, 분리된)에서 더 반추하는 쪽으로 빠지고 있는지 생각해 보는 것은 가치가 있다.

• 자신에 대해 온정심을 유지하라. 치료사들이 도움이 되지 않는 자신의 신념이나 행동을 확인하게 될 때 짜증을 내거나 좌절할 수 있다고 말한다. 때때로 그들은 매우 힘들어할 수 있다. '나는 치료사이고, 사람들이 자신을 이해하고 도전하도록 돕는 데 하루 종일을 보낸다. 나는 도움이 되지 않게 생각하거나 행동해서는 안 된다.'와 같은 인정되지 않는 생각이 있을 수 있다. 치료사들 또한 인간이다! 우리 모두는 때때로 도움이 되지 않는 행동을 한다. 우리 모두는 스스로를 제한하거나 심지어 자기파괴적인 신념을 가지고 있다. 급하게 판단하지 않고 호기심 어린, 수용적인, 온정적인 태도로 사고와 행동을 알아차리는 것이 SP/SR을 하는 데 도움이 되는 자세이다.

• 자기비판적인 사고를 다루기 위해 SP/SR을 활용하라. 자신이 자기비판적이라는 것을 발견한다면, 이것을 알아차리는 학습과 훈련으로 주의를 돌리는 것이 유용할 수 있다. 자기비판적인 사고는 의미 있는 SP/SR 실습이 될 수 있으며, 개인적 · 전문적으로 통찰과 변화를 이끌 수 있다. 워크북에서 이 생각을 다시 다룰 것이다.

• 반영은 단계를 밟는 동안 그리고 그것을 전혀 기대하지 않을 때 일어날 수 있다. 자신이 꽉 막힌 상태라는 것을 안다면, 그 생각을 한쪽에 두고 나중에 다시 생각해 보는 것이 좋다. 모

듈이나 워크북에서 어떤 생각은 나중에 떠오르는 경우가 종종 있는데, 그때 되돌아가서 처음의 생각을 확장시킬 수 있다.

- 자신의 실습에 대해 반영할 때 자기 자신에게 질문하라. 각 모듈의 마지막 영역에는 일련의 자기반영 질문들이 있다. 하지만 자신의 질문을 자유롭게 추가하라. 목표는 자신의 이해를 심화시키는 것이며, 개인적 실습과 자기 자신, 내담자 그리고 심리치료의 모델로서 CBT에 대한 신념이 서로 관련됨을 새롭게 인식하는 것이다.
- 개인적인 것과 전문적인 것을 연결하는 것을 목적으로 하라. 우리의 연구 결과에 의하면, 치료사로서, 삶을 사는 한 사람으로서 자신을 어떻게 보는지에 대해 반영하기 위해 SP/SR을 사용할 수 있는 사람이 가장 많은 이익을 얻은 사람들이다.[14, 25] 그들 중 일부는 '치료사 자기'와 '개인적 자기' 사이를 왔다 갔다 하는 나선형 패턴의 반영을 보여 준다.

자기반영 글쓰기

- 1인칭으로 쓰라. 실습에 대한 자신의 생각을 쓸 때, 1인칭으로 쓰는 것이 대개 가장 유용하다(예: '나는 ……을 알아차렸다.' '나는 ……을 느꼈다.'). 자신의 직접적인 경험에서 거리를 두는 식의 글쓰기를 피하라.
- 글쓰기는 새로운 이해를 낳을 것이다. 참여자들이 SP/SR을 하면서 발견하는 가장 흥미로운 것 중의 하나는 글쓰기가 사고의 산물이 아니라 그 자체가 사고라는 것이다. 글쓰기는 반영 과정의 핵심 영역이다. 글쓰기를 통해 참여자들은 자신을 발견하고, 실습의 새로운 부분들을 회상할 수 있고, 새로운 관점을 가지게 되고, 새로운 이해에 이르게 된다.
- 청중을 위해 글을 쓰는 것이 아니기 때문에 정직하게 쓰라. 공공장소(집단)에서 자신의 생각을 공유하기 전까지 워크북에 대한 모든 생각은 오직 자신을 위한 것이다. 실습으로부터 최대의 이익을 얻기 위해 할 수 있는 만큼 정직하고 진정성 있게 글을 써야 한다.

자기 돌보기

- 자신의 욕구를 반영하라. 특별한 과업이나 특별한 모듈에 참여하는 것을 원치 않는다면(예: 심한 스트레스 상태이며, 실습을 하는 것이 스트레스를 증가시킬 수 있을 때), 그 상황에서 자신을 돌보는 데 무엇을 하는 것이 필요할지를 생각하기 위해 시간과 공간을 활용하라.
- 완벽을 기대하지 말라, 그것은 성취할 수 없는 것이다! 많은 사람이 치료사로서 임상 기술이

나 효율성에 대한 질문으로 시작하는 것을 발견하게 된다. 내담자의 역할을 통해 이전에 자각의 밖에 있었던 결핍에 대해 더 인지하게 될 수 있고, 생각했던 만큼 해내고 있지 않다는 것도 깨닫게 될 것이다. 기준과 기대의 조정은 SP/SR을 할 때 매우 일반적인 과정으로, 프로그램의 코스에 전념하게 한다. 이상적인 치료사는 존재하지 않는다는 것을 항상 명심해야 한다. 우리 모두는 배우는 과정에 있다.

반영 능력 형성하기

준비

- 반영을 위한 규칙적인 시간을 계획하라.
- 다양하고 강한 정서적 반응에 준비하라.
- 양가적인 때를 준비하라.
- 여행이나 휴가와 같은 휴식 이후 SP/SR을 유지할 계획을 세우라.
- 워크북과 반영적 글쓰기를 보관할 안전한 장소를 찾으라.

반영 과정

- 방해되거나 산만해지지 않을 수 있는 시간과 장소를 찾으라.
- 자기훈련에서 반영하는 일로의 전환을 위해 마음챙김 명상과 같은 훈련을 활용하라.
- 이미지와 특별한 상황에 대한 회상을 강화할 수 있는 신체적 감각에 초점 맞추기와 같은 전략을 활용하라. 그리고 사고와 정서를 더 자각하라.
- 자신의 생각을 검열하지 말라.
- 예상치 못한 것을 알아차리려 노력하라.
- 반영하고 있는지, 반추하고 있는지 알아차리라.
- 자신에 대해 온정적인 태도를 유지하라.
- 자기비판적인 사고를 다루기 위해 SP/SR을 활용하라.
- 반영은 과정 중에 나타날 수 있고 이전 반영을 다시 보는 것은 도움이 될 수 있다.
- 자신의 경험을 반영할 때 자기 자신에게 질문하라.
- 개인적인 것과 전문적인 것을 연결시키기 위해 노력하라.

자기반영적 글쓰기

- 글쓰기를 할 때 1인칭 '나'를 사용하라.

- 글쓰기는 반영 과정의 핵심 영역이다. 글쓰기의 과정은 새로운 이해를 낳는다.
- 정직하게 쓰라. 그리고 청중을 위해 글을 쓰는 것이 아니라는 것을 명심하라.

자기 돌보기

- 특히 스트레스를 받을 때 자신의 욕구를 반영하라.
- 완벽을 기대하지 말라, 그것은 성취 불가능한 것이다. 우리는 모두 배우는 중이다.

3명의 치료사: 셜리, 자야쉬리, 데이비드

워크북을 통해 우리는 3명의 '대표적인' 치료사인 셜리, 자야쉬리, 데이비드에게 주목할 것이다. 모든 모듈은 특별한 기술을 사용하는 방법을 설명하기 위해 그들 중 한 명 이상의 예를 든다. 셜리, 자야쉬리, 데이비드는 서로 다른 치료사 발달 단계에 있다. 셜리는 이제 막 시작했고, 자야쉬리는 막 자격증을 취득했고, 데이비드는 경험이 많은 치료사이다.

셜리는 CBT에서 처음으로 훈련을 시작했다. 몇몇 워크숍에 참가했고 내담자와 상담을 시작했다. 그리고 규칙적으로 슈퍼비전을 받고 있다. 그녀는 치료와 슈퍼비전 회기가 어떻게 진행되느냐에 따라 자신의 기분이 좌지우지된다는 것을 알게 되었다. '옳지 않다'고 느끼는 어떤 것에 대해 매우 자기비난적인 경향이 있다. 기억하기에 오랫동안, 그녀는 완벽주의자이다. 그녀는 열심히 일했고 학교에서 잘 했으며 가족의 자랑이었다. 대학 다닐 때 공부에 다소 과하게 스트레스를 받았다는 것을 인정하는데, 여기서도 아주 잘 해냈다.

그녀는 CBT 훈련이 도전적이고 스트레스라는 것을 알게 되었다. 특히 최근에 슈퍼비전 회기를 피하거나 슈퍼비전을 준비하는 데 시간을 낭비하고 있는 자신을 발견했다. 그녀는 각 내담자들에게 매우 책임감을 느끼고 있으며 그들이 개선되지 않으면 괴로워하였다. 일을 잘 못하고 있는 게 틀림없고, 더 잘 해야만 한다고 느끼고 있었다. 그녀는 내담자와 슈퍼바이저가 자신을 '치료사가 될 정도는 아니라고' 판단하고 있을 것이라고 예상한다.

훈련 중인 치료사로서, 셜리에게는 '개인적 자기' 문제보다는 '치료사 자기' 문제에 SP/SR의 초점을 맞추라고 조언하였다. 그녀는 치료사로서의 무능함에 대해 작업하기로 선택했다. SP/SR 훈련을 시작했을 때, 그녀는 자신에 대한 관점이 어떻게 정서와 행동을 물들이고 있는지 자각하게 되었다.

자야쉬리는 독립적인 치료실을 운영하기 시작한 열심히 일하는 유능한 치료사이다. 직업 면에서 첫 직업에서 심리치료로 일을 바꾸었다. 자야쉬리는 최근에 임상 심리 훈련을 마쳤다. 새로운 직업과 최근 애니쉬와의 결혼에서 증가하는 요구들을 다루는 데 배운 모든 것을 통합하려고 애쓰고 있다.

그녀는 내담자의 고통스러운 정서를 다루는 것이 어렵다는 것을 발견하였다. 그녀가 회기를 검토해 볼 때 접근이 대개 인지적으로 초점이 맞춰지고 있다는 것을 알게 되었다. 슈퍼바이저는 이 문제를 언급했다. 자야쉬리는 이유를 잘 몰랐지만 내담자의 고통을 보는 것이 불편하다는 것을 알았고, 그들의 고통을 경감시키기 위해 어떤 것을 서둘러 하려고 하는 자신을 발견하였으며, 내담자들이 어떤 일이 일어났는지 이해하도록 돕지 못하고 있다는 것과 변화하는 데 더 시간이 걸린다는 것을 알게 되었다. 이 패턴은 특히 불안한 내담자와 작업할 때 두드러진다.

자야쉬리는 '내담자가 기분이 나아지도록 노력하는' 자신의 경향이 본의 아니게 불안한 내담자의 회피 행동을 지지하는 결과를 낳을 수 있다는 것을 알게 되었다. 예를 들어, 그녀는 노출이나 반응 방지와 같은 CBT 개입을 필요로 하는 치료 회기를 미루는 자신을 발견하였다. 그녀는 강한 감정을 이끌어 내거나 거기에 함께 머무름으로써 내담자를 더 효과적으로 도울 수 있는 '이론적으로 잘 아는', 그녀가 될 수 있는 가장 효율적인 치료사가 되고 싶어 한다. 그러나 그녀는 항상 내담자가 더 나은 기분이 되어야만 한다고 믿고 있으며, 고통스러운 정서적 표현이 그녀에게는 매우 힘들다는 것을 의미한다. 더 나쁜 것은 그녀가 때때로 자신의 꽉 막힌 패턴에 대한 자기비난을 반복하고 있는 것이다. 이는 심리치료 기간과 그 이후에 그녀의 기분을 우울하게 만든다. 이 시기에 그녀는 매우 우울해질 수 있다.

자야쉬리는 매우 의식적이고, 변화하고자 하는 의욕이 넘친다. 최근 자격을 딴 치료사로서, 그녀는 개선하고 싶어 하는 치료의 특별한 요소들을 알 수 있다. 그녀는 셜리처럼 '치료사 자기'에 SP/SR의 초점을 맞추기로 결정했다. SP/SR 워크북의 목표는 ① 그녀가 지속적으로 빠지는 패턴을 이해하는 것, ② 회기 내에서 정서를 다루는 능력을 변화시키는 것, ③ 더 나은 치료사가 되는 것이다.

데이비드는 50대 중반이다. 개인치료실에서 심리치료사로서 수년 동안 일하고 있다. 그의 첫 훈련은 교류분석이었고, 시간이 지나면서 많은 다른 훈련 워크숍에 참석했으며 수많은 다른 심리치료 모델에 흥미를 가지게 되었다. 그는 최근에 불안장애 진단을 받은 내담자의 치료에 우선으로 초점을 맞추는 상담센터에서 안정적인 지위를 갖게 되었다. 센터가 선택한 치료방법은 단기 CBT이다.

데이비드는 치료 과정에 내담자를 참여시키는 데 자신감을 느끼고 있었고, 수년 동안 활용한

절충적인 치료 스타일을 활용할 때 자신이 매우 유능하다고 생각하고 있다. 그러나 새 직장에서 그는 서비스 모델에 맞추는 경영방식에 의해 다소 압박감을 느끼고 있다. 자신의 긴 경험과 폭넓은 지식이 동료들에게 인정되지 않고 있다고 믿었으며, 때때로 CBT 치료사 자격을 가진 자신보다 많이 어린 슈퍼바이저에 의해 면밀히 조사되고 판단된다고 느끼고 있다. 이는 그를 불안하고 때때로 화나게 만들고 있다.

데이비드는 직장의 다른 동료들과 사회적으로 만나는 사람, 특히 그의 파트너인 캐런의 친구들에 의해 평가되고 부정적으로 판단된다고 느끼고 있다는 것을 알아차렸다. 데이비드는 변명을 하고 캐런과 모임에 가지 않으려고 하였으며, 이는 캐런의 기분을 상하게 했고, 그들의 관계에 영향을 미치기 시작했다. 데이비드는 CBT 책을 파기 시작했고 CBT의 다양한 측면에 관한 몇몇 단기 워크숍에 참석하였다. CBT 모델에 흥미를 갖게 되었으나 다소 피상적이라고 믿었고 단기 개입에 의구심을 가졌다. 슈퍼바이저는 SP/SR 워크북이 CBT와 그 적용에 대해 더 자세히 배우는 데 유용할 것이라고 제안했다. 그는 첫 훈련의 일부로 개인치료를 경험함으로써 이 아이디어에 대해 흥미도 갖게 되었지만 회의적이게도 되었는데, 한번 해 보기로 결정했다. 데이비드는 타인이 자신을 어떻게 생각하는가로 인한 불안이 사는 동안 그를 따라다니는 문제라는 것을 알게 되었다. 그러므로 전문적인 관점보다 개인적인 관점에서 문제를 다루기로 결정하였다.

모듈에서 셜리, 자야쉬리 그리고 데이비드의 예시가 SP/SR이 활용될 수 있는 방법에 대한 감을 제공하길 바란다.

CHAPTER 4

SP/SR 촉진자를 위한 지침

성공적인 SP/SR 프로그램 제작은 CBT 훈련가들에게 가장 보상적인 경험 중 하나가 된다. SP/SR로부터 도움을 받은 참여자들은 대체로 표준적인 훈련 기술로 얻을 수 있는 것보다 더 많은 통찰, 지식, 기술을 얻는 '아' 하는 순간에 대해 말한다. SP/SR 프로그램의 촉진자로서 참여자들이 진정으로 '그것을 성취하는' 것을 보는 데서 큰 만족감을 느낀다.

이 장은 SP/SR 집단을 촉진하기 위해 자기탐색을 통한 CBT 경험하기를 활용하는 훈련가들과 치료사들을 돕기 위해 쓰였다. 이 집단들은 전문적인 발달을 위해 대학이나 직장에 기반한 기존의 CBT 훈련 프로그램과 통합된 워크북을 사용하는 동료가 이끄는 집단이나 훈련가가 이끄는 집단일 것이다.

이 장은 대체로 3장에서 확인한 SP/SR 참여자들의 필요에 따른 정보를 제공하므로 3장과 함께 읽어야 한다. SP/SR 집단을 이끄는 것이 현재 과제가 아니라면 당신은 이 장을 흥미롭게 보겠지만, 자기탐색을 통한 CBT 경험하기 프로그램 참여에서 그것이 필수는 아니다.

이 장은 4개의 절로 나뉘어 있다. 첫째 절에서는 SP/SR 프로그램에서 촉진자의 역할에 대해 언급한다. 둘째 절에서는 SP/SR 집단의 욕구에 초점을 맞춘다. 셋째 절에서는 SP/SR 프로그램을 위해 집단을 준비하는 지침에 대해 다룬다. 집단을 준비하는 데 있어서 주요 역할, 프로그램 계획서와 집단의 사전 미팅 그리고 SP/SR의 분명한 근거를 제공해야 하는 중요성을 강조한다. 넷째 절에서는 참여자들이 동기를 유지하고 참여하며 가장 큰 이점을 얻도록 하기 위해 프로그램을 진행하는 동안 SP/SR 과정이 '순탄하게 흘러가도록' 하는 방법을 제안한다.

SP/SR 촉진자의 역할

우리는 SP/SR 프로그램을 운영하는 환경에서 '훈련가'보다 '촉진자'라는 단어를 사용한다. SP/SR 프로그램을 촉진하는 것은 '일반적인' CBT 훈련 프로그램을 가르치는 것과는 다르다. 이것은 다른 기술을 요한다.[2, 95] 일반적인 CBT 프로그램에서 훈련가의 역할은 강의, 읽기 자료, 모델링, 역할극, 슈퍼비전 그리고 실습에 대한 피드백을 통해 CBT 지식과 기술을 발달시키는 것이다. 초점은 가르치는 것과 '밖에서' 사용할 기술을 발달시키는 것에 있다.

반면에, SP/SR의 초점은 자기에게 있다. 이는 '치료사 자기'이거나 '개인적 자기'일 것이다. 그러나 어떤 경우든 SP/SR은 불안, 자기의심, 좌절, 때때로 어느 정도의 괴로움을 야기할 것이다. SP/SR 프로그램은 몇 주 동안 지속되고 전문가(훈련가나 책)의 외부 자료로부터라기보다 자기훈련적 실습과 자기반영으로부터 배움이 있기 때문에 일반적인 CBT 프로그램보다 참여자에게 더 많은 정서적인 것을 요구한다. 그래서 일반적인 CBT 훈련 프로그램 안에서보다 SP/SR 환경 안에서 참여자의 개인적 욕구와 불안에 대해 훈련가/촉진자가 민감해질 것을 더 많이 요구한다. 주요 역할은 안전하고 원활하게 운영하는 것인데, 이는 참여자들의 경험적 학습에 방해가 되는 것을 예상하고 제거하는 것이다.

SP/SR 촉진자의 역할

- SP/SR 촉진자의 역할은 '일반적인' CBT 훈련가의 역할과는 다르다.
- SP/SR 참여자와의 협력적인 관계는 중심이 된다.
- 주요 과업은 다음을 확실하게 하는 것이다.
  - 참여자들은 SP/SR의 근거를 이해한다.
  - 과정의 요구사항(적절하다면)에 대해 분명히 알고 편안함을 느낀다.
  - 과정에 대해 안전하게 느낀다.
  - 집단 과정에 잘 참여한다.

촉진자의 역할 중 중심이 되는 것은 협력적인 관계이다. 내담자와의 협력적인 관계가 좋은 인지행동치료의 중심이 되듯이 SP/SR 집단원들과 잘 기능하는 집단을 형성하는 것은 중요하다. 만약 참여자들이 강요된다고 느낀다면 SP/SR이 잘 되고 있지 않을 가능성이 있으며, 그런 상황하에서 그들은 단지 '마지못해 할' 가능성이 있다. 그러므로 프로그램을 시작하기 전에 촉진자는 참여자들이 SP/SR을 훈련하는 근거를 이해하고 참여하는지, 그 과정의 요구사항에 대해 분명히 알고 편안함을 느끼는지, 그리고 안전하게 느끼는지에 대해 확실히 할 필요가 있다.

또 다른 중요한 기술은 학습 집단을 형성하기 위해 효과적인 집단 상호작용을 위한 환경을 만드는 것이다. 왜냐하면 학습의 주요 방식이 전문 훈련가로부터 오기보다는 서로의 반영으로부터 오기 때문이다.[17, 19] 역할은 안전한 토론회를 구성하고 집단 과정을 주의 깊게 지켜보고, 만약 어떤 참여자가 애쓰고 있는지 보인다면 알아차리고 적절하게 돕는 것이다.

이 장의 나머지에서는 촉진자의 역할에 대해 더 자세히 설명하고, 주요 기법과 성공적인 SP/SR 프로그램을 만드는 과정을 알아볼 것이다.

SP/SR 프로그램을 참여자의 능력과 욕구에 맞추기

앞서 말했듯이, 경험 면에서 매우 다양한 수준의 참여자들이 SP/SR로부터 이익을 얻는다. 그러나 SP/SR 프로그램을 만들 때 촉진자가 내담자의 능력과 욕구에 프로그램을 면밀하게 맞추는 것을 목표로 삼아야 하는 것은 마땅한 일이다.

일부 사람에게 SP/SR은 개인에게 초점을 맞추기 때문에 힘든 상황이 될 수 있다. 다른 사람들은 '청량제 같은' 것으로 볼 수 있다. 일부 집단에게 SP/SR 훈련을 하는 것은 CBT 훈련 입문 프로그램의 일부가 될 것이다. 다른 집단들은 이미 CBT에 매우 능숙할 것이다. 일부 사람에게는 SP/SR이 의무적인 학점 프로그램일 것이다. 다른 이들은 참여하는 데 기꺼이 비용을 지불했을 것이다. 일부 참여자는 이미 반영 기술을 잘 익혔을 것이다. 다른 이들에게 반영은 딴 세상일 것이다. 일부 사람은 함께 실습하거나 공부할 것이다. 다른 이들은 지인이 아주 적거나 없을 것이다. 촉진자의 접근은 집단의 욕구에 반드시 조율되어야 한다. 예를 들어, SP/SR이 그들의 훈련 프로그램 중 의무적인 영역인 참여자들이나 개인적 성장 훈련 경험이 거의 없는 참여자들은 SP/SR 프로그램에 자발적으로 참여하는 참여자들보다 SP/SR에 더 적응하고 순응할 필요가 있다.[2] 치료 경험이나 진정한 동기가 적은 참여자들에게 사전 정보와 토의는 특히 중요할 것 같다.

그러므로 『자기탐색을 통한 인지행동치료 경험하기』는 집단의 경험과 욕구에 따라 맞추어지고, 융통성 있게 활용되어야 한다. 일반적으로 촉진자는 유사한 수준의 지식과 기술을 가진 동질 집단을 형성하려고 해야 한다. 그렇지 않으면 집단의 일관성이 위태롭게 되며, 집단원들은 동료집단원들에 의해 도전받거나 좌절되는 경험을 할 수 있다.

다른 집단의 요구를 수용하기 위한 조정은 각 모듈의 마지막에 있는 자기반영 질문을 변경함으로써 쉽게 이루어질 수 있다.[16, 95] 예를 들어, CBT 슈퍼바이저들을 위한 SP/SR은 참여자들이 실습을 그들의 폭넓은 역할과 온전히 통합하도록 돕기 위해 슈퍼비전이라는 관점에서 모듈의 의미를 묻는 반영 질문을 포함할 수 있다. 또는 SP/SR이 우울을 위한 CBT에 초점을 맞추고 있는 기존의 CBT 훈련 프로그램과 통합되어 있다면, 참여자들은 우울을 겪고 있는 내담자에 대한 치료에서 행동 활성화의 의미를 이끌어 내는 질문을 받을 수 있다. 더 상급의 또는 특수화된 SP/SR 프로그램은 참여자들에게 다른 문화나 도덕 집단의 사람들에 대한 그들의 추측과 다른 공동체 출신 내담자와 작업하는 의미를 확인하고 반영하도록 요구할 수 있다.

3장에서 말했듯이, 치료사의 발달 단계에 관해서 조정이 이루어질 수 있다. 일반적으로 초보 치료사들을 위해(셜리와 자야쉬리와 같은 모듈의 예시에 나오는 치료사들처럼) 초점을 서술적인(사실적인) CBT 지식에서 절차적인 활동 기술로 옮길 필요가 있다. 치료사로서 자신감은 문제가 될 수 있다.[95] 그래서 보통 SP/SR 프로그램을 '치료사 자기'에 초점을 두도록 조언할 수 있다(예: '우울을 겪고 있는 사람들과 일할 때 나의 자신감 부족'). 반대로, '개인적 자기' 스키마에 두는 초점은 도전적이 될 수 있으나, 더 경험 많은 CBT 치료사들(예: 데이비드)이 치료사의 자기자각, 대인관계 기술 그리고 반영 능력을 향상시키는 데 적절할 수 있다.[15] 이들 기술은 예상치 못한 반응을 야기하여 치료사들에게 도전할 수 있는 까다로운 문제를 가진 내담자들과 일하고 있을 때 특히 중요하다.[93]

참여자들은 첫 반영 기술에서 매우 다양하게 나타난다. 일부에게는 자기반영이 그들의 삶을 정리하는 데 익숙한 방법일 것이다. 다른 이들에게 그것은 낯설 것이다. 일부 사람은 개인적 경험을 충분히 반영할 것이지만, CBT 실습을 위한 의미와 연결하는 것은 어려울 것이다. 반면에, 다른 이들은 개인적 경험과 자기반영을 회피할 것이다. 치료사의 기술을 발달시키는 데 있어서 반영의 중요성을 설명하는 것, '실질적인 반영'에 대한 다른 집단의 예시들을 제공하는 것, 프로그램을 하는 동안 동료 집단원의 생산적인 반영의 예시들을 강조하는 것이 참여자들이 준비하는 데 도움이 된다.[14, 27, 28, 30, 31, 35, 97] 자기탐색을 통한 CBT 경험하기 상황에서, 훈련생의 관심이 3장의 '반영 능력 형성하기'(41~46쪽 참조)에 끌린다는 것을 알아야 한다.

참여자들의 욕구와 SP/SR 프로그램을 연합시킬 수 있는 더 많은 방법은 다음 절 'SP/SR을 위한 준비'에서 볼 수 있다.

SP/SR 프로그램을 참여자의 능력과 욕구에 맞추기

- SP/SR 프로그램은 참여자들의 능력과 다른 훈련 집단들의 요구에 면밀하게 맞추어야 한다.
- 기술과 경험 면에서 비교적 동질적인 집단이 더 바람직하다.
- 다른 집단을 위해 SP/SR이 다음에 의해 조정될 수 있다.
  - 모듈의 마지막에 있는 자기반영 질문을 변경함으로써
  - SP/SR에 대한 참여자의 초점을 '치료사 자기'에 둘 것인지 또는 '개인적 자기'에 둘 것인지 결정함으로써
  - 부가적인 훈련을 제공하고 반영 기술의 발달을 지지함으로써

SP/SR을 위한 준비

SP/SR 프로그램의 성공 또는 실패는 대개 촉진자가 참여자들과 SP/SR 프로그램의 준비 단계를 어떻게 잘 규정하느냐에 따라 결정된다. 여기서 참여자의 동기와 참여의 가능성을 향상시킬 수 있는 두 가지 주요 전략, 즉 프로그램 안내 준비와 프로그램 사전 모임 개최에 대해 알아보고자 한다.

프로그램 안내 준비와 프로그램 사전 모임 개최

프로그램이 특히 집단 상황에서 이루어진다는 사실과 그 자료의 개인적 특성 때문에 SP/SR 프로그램에 오는 참여자는 자신이 무엇에 전념해야 하는지 알고 싶어 할 것이다. 프로그램을 분명하게 설명하는 안내 준비와 프로그램의 사전 모임 개최는 적절한 예상과 함께 두려움을 경감시키고 프로그램에 참여하려는 동기를 향상시키는 데 큰 영향을 미친다.

프로그램 안내는 안전, 비밀보장 그리고 프로그램의 근거에 대해 참여자들에게 자연스럽게 생기게 되는 몇 가지 질문에 초점을 맞춘다. 이는 프로그램 사전 모임 몇 주 전에 잠재적인 참여자들에게 제공된다. 프로그램 사전 모임은 걱정을 다루고, 질문에 대답하며, 참여자의 욕구를 충족시켜 줄 프로그램을 제작하는 기회가 된다. 특히 참여자들이 안전하다는 것을 확실히 하기 위해 촉진자는 절차의 변경되는 요소들에 대해 가능한 한 개방적이어야 한다. 충분한 시간이 프로그램 사전 모임을 위해 제공되어야 한다. 적어도 2시간을 제안한다.

몇몇 집단에서는, 특히 SP/SR이 의무적인 프로그램인 경우(예: 대학 학위과정) 두 번째 모임이 필요할 수도 있다.

프로그램 안내와 사전 모임은 ① SP/SR의 분명한 근거를 제공하고, ② 분명하고 동의된 프로그램 요구사항을 제작해야 하며, ③ 과정에 대해 안전감을 높여야만 한다. 이 세 가지 문제는 다음에서 논의된다.

SP/SR의 분명한 근거 제공

SP/SR 프로그램의 효과적인 준비는 프로그램 수행을 위해 동기를 부여하는 분명한 근거를 제공하는 것이다. SP/SR 프로그램의 안내는 동기를 부여하고 이점을 예상할 수 있도록 SP/SR의 사례를 제시해야 한다. 안내는 Aaron T. Beck,[4] Judith S. Beck,[5, 97] Cory F. Newman[12] 그리고 Christine A. Padesky[1]와 같은 CBT를 이끈 치료사들로부터의 인용을 포함할 수 있고, 주요 연구 결과들을 요약해야 한다. 그러나 3장에서 언급했듯이 SP/SR 실습의 질에 영향을 미치는 편견이나 기대를 낳지 않도록 너무 많은 구체적이고 자세한 연구 내용을 제공하는 것은 주의해야 한다. 프로그램 안내에 대한 대안으로서, 촉진자들은 참여자들이 이전 참여자들의 반영과 함께 이 워크북의 1장과 3장을 읽도록 제안할 수 있다. 이 전략들 중 하나는 SP/SR의 잠재적인 가치에 대한 이해와 긍정적 기대를 낳는 데 도움을 줄 것이다.

이전에 SP/SR 프로그램에 참여했던 사람들의 증언들은 특히 강력한데, 만약 SP/SR 프로그램이 이미 지역에 개설되었고, 이전 참여자들이 프로그램 사전 모임에 참여할 수 있다면 훨씬 더 강력하다. 프로그램 사전 모임에서 촉진자(그리고 이전 참여자들)는 기술 습득과 개선을 위한 SP/SR의 가치,[16, 17, 22] '평생학습의 원동력'[14]으로서 반영적인 실습의 중요성 그리고 SP/SR의 통합적인 기능[16]을 포함하여, 필요에 따라 연구를 더 자세히 토론할 수 있다.

분명하고 동의된 프로그램 요구사항 제작

프로그램 사전 모임의 준거는 SP/SR 프로그램이 독립형의 직업 발달 프로그램으로 제공되느냐 또는 공식적인 CBT 훈련 프로그램의 일부로 제공되느냐에 따라 집단마다 다를 것이다. 앞에서 말한 것처럼 일반적으로 집단마다 다른 욕구를 가지고 있듯이, 당신의 접근이 가능한 한 융통성이 있는 것이 도움이 된다.

프로그램 기대, 약속, 전념, 안전 그리고 비밀보장 문제(이들은 다음 절에서 다룬다.)에 대한 동의서와 대학 프로그램의 경우, 분명한 평가 지침을 만들어야 한다. 프로그램 사전 모임은 이 동의서들에 합의하기 위한 충분한 시간을 제공해야 한다.

약속과 프로그램에 전념하는 것에 관해 고려해야 한다. 각 모듈 이후 반영적 글쓰기가 과정의 일부라면 요구되는 사항은 무엇일까? 모든 모듈 후의 반영? 토론에의 적극적인 참여? 반영을 게시하는 시기와 마감일? 반영의 길이 또는 질? 만약 '생활이 방해가 된다면' 어떻게 될까?

또 다른 쟁점은 각 모듈을 완성하는 데 필요한 시간이다. 촉진자들은 SP/SR을 위한 충분한 시간을 분배할 필요가 있다. 자기훈련과 개인적 자기반영의 조합 그리고 개인적 반영의 어떤 부분을 대중에게 공개할지(예: 토론회에서) 결정하는 데에 보통 모듈당 2~3시간이 소요되고, 때때로 많은 이점을 얻으려는 참여자들을 위해 더 많은 시간이 소요된다. SP/SR은 '조금 더' 추가된 것으로 보여서는 안 된다. 각 모듈당 시간 배분에 대해 현실적인 토론이 필요하다. 분명히, 모듈당 1주일씩 하는 SP/SR은 학기 구조에 더 잘 어울릴 수 있다. 그러나 우리의 경험에 의하면, 특히 자기탐색을 통한 CBT 경험하기 Ⅱ부의 자기훈련과 같은 몇몇 자기실습 과업은 더 효과적으로 수행되는 데 2주에서 3주의 시간이 걸릴 수 있다. 촉진자들은 프로그램의 어떤 측면을 얼마의 시간 동안 제공할지 고려해야 한다. 일부 상황에서 자기탐색을 통한 CBT 경험하기는 24주나 두 학기에 걸쳐 제공될 때 더 많은 이익을 얻을 수 있다.

만약 SP/SR이 공식적으로 평가되는 CBT 훈련 프로그램의 일부로 포함된다면, 몇 가지 다른 요소가 고려될 필요가 있다. 예를 들어, SP/SR 프로그램을 코스 교육과정에 가깝게 조절하는 것이 이치에 맞다. SP/SR을 시행하는 데 교육적이고 시간을 효율적으로 사용하는 방법은 기술을 독서와 워크숍을 통해 소개한 다음 훈련생이 기술을 간단히 스스로 실습해 보는 것이다. 예를 들어, 프로그램 초기에 CBT 공식화에 대한 교육을 하는 것은 훈련생이 최근에 배운 공식화 기술을 자신의 인식된 문제에 적용하도록 자연스럽게 안내할 수 있다. 이 방법으로 내용을 맞추는 것은 효과적인 학습으로 이어질 수 있다.

공식적으로 평가된 CBT 프로그램의 또 다른 사안은 SP/SR 구성 요소에 대한 평가 양식이 요구된다는 점이다. 최근 SP/SR 반영의 평가에 대한 특별한 의견들이 있다. 평가 목적으로 반영의 질을 평가하는 의도가 의심스럽고, 그것은 내용에 대한 수요 특성을 낳거나 참여자의 불안을 높일 가능성 때문에 주의 깊게 다루어질 필요가 있다. 이 점에서 가능한 안전한 대안은 토론회에 참여하는 횟수나 SP/SR 집단에 기여하는 정도와 같은 SP/SR의 다른 성과에 근거한 평가 과정을 활용하는 것이다.

과정에 대한 안전감 조성

SP/SR 프로그램 준비에서 가장 중요한 것은 참여자의 두려움을 완화하고 과정에 대한 안전감을 조성하는 것이다. SP/SR에 대한 생각은 높은 불안을 일으킬 수 있다. 일반적으로 참여자들은 두 가지 주요 걱정을 한다. 동료 참여자에게 노출하는 것에 대한 두려움과 때때로 다룰 수 없는 사고나 감정이 드러남으로써 통제력을 상실하는 것에 대한 두려움이다. 예를 들어, 한 CBT 훈련생은 "어떤 일이 일어난다면 사태 수습을 도울 아는 사람이 없기 때문에 너무 깊이 탐구하는 것을 원치 않습니다."라고 말하였다.

프로그램에 대해 분명한 안내를 제공하는 것, 즉 SP/SR의 과정을 안내하고 프로그램 사전 모임을 여는 것은 과정에 대한 안전감을 조성하는 데 결정적으로 중요하다. 그것이 없다면 프로그램 참여자는 분명히 마음이 내키지 않을 수 있다. 프로그램 사전 모임의 가장 중요한 기능은 훈련생의 걱정을 온전히 듣는 것이다(다음과 같이 질문하라. "과정에 대해 지금까지 듣거나 읽은 것에서 무엇이 걱정되세요?"). 그다음 이런 걱정을 부르는 생각들을 이끌어 내도록 한다. 일반적으로 참여자들은 비밀보장과 안전 문제에 대한 제안들을 고려할 것이고, 집단은 익명성과 비밀보장에 대한 동의서를 받게 될 것이다. 이 동의서에 서명하고 가져가게 된다.

모임의 촉진자로서 당신은 모든 참여자가 자신의 걱정들을 제기하고 말할 기회를 갖도록 보장해야만 한다. 또 일부 집단은 익명성에 대한 엄격한 경계를 원하지만 다른 집단들은 사실상 반영에서 자신의 실명을 사용하는 것을 선호하듯이 융통성이 있는 것도 중요하다.

프로그램 안내와 사전 모임에서 강조될 수 있는 중요한 요소는 내용과 과정의 구분과 개인적 반영과 공적 반영의 구분이다. 한 참여자가 "나는 내가 말하는 것을 통제할 필요가 있어요. 쓰고 고칠 수 있는 기회를 가짐으로써 모든 것이 좋고 모든 것이 안전함을 알 수 있을 거예요. 그리고 내가 무엇을 쓰고 무엇을 말할지는 전적으로 나에게 달려 있어야 해요."라고 반영했다. 개인적인 SP/SR 반영은 반드시 개인적 경험 내용에 초점을 맞추어야만 한다("나는 몸에서…… 나의 이미지에서 ……을 느꼈어요. 나의 몸…… 나의 이미지, 나의 생각들은 나의 반응이었어요. 그리고 내 행동은……!"). 그러나 토론회에서의 공적인 반영은 내용이 아닌 과정에 초점을 맞추어야 한다(예: "나는 심상 활동을 하는 것보다 행동 실험을 계획하는 것이 훨씬 더 어렵다는 것을 알았어요. 나는 불안해졌고, 나의 부정적인 가정을 검증할 수 있는 방법을 생각해 보는 능력을 방해받는 것처럼 느껴졌어요."). 내용/과정 구분을 명확히 하는 것은 기대와 노출에 대한 두려움을 경감시킬 수 있다.

프로그램 사전 모임에서 참여자들은 다른 동료들 앞에서 통제감을 잃는 것에 대한 걱정을 말하는 것을 꺼릴 수 있다. 그래서 촉진자가 말하는 것이 대개 적절하다. 촉진자로서 당신은 다음과 같이 말할 수 있다. "SP/SR 프로그램에서 참여자들이 여러 경우에 불편감을 느끼는 것은 일반적입니다. 이는 정상적이고 보통 용인될 만한 일이에요. 그러나 때때로 문제는 참여자들을 놀라게 하는, 예상치 못한 강한 정서와 근심을 야기할 수 있습니다. 드물지만 일어날 수 있고, 그래서 심각한 고통이 있을 경우 프로그램의 모든 사람은 타인들의 지지를 얻을 수 있는 일련의 단계, 즉 개인적 안전 전략[3, 16]을 가질 필요가 있습니다."(개인적 안전 전략을 위한 예시는 3장 참조). 사전 모임에서 SP/SR 프로그램을 위해 훈련생들은 정서적 강도가 가벼운 것에서 높은 것 중 과하거나 큰 걱정을 야기하지 않을 것 같은 문제를 선택해야만 하는 것을 재강조하는 것이 도움이 된다(도전할 문제를 선택하는 것에 대한 더 많은 조언은 3장 참조).

반영에서 익명으로 하거나 실명을 사용하는 것에 대한 선택은 집단원에게 달려 있어야 하며, 집단의 결정에 따라야 한다. 일부 집단은 익명으로 할 것이다. 그러나 자신의 이름을 사용하기로 선택하는 집단의 경우 실습이 취약성과 자기노출 면에서 내담자 경험에 더 가까운 것으로 생각된다는 또 다른 이점이 있음을 참여자들이 보고하였다. 한 참여자가 말했다. "나는 불안을 숨기는 경향이 있는데 뜻밖에도 어느 누구도 두려워서 물러서지는 않는 것 같았어요. 내담자가 이것을 해야만 하는 것이 얼마나 어려울지 분명하게 느껴졌어요. 우리는 내용을 공유하는 데 있어 동등하지 않았어요!"

마지막으로, 당신은 모임에서 촉진자로서 자신의 역할, 집단과의 관계를 소개해야만 한다. 회의 중재자로서의 역할을 어떻게 할 것인가? 토론에 개입할 것인가? 만약 그렇게 한다면 어떻게 할 것인가? 집단에 이중관계가 있는가(예: 촉진자와 프로그램 평가자로서)? 이는 집단 과정을 방해할까? 그것을 어떻게 언급할 수 있을까? 이러한 것과 다른 문제에 대한 개방적 토론과 동의가 그 과정에서 참여자의 자신감을 강화할 것이고 기여의 질을 향상시킬 수 있다.

SP/SR을 위한 준비

- SP/SR 프로그램 안내와 사전 모임은 SP/SR에 대한 참여자의 참여와 동기를 강화하는 주요 전략이다.
- 프로그램 안내와 사전 모임은 ① SP/SR의 설득력 있는 근거를 제공하고, ② 분명하고 동의된 프로그램 요구사항을 제작하며, ③ 과정에 대한 안전감을 조성해야 한다.
- SP/SR에 대한 분명한 근거는 이끄는 CBT 전문가의 관점, SP/SR 연구 결과들 그리고 이전 참여자들의 긍정적인 경험을 통해 형성될 수 있다.

- 프로그램 요구사항에 대해 분명히 하고(예: 기여 정도, 기간, 반영 형태, 모듈을 완성하는 시간, 평가), 동의서에 합의하도록 협력하라.
- 노출의 두려움에 관한 문제들과 그 문제들을 해결할 수 있는 의견들을 이끌어 내라. 비밀 보장과 안전에 대해 합의하라.
- 내용과 과정의 차이와 개인적 반영과 공개적 반영의 차이를 분명히 하라.
- 집단에서 어느 누구도 말하지 않는다면 '통제감을 잃는 것에 대한 두려움'의 문제를 제기하라.
- 참여자들이 개인적 안전 전략을 개발시키는 것을 확인하도록 하라.
- SP/SR 참여자들이 가벼운 정도에서 중간 정도의 정서적 강도의 문제에 도전하는 것을 선택해야만 하고, 큰 고통을 야기하는 것은 안 된다는 것을 분명히 강조해야 한다.
- 이중관계의 잠재성을 포함하여 촉진자로서 자신의 역할에 대한 질문을 다루라.

SP/SR 프로그램을 진척시키기

지지적이고 향상시키는 집단 과정 만들기

SP/SR 집단은 학습 공동체이다. 집단원들에게 집단은 프로그램의 가치를 가장 높이는 측면 중 하나이다.[2, 17, 19] SP/SR 집단은 보통 두 가지 상황에서 만난다. 그것은 온라인 토론회와 때때로 면대면 집단 모임이다. 집단이 아주 효율적일 때 대화는 물 흐르듯 계속될 수 있고 과정은 풍부해진다. SP/SR 집단에 참여하는 것(SP/SR을 혼자서 하는 것의 반대로서)의 이점은 치료의 의미와 자신의 경험을 좀 더 반영할 수 있도록 서로의 반영이 빈번하게 자극된다는 것이다. 동료들이 같은 정서적 반응과 CBT 방법을 수행하는 데에 유사한 어려움을 보일 때 그들의 경험은 정상적인 반응이 된다. 다른 집단원의 경험과 유사한 점과 다른 점을 인식하기 시작하는데, 이는 CBT가 '하나로 모든 것을 해결하는' 접근방법이 아니라는 것에 대한 더 미묘한 이해를 낳을 수 있다.

또 SP/SR 집단은 모델링의 기회를 제공한다. 예를 들어, 훈련생은 동료 훈련생의 반영 글을 읽음으로써 반영하는 방법을 더 잘 배우게 된다.[19] 집단은 개인적으로 좀 더 어려운 모듈을 하는 일부 참여자들을 지지해 줄 수 있다. 피드백에 의하면, SP/SR 프로그램을 완료하는 데 지지는 개인들에게 중요한 역할을 할 수 있다. 개인적으로 힘든 모듈을 하는 동안 일체감과 공동체감은 참여자들이 과정을 계속하도록 또는 동료 참여자들로부터 지지를 얻도록 격려할 수 있다.

앞에서 언급했듯이, 프로그램 사전 모임은 집단의 안전을 형성하는 데 있어 중요한 역할을 한다. 집단 그 자체는 과정과 안전에 대한 권리를 소유하며 주요 결정을 한다는 점에서 중요하다. 모임은 비밀보장, 게시 내용, 익명성, 개인적 안전 전략, 촉진자의 역할에 대한 이해에 대해 분명하게 동의해야 한다. 앞에서 말했듯이, 집단은 보통 두 가지 방식으로 만난다. 즉, 반영 글의 게시와 집단 토론을 통한 온라인으로, 그리고 일부 집단은 면대면으로 만난다. 집단은 오직 온라인으로만 만날지 또는 면대면으로도 만날지 등 언제 어떻게 만날지를 결정해야만 한다.

일부 참여자는 다른 이들보다 온라인 토론회를 더 활용한다. 이 경우에는 접속을 위한 지시가 분명해야 한다. 프로그램 사전 모임에서 토론회의 활용에 대해 시범을 보이고 필요하다면 실제 지도를 하는 것이 도움이 된다. 예비 토론회의 예시가 도움이 될 수 있고 대화의 가치가 강조될 수 있다. 직장이나 집에서 PC나 휴대전화/태블릿으로 접속할 수 있는 토론회를 활용하는 것을 선호한다. 또 토론회는 참여자들이 로그인하고 반응하도록 격려하기 위해 그들의 이메일로 새로운 게시물을 보낼 수 있도록 설정되어야 한다.

프로그램의 첫 사전 모임을 넘어서, SP/SR 촉진자들은 참여를 격려 · 지지하고 가치를 부여함으로써 그리고 적시에 질문과 논평에 반응함으로써 '원활하게 진척시킬' 필요가 있다. 참여를 방해할 수 있는 개인적 또는 집단적 문제들에 주의를 기울이고 발생할 수 있는 문제를 해결해야만 한다. 그들은 아마도 적절한 때에 논평이나 질문을 추가하는 것인 '참석하는 것'과 다른 한편으로 집단이 주도권을 가진 상황에서 서로에게서 배우도록 배경에 충분히 머무는 것 사이에 균형을 맞추어야 한다.

면대면 집단 모임은 특별한 실습이나 기술에 대한 심화된 토론이 가능한 토론회를 추가할 수 있다.[3] 기존의 CBT 프로그램에 통합한 정기적인 SP/SR 실습에서 할 수 있다. 혼자 하는 SP/SR 프로그램에서 집단 모임은 12모듈을 하는 동안 두 번에서 네 번 할 수 있다. 경험에 의하면, 집단 모임은 더 '원활하게 진척시키는 데' 도움이 된다. 그러나 참여자들이 가까이 살지 않는다면 집단이 항상 실용적인 것은 아니다. 그리고 때때로 비록 참여자들이 같은 지역에서 오거나 같은 기관에서 일하고 있더라도 집단에서 토론회를 원하지 않는다. 예를 들어, 같은 도시에서 일하는 몇몇 직장 동료는 익명으로 온라인에 반영 글을 게시하는 것이 편안할 수 있지만 면대면으로 그들의 생각을 토론하는 것을 꺼릴 수 있다. 프로그램의 다른 측면과 마찬가지로, 면대면 집단 모임을 하려는 결정은 집단에 의해 승인되어야 한다.

면대면 집단의 촉진과 온라인 토론회의 촉진은 복잡한 기술들로서 이 장에서는 자세히 논하기가 어렵다. 장래의 SP/SR 촉진자들이 이 기술을 발달시키고자 한다면 그들은 전문 자원과 훈련 프로그램을 찾아야만 한다.

지지적이고 향상시키는 집단 과정 만들기

- 온라인으로만 만날지 또는 면대면으로도 만날지 등 집단이 언제 어떻게 만날지를 결정해야 한다.
- 집단은 과정과 안전에 대해 중요한 결정을 스스로 해야 한다.
- 온라인 토론회는 쉽게 접속할 수 있고 사용하기 쉬우며, 필요하다면 코칭이 제공되어야 한다.
- 참여를 격려 · 지지하고 가치를 부여함으로써 '순조롭게 진척시키라'.
- 집단 과정을 주의 깊게 관찰하고 필요시 중재해야 한다.
- 온라인 토론회와 면대면 집단을 촉진하는 데 당신의 기술을 향상시킬 필요가 있다면 전문 훈련과 자원을 이용하라.

참여자 돌보기

연구에 의하면, 통찰이 보상이 될 수 있고 활기를 줄 수 있다는 점이 SP/SR의 장점이다. 그러나 SP/SR이 전통적인 CBT 훈련 프로그램보다 참여자들에게 정서적인 요구를 더 많이 한다는 것은 단점이다.[3, 18, 23] 동시에 발생하는 스트레스 많은 삶의 사건들은 SP/SR에 몰두하는 것을 어렵게 만들 수 있다.[2] 일부 참여자(예: 대학생들)에게는 '위험을 피하고 감정을 무시하는' 방법이 일을 끝내는 가장 편리한 대처 전략이다. 그러나 SP/SR에의 효과적인 참여는 정서와 함께하는 것을 요하는데, 이는 '위험을 피하고 감정을 무시하는' 방법과는 상반되고, 피상적인 참여를 낳을 수 있다. 또 사회적 지지 부족은 참여자들이 SP/SR로부터 멀어지고 때때로 포기하는 일을 초래할 수 있다.

SP/SR 프로그램의 촉진자들은 돌봄의 의무가 있다. 어떤 참여자들이 힘겨워하고 있는지 알기 위해 주의 깊게 지켜보아야만 한다. 프로그램 사전 모임에서 촉진자가 참여자들이 괜찮은지 알기 위해 참여자와 연락할 수 있도록 또는 개인적 안전 전략의 한 방법으로서 참여자들의 상황이 좋지 않은지를 촉진자가 알 수 있도록 하는 절차를 계획하는 것이 도움이 된다. 촉진자들은 '인정할' 필요가 있다. SP/SR을 하는 게 적절하지 않을 때가 있고 또는 축소된 방법으로 시작하는 것이 필요한 때가 있다. '축소된 방법'이 어떤 것인지에 대해 프로그램 사전 모임에서 의견을 나누고 싶을 것이다. 불이행의 선택 방안으로 스트레스 시기에 자기 돌봄의 중요성을 반영해 볼 수 있거나 한두 개의 모듈을 '빼먹을' 수 있다. 만약 불참이 지속된다면, 참여자와 연락해서 그들의 욕구를 결정하도록 하는 방법들에 대해 의논해야 한다.

공식적인 훈련 프로그램의 상황에서 만약 그때 SP/SR을 안 하는 것이 좋다고 생각된다면 대안적인 방법(예: SP/SR의 연기 또는 이 시기에서의 그것의 부적절함에 대한 반영 또는 대안적 모듈)을 쓰는 것이 적절할 수 있다. 프로그램의 시기를 선택할 수 있는 참여자에게 최종 결정에 앞서 분명한 이점뿐만 아니라 SP/SR에 대한 정서적 욕구와 시간적 욕구를 강조하라. 그 후에 그들에게 지금이 적절한 시기인지 생각해 보게 한다.

참여자 돌보기

- 촉진자들은 참여자들을 돌볼 의무가 있다. 그들은 참여자들이 개인적 안전 전략을 가지고 있는지 주의 깊게 살펴보고 확실히 해야 한다.
- 촉진자로서, 설령 참여자들이 과정의 일부 단계에서 온전히 참여할 수 없더라도 융통성 있어야 하고 인정하여야 한다.
- 공식적 프로그램을 위해(예: 대학기반 프로그램), SP/SR을 할 적절한 시기가 아니라면 대안적인 방법이 있을 수 있는지 고려해야 한다.
- 만약 참여자들이 프로그램의 시기를 선택할 수 있다면, 충분한 정보에 입각하여 시작할 시기를 선택할 수 있도록 시간적 욕구와 정서적 욕구에 대해 언급하라.

결론

이 장의 단계들을 수행해 간다면, SP/SR은 당신의 전문적 성장과 교육에 새로운 보상적인 차원을 제공할 것이다. 즉, 참여자들로부터 얻게 되는 피드백에서 그 효과를 반복적으로 보게 될 것이다. 그렇지만 SP/SR 촉진자의 역할은 전통적인 CBT 훈련가의 역할과 많은 면에서 다르다. 일부 CBT 훈련가는 SP/SR 촉진자의 역할을 시작하는 데 있어 처음에는 온전히 편안하지 않을 것이나 이는 이해할 만한 일이다.

만약 그런 걱정이 있다면, 당신은 어떤 것을 먼저 시작할지 생각해 보기를 바란다. SP/SR 프로그램에 대한 더 많은 정보가 필요할까? 더 많은 재료? 더 많은 촉진 기술? SP/SR 연구에 대한 더 많은 공부? SP/SR 프로그램에 참여하는 데 있어 자신의 개인적 경험? 필요로 하는 자원을 얻었다면, 프로그램을 계획하고 시작할 준비가 되었는지 확인하라. SP/SR 프로그램을 운영하는 것에 대해 여전히 어떤 부정적인 자동적 사고와 도움이 되지 않는 가정들을 가지고 있다는 것을 알았다면, 이는 행동 실험이나 그 이상의 행동 계획을 위한 원동력을 제공할 것이다.

결론적으로 성공적인 SP/SR 집단을 촉진하는 것은 당신과 훈련생 모두를 발전시키는 가치 있는 기술이다. 참여자들은 자주 반복되는 '통찰'과 '아' 하는 순간을 경험한다. 이는 참여자 자신들과 촉진자들 모두에게 감동적이고 보상적이다. 게다가 그것은 CBT에 대한 깊은 이해를 경험하게 한다. 촉진자로서의 역할에서 우리는 참여자들의 반영을 목격하는 특권을 가지게 된다. 결국 치료적 과정에 대한 우리 자신의 이해를 더 깊게 하고, 치료사, 슈퍼바이저, 훈련가로서 기술을 향상시키게 된다.

PART I

도움이 되지 않는(오래된) 존재방식 확인하고 이해하기

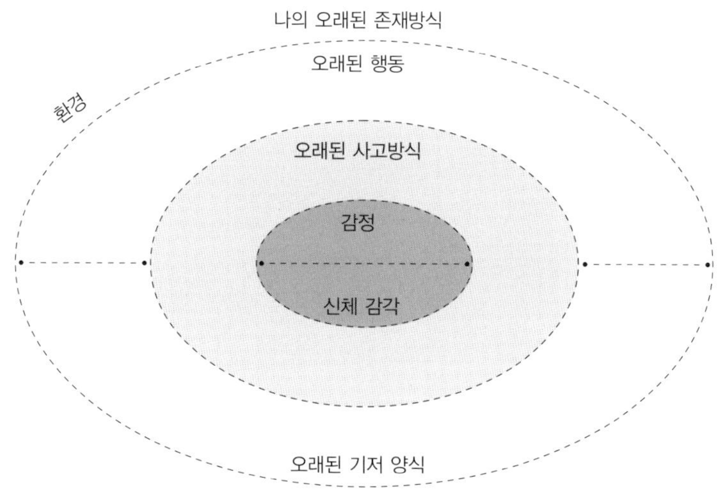

MODULE 1

도전할 문제 확인하기

이 모듈을 하는 것은 어쩌면 내가 자신의 이야기를 하고 치료를 시작하기를 원하는 그 개인들의 '측정 결과를 불편한 것'으로 여기면서 그것들을 대충 훑어보고 있는 방식을 깨닫게 했다. …… 측정에 대한 나의 의견은 이미 달라졌다.

- SP/SR 참여자

이제 당신은 SP/SR 프로그램을 시작할 준비가 거의 되었다. 그렇게 하기 전에, 3장의 마지막에 나오는 3명의 치료사인 셜리, 자야쉬리 그리고 데이비드의 전기를 다시 읽어 봄으로써 그들에 대한 기억을 떠올리길 원할 수도 있을 것이다. SP/SR 훈련을 설명하기 위해 모듈을 통해 그들의 실습들을 활용할 것이다. 워크북을 하는 동안 어느 때인가 예상치 못하게 괴로워지는 경우를 대비해 프로그램을 시작하기 전에 당신도 개인적 안전 전략(3장 참조)을 세우도록 하라.

SP/SR 워크북은 전형적인 CBT 방식으로 시작하는데, 몇 가지 기초선을 설정하여 진행 상황을 추적할 수 있다. 이는 감정 상태에 관해 첫 측정을 하는 것, '도전할 문제'를 확인하는 것 그리고 워크북에서 SP/SR 실습을 통해 훈련할 때 진전을 추적할 수 있는 특별히 세운 독특한 기준을 구성하는 것을 의미한다.

실습. 기초선 측정: PHQ-9와 GAD-7

첫 과제는 워크북으로 참여할 때 진전을 추적하기 위해 객관적인 기초선을 설정하는 것이다. 이를 위해 두 가지 일반적으로 사용되는 우울과 불안 간편 척도인 환자 건강 상태 질문지(Patient Health Questionnaire-9: PHQ-9)와 범불안장애 7개 항목 척도(Generalized Anxiety Disorder seven item scale: GAD-7)를 실시하고, 평가하고, 해석한다. 이 평가는 개인적 기초선을 제공하고, 또 처음 평가할 때 내담자와 비슷한 경험을 하게 한다. 분노, 낮은 자존감 또는 자기온정의 부족과 같이 당신이 말하고 싶어 하는 특별한 문제를 가지고 있다면, 자유롭게 자신의 기초선 측정을 대체하라('모듈 주석'에 있는 모듈 1 주석 참조). 자신의 특별한 문제나 감정(예: 걱정, 분노, 자기온정, 불확실성을 인내하는 것의 어려움, 완벽주의) 측정을 위해 타당성 있는 측정도구가 있는지 인터넷을 검색하고 싶어 할 것 같다.

우선, 저조한 기분과 우울의 표준화된 측정도구인 PHQ-9를 실시하라. 각 항목을 더해서 PHQ-9의 총점을 계산할 수 있다.

PHQ-9: 사전 SP/SR

지난 2주 동안, 다음 문제들로 인해 얼마나 자주 신경 쓰였습니까?	전혀 없음	며칠 동안	1주일 이상	거의 매일
1. 매사에 흥미나 즐거움이 거의 없다.	0	1	2	3
2. 기분이 가라앉거나 우울하거나 희망이 없다.	0	1	2	3
3. 잠들기 어렵거나 자꾸 깨어남 또는 너무 많이 잔다.	0	1	2	3
4. 피곤하거나 기력이 저하된다.	0	1	2	3
5. 식욕이 없거나 과식한다.	0	1	2	3
6. 자신이 나쁜 사람이라고 느낀다. 또는 실패자라고 느끼거나 자신이나 가족을 실망시켰다고 느낀다.	0	1	2	3
7. 신문 읽기나 TV 시청과 같은 일에 집중하기가 어렵다.	0	1	2	3
8. 다른 사람들이 알아챌 정도로 매우 느리게 움직이거나 말한다. 또는 그 반대로 너무 초조하고 안절부절못하여 평소보다 많이 돌아다니고 서성거린다.	0	1	2	3
9. 자신이 죽는 게 더 낫다고 생각하거나 어떤 식으로든 스스로를 자해할 것이라고 생각한다.	0	1	2	3

출처: Copyright by Pfizer, Inc. *Experiencing CBT from the Inside Out: A Self-Practice/Self-Reflection Workbook for Therapists*(The Guilford Press, 2015)에서 재출간. 이 책의 구매자는 이 측정도구를 복사하거나 다운로드 할 수 있음.

0~4: 우울 증상 없음
5~9: 가벼운 우울
10~14: 중간 정도의 우울
15~19: 약간 심한 정도의 우울
20~27: 심한 우울
나의 점수: ___________

만약 자신을 약간 심한에서 심한 우울 정도로 평가한다면 당신의 슈퍼바이저, 친구, 의사 또는 최근에 치료를 받고 있다면 치료사와 저조한 기분에 대해 의논하는 것을 생각해 보기 바란다. 3장에서 말했듯이, 당신은 SP/SR에 참여하기에 적절한 시간인지를 결정할 필요가 있다. 자신을 돌보는 것은 중요하다.

이제 몇 분의 시간을 써서 범불안장애의 측정도구인 GAD-7을 실시하라. 각 항목을 합산하여 GAD-7의 총점을 계산하라.

GAD-7: 사전 SP/SR

지난 2주 동안, 다음 문제들로 인해 얼마나 자주 신경 쓰였습니까?	전혀 없음	며칠 동안	1주일 이상	거의 매일
1. 초조하거나 불안하거나 조마조마함을 느낀다.	0	1	2	3
2. 걱정하는 것을 멈추거나 조절할 수가 없다.	0	1	2	3
3. 여러 가지 것에 대해 걱정을 너무 많이 한다.	0	1	2	3
4. 편하게 있기가 어렵다.	0	1	2	3
5. 너무 안절부절못해서 가만히 있기가 힘들다.	0	1	2	3
6. 쉽게 짜증이 나거나 성을 내게 된다.	0	1	2	3
7. 마치 끔찍한 일이 생길 것처럼 두렵게 느껴진다.	0	1	2	3

출처: Copyright by Pfizer, Inc. *Experiencing CBT from the Inside Out: A Self-Practice/Self-Reflection Workbook for Therapists*(The Guilford Press, 2015)에서 재출간. 이 책의 구매자는 이 측정도구를 복사하거나 다운로드 할 수 있음.

0～4: 불안 증상 없음
5～9: 가벼운 불안
10～14: 중간 정도의 불안
15～21: 심한 불안
나의 점수: ___________

 실습. SP/SR 프로그램을 위한 도전할 문제 확인하기

새로운 기술을 시도하고 새로운 지식을 적용할 때 (다양한 성공의 정도 때문에) 자의식을 느끼거나 자기의심을 경험하는 것은 치료사로서 일반적이다. 당황스러운 감정적 반응은 직장의 여러 다른 상황 속에서 나타날 수 있다. 예를 들면, 특별한 내담자와 있을 때, 슈퍼비전 시간에, 또는 당신이 친구나 동료와 상호작용할 때이다.

이 실습에서 SP/SR 프로그램을 훈련하는 동안 도전할 문제를 확인하기 위해 개인적 삶에서 또는 치료사로서의 경험을 탐색하게 될 것이다. 우리는 다음을 제안한다.

1. 이 실습을 위해 조용한 공간을 찾으라.

2. 걱정되거나 화나게 하는 치료사로서의 자신에 대해, 또는 SP/SR을 '개인적 자기'에게 초점을 맞추기로 결정하였다면 개인으로서의 자신에 대한 몇 가지 감정이나 사고를 생각하라('치료사 문제' 또는 '개인적 문제'를 선택하는 것에 대한 지침은 3장 참조). 모두에게는 자신의 촉발 상황이 있다. 당신이 생각하기에 특히 강하거나 자신답지 않은 감정적 반응이 나타나거나 나타났던 상황을 인식할 수 있는가? 우리는 일에서 반복되는 문제로부터 도망가거나 도움이 되지 않는 방법으로 일을 하고 있거나 자신 또는 타인을 향해 행동하고 있는 자신을 발견할 수 있다.

만약 SP/SR 프로그램을 '치료사 자기'에 초점을 맞춘다면, 일에서 걱정하거나 반추하는 또는 치료 회기, 강의 또는 슈퍼비전 전, 도중, 후의 기분 나쁜 특별한 상황에 대해 생각해 보라. 당신은 내담자가 갑자기 약속을 취소하거나 늦게 도착할 때 화가 날 것이다. 특별한 내담자는 당신을 자극할 것이다. 예를 들어, 복합적인 사회적 또는 생활 문제를 가지거나 당신의 가치와 모순되는 일련의 가치를 가진 이들이다. 당신은 어떤 나이의 집단과 작업하는 것이 자신을 불안하게 만든다는 것을 발견하게 되거나 상실 또는 이혼과 같은 당신 자신의 과거나 현재 문제의 일부를 반영하는 내담자를 만나게 될 것이다.

슈퍼비전이나 사례 발표를 크게 염려할 것이고(심지어 회피할 것이다), 다른 사람들과 비교하여 당신이 하는 방식을 의심하고, 당신 생각에 대해 다른 사람들이 어떻게 생각하는지 검토하고, 의견에 대해 반추하거나 치료사로서의 자신에 대해 슈퍼바이저가 어떻게 생각하는지 반복해서 추측할 것이다. 이런 때에 당신은, 예를 들어 자신이 불안한, 걱정되는, 당황한, 불확실한, 좌절되거나 화가 나는 것을 발견할 수 있고(감정), 긴장되거나 울고 있을 수 있고(신체 감각), 일이 어떻게 될지 의심하고 타인이나 그들의 생각에 의해 검토되거나 비판된다고 느끼며 자기를 비난하거나 의심을 할 수 있고(사고), 어떤 종류의 부탁을 피하거나 특징 없이 반응할 수 있다(행동).

예시. 자야쉬리의 도전할 문제

자야쉬리는 치료 회기에서 내담자의 감정을 언급하는 것을 회피하는 경향이 있으며, 이는 치료사로서 효율성을 떨어뜨리게 한다는 것을 알게 되었다. 또 이 경향은 자기비판적인 면을 악화시키고 매우 불안하고 무기력하게 만들고 있었다.

이 모든 것은 직장에서 경험할 수 있다. 그러나 일과 관련되지 않은 다른 상황에서도 강한 감정적 반응을 경험할 수 있다. 만약 이 경우라면, '치료사 문제'보다는 '개인적 문제'를 이야기하기 위해 SP/SR 워크북을 사용하고자 할 것이다. 당신은 앞에서 설명한 것처럼 같은 과정을 활용할 수 있다.

예시. 데이비드의 도전할 문제

데이비드는 슈퍼비전을 준비할 때 매우 불안함을 느끼고 있다는 것을 알게 되었다. 또 파트너인 캐런의 회사 크리스마스 파티에 참석하는 것을 생각할 때 불안했다. 이 상황들에 대한 그의 사고는 다른 사람들이 자신을 높게 평가하지 않을 것이라는 생각에 초점을 맞추고 있었다. 개인적 상황에서의 불안이 더 문제라고 판단했고, 전문적인 문제보다는 개인적인 문제에 초점을 맞추기로 결정했다.

3. 이 내용을 읽는 동안 떠오른 도전할 문제나 상황들을 다음 상자에 적으라.

도전할 문제 또는 상황

4. 당신이 인식한 상황을 탐색하기 위해 SP/SR 워크북을 통해 훈련하는 동안 어떤 특별한 도전할 문제에 초점을 맞추고 싶은지 자신에게 물어보라. 이는 불안, 좌절, 분노 또는 고통(50~80%로 평가되는 강도가 이상적일 것이다)과 같은 중간 정도에서 강한 감정을 야기하는 상황일 것이다. 좀 더 도전적이거나 해결이 어려운 영역 중 하나를 선택하는 것이 좋은 생각이다. 또 이 문제가 여러 상황에 걸쳐서 일어나고 있다면 도움이 된다. 그러나 예외는 있다. 예를 들면, 의미 있는 상실이나 관계 문제 또는 아동기 트라우마와 관련된 문제와 같은 심각한 상황을 선택하지 않기를 강력히 권한다. 만약 프로그램의 끝까지 해결되지 않는다면 심각한 근심을 야기하게 될 문제도 선택하지 말라.

5. 도전할 문제를 최종적으로 결정하고 다음 상자에 기술하라. 이는 매우 간단한 설명일 수 있다. 예를 들면, 데이비드는 '사회적 상황에서의 불안'이라고 썼다.

나의 도전할 문제

개인용 척도 제작하기: 시각적 고통 척도

다음 단계는 당신의 개인적인 독특한 측정도구로서 시각적 고통 척도(Visual Analogue Scale: VAS)를 제작하고 섬세하게 맞추는 것이다. VAS는 자나 테이프로 측정하는 것과 같은 기능을 하고, 측정 가능한 어떤 것에 숫자나 등급을 부여하는데, 일반적으로 슬픔이나 화와 같은 확인된 문제가 되는 감정에 등급을 매긴다. 시간의 흐름에 따라 VAS로 반복해서 측정하면 변화를 추적하기 쉽다. VAS를 계획할 때는 어떤 것의 양을 단일 방향으로 측정하도록 만들라. 예를 들어 슬픔의 경우, 0%는 전혀 슬프지 않은 것이고 100%는 이제까지 경험한 것 중 가장 슬픈 것을 나타낸다. VAS가 처음으로 내담자에게 소개될 때, 내담자는 목표로 정한 문제가 되는 감정에 대해 세 가지 다른 평가를 하도록 요구될 것이다. 먼저, 내담자는 그 감정이 가장 나빴을 때를 말하도록 한다. 이는 100%로 평가된다. 다음은 인식된 감정이 50%로 경험된 예시를 이끌어 내도록 한다. 마지막으로, 문제가 되는 감정이 없을 때는 0%이다. 이 과정은 감정적 상태가 상황에 따라 변할 수 있다는 점을 내담자가 인식할 수 있도록 한다. 또한 내담자가 상대적인 관점에서 자신의 감정을 인식하거나 확인하도록 돕는 기준점을 세우고, 더 정확히 측정하도록 촉진한다.

 예시. 데이비드의 VAS

도전할 문제를 사회적 상황에서의 불안으로 확인한 후, 데이비드는 다음 방식으로 그의 VAS를 설정했다. 그는 불안이 가장 높았던 때를 떠올렸는데, 가까운 친구의 결혼식에서 신랑 들러리로서 연설을 해야만 했을 때 경험했던 것으로 이를 100%로 평가했다. SP/SR 워크북을 시작할 시기에 그의 문제에 대해 생각할 때 사회적 상황에서 불안의 평균 수준을 65%로 평가했고, 저녁에 음악을 들을 때는 불안을 경험하지 않는다는 것을 알아차렸다.

데이비드의 도전할 문제: 사회적 상황에서의 불안

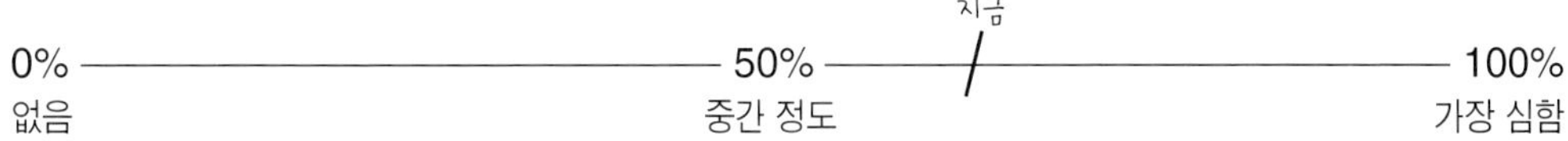

0% 설명	50% 설명	100% 설명
불안하지 않다. 모든 것이 통제하에 있고, 마음과 신체는 완전히 이완되어 있다고 느껴진다.	꽤 불안하다. 신체에서 긴장이 느껴진다. 어깨가 경직되어 있고 약간 아픈 것 같다. 일반적으로 내가 잘 아는 소수의 사람들(직장, 집)과 있을 때 이 정도로 느껴진다. 잘 모르는 사람들과 있는 것은 기분이 더 나쁘다.	심각하게 불안하다. 내가 무엇을 하고 있는지 모르겠다. 혼동되고, 서툴고, 머릿속이 복잡하고, 어디로 가야 하는지 모르겠다. 전신은 긴장되고, 똑바로 생각할 수가 없다. 날 여기서 꺼내 줘!

이 예시에서 보았듯이, VAS는 0%에서 100%까지 평가한다. 예시에서 데이비드는 그의 척도 기준점을 만들기 위해 0%와 100%에 극단적인 설명을 했다. 또 그는 사회적 상황에서 50% 정도 불안한 경험에 대한 설명도 써 넣었다. 이는 시간의 흐름에 따른 불안 정도를 평가하고 변동과 변화를 인지하도록 도울 것이다.

실습. 나의 VAS

이제 당신의 VAS를 만들 차례이다. 도전할 문제를 묘사한 다음, 위 예시에서 데이비드가 한 것처럼 당신의 문제에 대한 VAS를 만들라.

나의 VAS

나의 도전할 문제:

0% —————————— 50% —————————— 100%
없음 중간 정도 가장 심함

0% 설명	50% 설명	100% 설명

자기반영 질문

이제 모듈 1에서 자기훈련 실습을 마치고 경험에 대해 반영할 시간이다. 시작하기 전, 3장의 '반영 능력 형성하기'에 관한 조언을 떠올려 보라.

자기훈련 실습을 하는 것에 대한 당신의 즉각적인 반응은 어떠한가? 이 방식으로 자신에 대해 생각하는 것이 쉬웠는가, 어려웠는가, 또는 불편하였는가? 실습을 하는 동안 특별한 감정, 신체 감각 또는 사고를 경험하였는가?

워크북의 첫 단계, 즉 삶에서의 문제 영역을 확인하고 이를 탐색하거나 해결하는 동안의 경과를 측정하는 방법을 설정하는 것에서 당신의 반응 중 특히 두드러지는 것은 무엇인가?

당신의 감정 정도를 평가하고 문제를 정의한 후에 내담자가 제시하는 문제에 대해 측정하고 탐색하는 첫 단계에 대해서 어떤 생각이 들었나? 이 '자기탐색적인' 경험이 당신이 내담자와 하게 될 방식을 변화시켰는가? 이것이 상담 사례라면 당신은 이를 어떻게 다르게 할 것인가?

그 밖에 다음 주에 계속 생각해 보고 싶은 것이 있는가?

MODULE 2

문제 공식화하기와 변화 준비하기

처음에는 강점에 대해 생각하는 것이 어려웠으나 내가 나 자신에게 가장 나쁜 비평가였다는 것을 인지한 후 나 자신에 대해 더 좋게 여기기 시작했을 때 다른 사람들이 더 쉽게 다가왔다. 그것은 나에게 어느 정도 정신적 지지가 되었고 내 문제가 그렇게 어렵게 느껴지지 않게 했다.

- SP/SR 참여자

모듈 2의 목적은 당신이 당신의 도전할 문제에 대해 더 잘 알고 그것을 얼마나 변화시키고 싶어 하는지 확인하도록 돕는 것이다. 당신은 어려움을 야기한 최근의 특별한 상황을 활용하여 문제에 대한 상황적 공식화를 하게 될 것이다. 상황적 공식화는 Christine Padesky와 Kathleen Mooney가 개발한 고전적인 5영역 모델(five-part model) — 상황 속에서의 사고, 행동, 감정과 신체 감각 — 을 사용한다. 이 공식화에 익숙하더라도, 당신은 특별한 상황에 초점을 맞추고 그때의 사고와 감정을 인식하게 될 때 나타나는 것에 자주 놀라게 된다. 문제를 공식화하는 것은 대개 그것이 초래하는 것과 계속 재발하는 이유를 이해하도록 돕는다.

첫 상황적 공식화를 넘어서, 모듈은 덜 익숙한 영역까지 확장시킨다. 먼저, 당신의 배경과 문화가 어떻게 도전할 문제에 영향을 미치고 있는지 탐색하게 될 것이다. 그런 다음, 문제의 정확한 특성을 명백히 하고 적절한 요약을 하기 위한 '문제 진술'을 하게 될 것이다. 공식화와 문제 진술의 목적은 당신의 도움이 되지 않는(오래된) 존재방식에 대한 이해를 심화시키는 것이다.

이 모듈의 후반부에서는 새로운 존재방식의 발달을 향한 첫발을 내딛을 것이다. 몇 가지 강점을 확인한 후에, 당신은 대안적인 강점기반 공식화를 하게 될 것인데, 여기서 강점을 바탕으로 도전할 상황에 접근하는 방법을 알게 된다. 마지막 실습은 목표 설정인데, 목표, 장애물 그리고 전략을 탐색한다. 프로그램을 위한 목표를 설정하기 위해 심상을 활용하도록 한다는 점에서 이 방법이 약간은 낯설 것이다.

모듈 2는 첫 6개의 모듈 중에 가장 오랜 시간이 걸린다(2~3시간). 이것을 완료하기 위해

2회기 또는 3회기로 나누는 것을 원할지도 모르겠다.

서술적인 공식화: 5영역 모델

앞에서 요약했듯이, CBT에서 문제 상황에 대해 생각하는 방법 중 하나는 다섯 가지 상호작용하는 영역의 관점에서 문제의 다른 측면들을 자세히 탐색하는 것이다. 아래 그림에서 설명하는 이 5영역 모델은 문제가 계속 순환되도록 서로 상호작용하는 요소들이 있다는 점을 강조하기 위해 도식적으로 묘사되었다. 가장 큰 바깥쪽 원은 '환경'을 나타내고 연결된 작은 원들은 상황에서 경험하는 사고, 감정, 행동 그리고 신체 감각을 나타낸다.

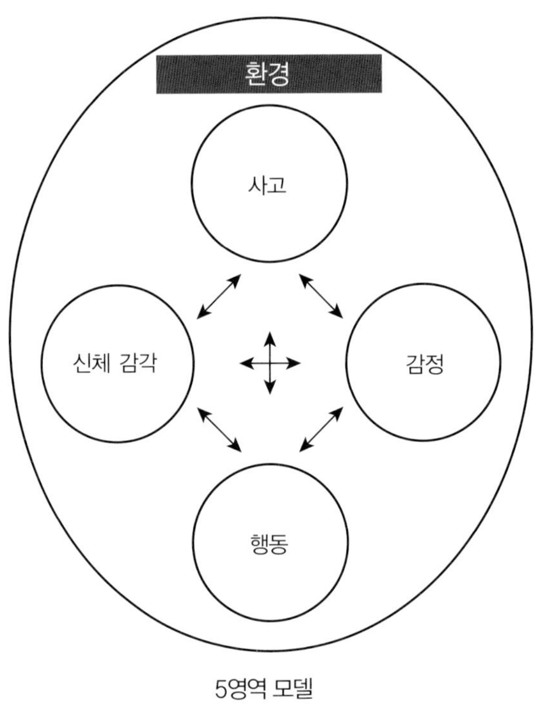

5영역 모델

출처: Copyright 1986 by the Center for Cognitive Therapy; www.padesky.com.

'환경'은 개인의 발달사와 사회사, 유전적 구성, 영적/종교적 견해 그리고 문화적 전통과 같은 배경 요소들을 고려한 직접적인 촉발 상황을 포함한다. 그 요소들 사이의 양방향 화살표는 모델의 상호작용적인 특징을 나타낸다. 이 모듈에서는 주로 지금-여기에 초점을 맞추지만 배경 요소에 대한 더 자세한 탐색이 그 문제와 그것의 근원에 대한 온전한 이해를 제공할 수 있기에 CBT에서 중요할 수 있다는 것을 유념하면 좋겠다.

5영역 모델 요약

1. **환경**: 여기에서 환경은 두 가지 요소를 말한다.
   a. 기분 나쁜 감정적 반응을 유발시키는 직접적인 촉발 상황이다. 자신에게 물어보라. "거기에 누가 있었지?" "그 일이 어디에서 일어났지?" "무슨 일이 일어났지?" 또 촉발 자극은 사고, 이미지, 신체 감각 또는 소리나 냄새와 같은 감각 자극일 수 있다. 어떤 상황을 선택하는 데 있어서 구체적인 것은 중요하다.
   b. 개인사, 유전적 구성, 종교, 영적 견해 그리고 문화와 같은 과거나 현재 배경은 영향을 미친다. 다음 절에서 문화의 영향에 대해 더 자세히 탐색하게 될 것이다.
2. **사고(인지)**: 이와 관련해서 마음에 갑자기 떠오르는 그 상황과 관련된 사고, 이미지 또는 기억이 있다(자동적 사고). 모듈 4와 5에서 보게 될 테지만, 만약 사고가 질문의 형태로 나타난다면 그것을 시험해 보기 위해서 그 질문을 진술로 바꾸는 것이 더 도움이 된다는 것을 알게 될 것이다(예: '새 직업에서 내가 잘 대처할 수 없다면?'을 '나는 새로운 직업에서 잘 대처하지 못할 거야.'로 바꾼다. '내가 만약 심장마비로 죽는다면 어쩌지?'를 '내 생각에 나는 심장마비로 죽을 것이다.'로 바꾼다).
3. **감정**: 감정은 대개 한 단어로 표현된다(예: 슬픈, 화, 무서운, 불안한 또는 죄책감).
4. **행동**: 자신에게 물어보라. "무엇을 했지?" 또는 "이전에 했을지도 모르는 것이나 하고 싶었던 것을 하지 않은 것은 무엇이지?" 어떤 것을 회피하는 것은 행동적 반응이라는 것을 기억하라.
5. **신체 감각**: 이는 심장박동률, 호흡 패턴, 통증, 어지러움, 메스꺼움, 열이나 냉한 또는 다른 특별한 감각이나 증상과 같은 생리적인 반응을 말한다. 때때로 특별한 신체 감각인지 확인하기가 어려울 수도 있다. 또 피로나 긴장과 같은 일반적인 신체적 상태도 찾아보라.

실습. 나의 5영역 공식화

78~79쪽에 나오는 데이비드와 자야쉬리가 작성한 공식화를 살펴보라. 비슷한 원리를 활용하여 당신의 도전할 문제에 대한 상황적 공식화를 나타내기 위해 그 80쪽에 나오는 5영역 도표를 완성하라. 당신의 사고, 감정, 행동 그리고 신체 감각을 확인함에 있어 특수성이 중

요하다는 것을 기억하라. 따라서 가능하다면 강한 감정적 반응(50% 이상으로 평가되는 감정적 반응)을 느꼈던 특별한 최근 상황을 찾으라. 이것은 이런 상황에서 일반적으로 일어날 수 있는 감정과 사고를 단순히 알아차리는 것보다 언제나 더 유용하다.

데이비드의 5영역 공식화

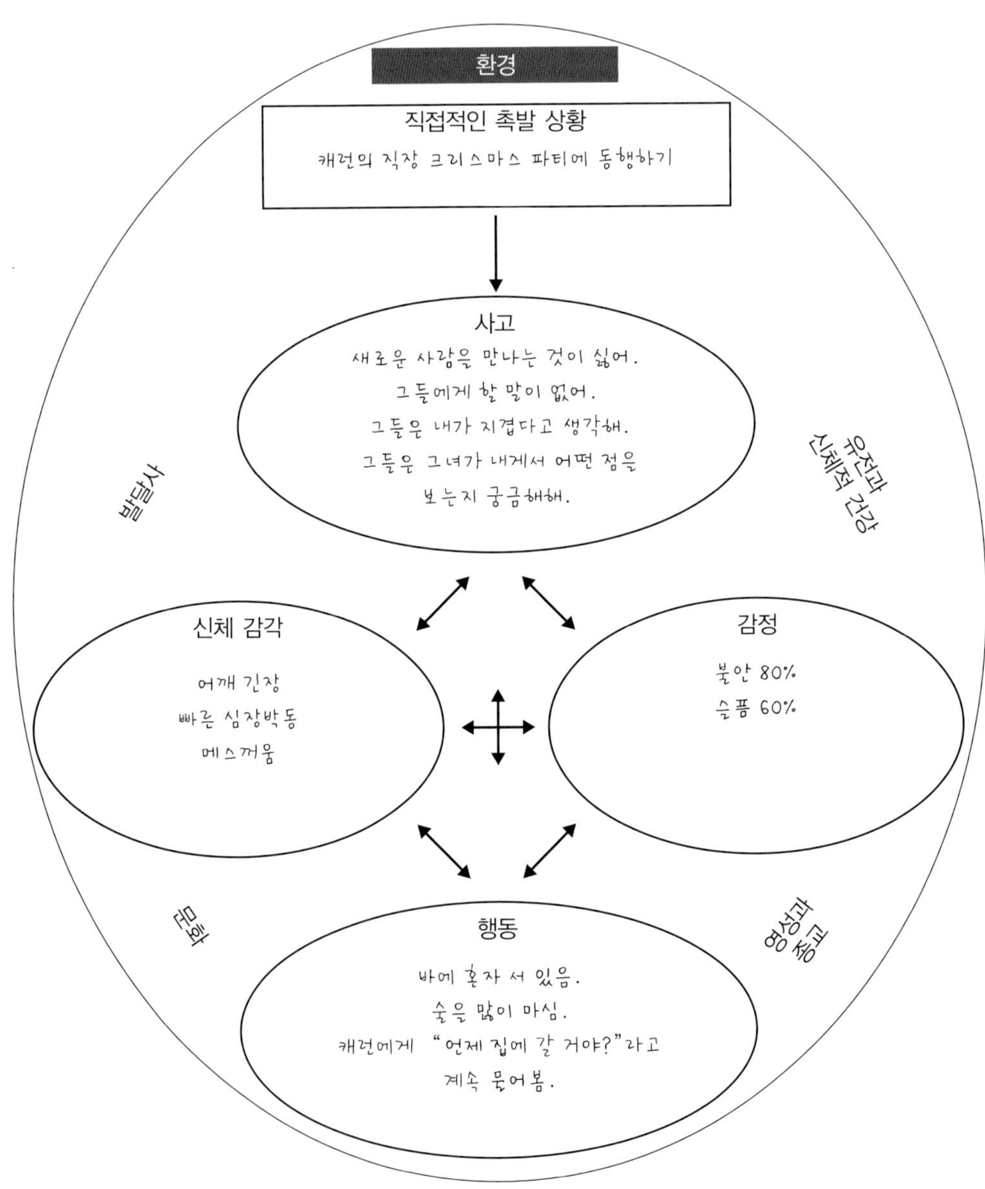

자야쉬리의 5영역 공식화

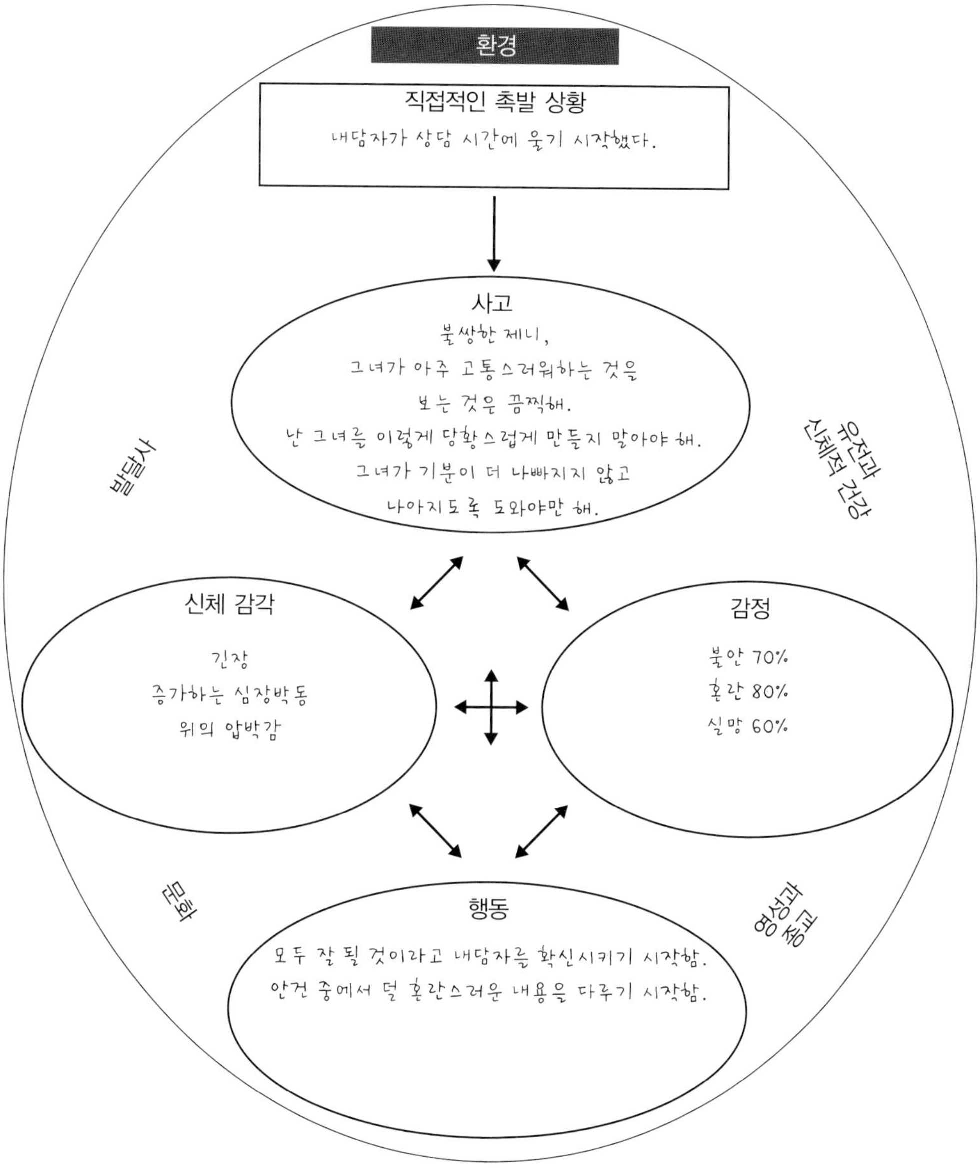

환경

직접적인 촉발 상황

내담자가 상담 시간에 울기 시작했다.

사고

불쌍한 제니,
그녀가 아주 고통스러워하는 것을
보는 것은 끔찍해.
난 그녀를 이렇게 당황스럽게 만들지 말아야 해.
그녀가 기분이 더 나빠지지 않고
나아지도록 도와야만 해.

신체 감각

긴장
증가하는 심장박동
위의 압박감

감정

불안 70%
혼란 80%
실망 60%

행동

모두 잘 될 것이라고 내담자를 확신시키기 시작함.
안건 중에서 덜 혼란스러운 내용을 다루기 시작함.

발달사

유전과 신체적 건강

문화

영성과 종교

나의 5영역 공식화

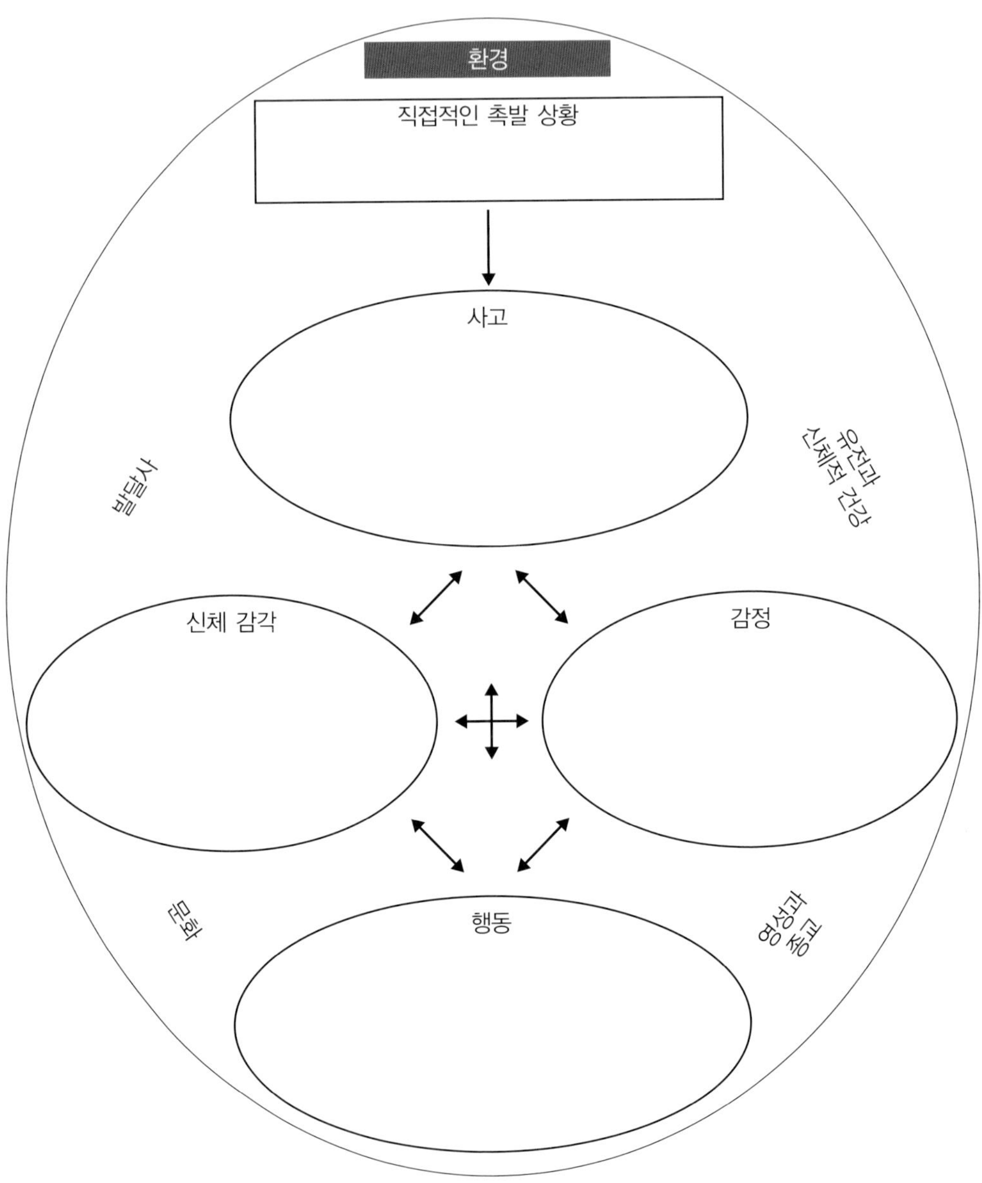

출처: *Experiencing CBT from the Inside Out: A Self-Practice/Self-Reflection Workbook for Therapists*. Copyright 2015 by The Guilford Press. 이 책의 구매자는 이 작업 기록지를 복사하거나 다운로드 할 수 있음.

문화는 어떨까

당신은 모델을 둘러싸고 있는 큰 원인 '환경'에 영향을 미치는 요소들을 탐색하고 싶을 것이다. 우리가 이를 고려하는 것을 실패하도록 하는 영향을 미치는 요소는 우리의 문화이다. 우리가 지배적인 문화에 소속되어 있는 경우라면 특히 그렇다. 서양에서 지배 문화는 때때로 영국계 미국인 문화로 묘사된다. 지배 문화에 속한 개인은 그들이 특별한 문화적 정체성을 가지고 있다고 생각하지 않으며, 자신의 세계관이 표준이라고 믿는다. 이는 '인정되지 않은 문화적 편견'이라고 볼 수 있다. 사회가 점점 더 다문화되어 가고 있기 때문에 개인의 문화적 편견의 영향을 인식하는 것은 중요하다. 왜냐하면 다른 문화로부터 온 개인을 경험하는 데 있어서 그리고 그들이 우리를 경험하는 데 있어서 영향을 미칠 가능성이 있기 때문이다.

지배 문화를 나타내는 개인과 반대로, 자신이 지배 문화에 속한다고 규정하지 않는 사람들에게 문화는 매우 중요한 것으로 경험된다. 문화를 고려할 때는 민족성, 종교와 같은 분명한 영향을 넘어서 다른 영향을 고려해야 한다. Pamela Hays는 이를 기억하도록 돕기 위해 약자 'ADDRESSING'을 소개했다. ADDRESSING 접근법을 활용한 개인의 문화적 프로필을 확인하는 것은 인식하지 못하고 있는 문화적 편견의 가능성에 대한 인식을 높일 수 있다.

예시. 셜리, 자야쉬리 그리고 데이비드의 요약된 ADDRESSING 프로필

셜리, 자야쉬리 그리고 데이비드의 요약된 ADDRESSING 프로필을 보라.

셜리, 자야쉬리 그리고 데이비드의 요약된 ADDRESSING 프로필

	문화적 차원	셜리	자야쉬리	데이비드
A	나이와 세대: 서로 다른 세대는 특별한 성격, 기대, 흥미와 생활양식을 가지고 있다는 생각은 그들이 관심을 쏟는 것에 영향을 미친다. 그리고 그들이 생각하는 것은 중요하다.	24세 Y세대 1985~2004	36세 X세대 1965~1984	57세 베이비붐 세대 1945~1964
D	발달장애: 청각 상실과 같은 상태로 태어난 개인은, 대개 특별한 문화적 관점과 정체성을 드러내는 견해를 나타낸다.	없음		경증 난독증
D	출생 이후 생긴 장애: 만성적인 신체적 또는 정신적 건강 상태, 상해 또는 사고	특이사항 없음		

R	종교와 영적 정체성: 이는 서양의 문화로 인식하지 않는 문화에서 더 영향력이 있다. 가족의 중요성, 여성, 결혼에 대한 태도에 대한 감정은 큰 영향을 미치는 것이다.	기독교	힌두교	무신론자
E	민족과 인종적 정체성: 이민은 점차 증가하는 현상이고, 많은 가족은 가족이 새로운 국가에 통합되는 데 영향을 미치는, 여러 다른 민족적 조합으로 구성되고 있다. 이민자 가족 안에서 태어난 아이들은 두 가지 또는 복합적인 인종적 정체성을 경험하게 될 수 있다.	유럽인	남아시아인 부모	유럽인
S	사회경제적 지위: 교육, 수입 그리고 직업에 의해 정의된다.	전문적인/중산층		
S	성적 취향: 이성애, 게이, 레즈비언, 양성애	레즈비언	이성애	
I	전통적 유산: 토착민(정착민, 식민지인 그리고 이민자들보다 앞선 사람들)	없음		
N	출신 국가: 일반적으로 태어난 나라	미국		
G	성: 남성, 여성 또는 간성	여성		남성

문화적 정체성 탐색하기

다음 페이지의 문화적 정체성 표에 자신의 ADDRESSING 프로필을 작성하게 될 것이다. Pamela Hays는 미국인이 '지배적인' 영국계 미국인 문화의 관점을 보여 주는 수준에서 이 목록을 본다고 말한다. 더 '부합할수록' 더 ① 자신의 문화적 편견을 인식하지 못하고, ② '소수' 문화적 집단에 속하는 느낌이 어떤지 거의 경험하지 못한다. ADDRESSING 프로필을 완성할 때 그 식견을 확장시킬 수 있는지 살펴보라.

예시. ADDRESSING 프로필을 활용한 자야쉬리의 문화적 정체성

자야쉬리는 ADDRESSING 프로필을 완성하였는데, 이는 두 문화 속에서 양육된 미묘한 영향과 평범한 영향에 대한 인식을 높여 주었다. '민족과 종교적 정체성' 범주에 그녀는 다음과 같이 썼다.

부모님은 인도 하이데라바드에서 태어나셨고, 1976년에 미국 캘리포니아 실리콘밸리로 이주하셨다. 아버지는 엔지니어이고 어머니는 간호사이다. 가족의 종교는 힌두교이다. 나는 미국에서 태어났고, 어릴 때 친척을 방문하기 위해 인도에 자주 갔다. 부모님은 인도가 더 이상 안전하다고 생각하지 않기 때문에 지금은 그렇게 자주 가지 않으신다. 9 · 11 테러 이후 일부 사람의 태도는 부모님에게 부정적인 영향을 미쳤다. 어머니는 그때 매우 우울하고 위축되었다. 그들은 하이데라바드에서의 옛 시절을 자주 추억하고 있고, 비록 부모님의 친구들이 대부분 비슷한 배경을 가지고 있긴 하지만 미국에 아주 잘 정착했다. 나는 이민한 인디언 부모를 둔 애니쉬와 결혼했다. 우리 둘 다 꽤 미국인 같다. 그러나 우리는 유럽계 미국인과는 다른 문화적 · 신체적 차이를 예전보다 더 많이 인식하고 있다.

실습. ADDRESSING 프로필을 활용한 나의 문화적 정체성

아래 ADDRESSING 표를 완성하라. 위 예시에서 자야쉬리가 한 것처럼 다른 용지를 사용하여 관련된 특별한 부분을 더 자세히 써 보라. 그리고 당신이 '지배적인' 문화적 관점을 나타낸다고 느끼는 것들을 알아보라.

ADDRESSING 프로필을 활용한 나의 문화적 정체성	
A	나이와 세대:
D	발달장애:
D	출생 이후 생긴 장애:

R	종교와 영적 정체성:
E	민족과 인종적 정체성:
S	사회경제적 지위:
S	성적 취향:
I	전통적 유산:
N	출신 국가:
G	성:

그들이 처음 했던 5영역 공식화로 되돌아가서 말하면, 셜리, 자야쉬리 그리고 데이비드는 그들의 문화적 관점이나 편견이 다양한 방식으로 자신들에게 영향을 미치고 있다는 것을 고려했다. 예를 들면 다음과 같다.

셜리: 완벽주의와 수행 불안은 나의 특권의식을 가진 가정교육의 일부로, 개인은 성공해야 하고, 그것은 실현되어야 하고, 그것을 훌륭하게 해내야 한다는 것이다.

자야쉬리: 사람들 앞에서 감정을 보이는 것은 수치스러운 일이라는 생각은 나의 인디언 부모님이 항상 강조하던 것이다. 이것이 내담자를 위해 노력하고 '더 좋게 만들려는' 나의 직접적인 욕구에 영향을 미쳤는지 궁금하다.

데이비드: 다른 사람들이 나를 좋게 보지 않을 것이라는 내 생각에 난독증이 영향을 미치고 있을 것이다. 또한 파트너나 직장 동료들과는 다른 세대라는 것은 사람들에게 억지로 맞추려 하지 않거나 자신을 증명할 필요가 없다는 나 자신에 대한 생각에 영향을 미치고 있을 것이다.

실습. 나의 공식화에 문화적 요소 추가하기

문화적 배경이 당신의 삶에 어떻게 영향을 미치고 있을까? 처음의 5영역 공식화를 생각해 보라. 다음 쪽의 5영역 도표를 사용하여, 당신이 생각하기에 당신과 관련된 문화적 요소를 추가하라.

나의 문화적 요소를 포함한 5영역 공식화

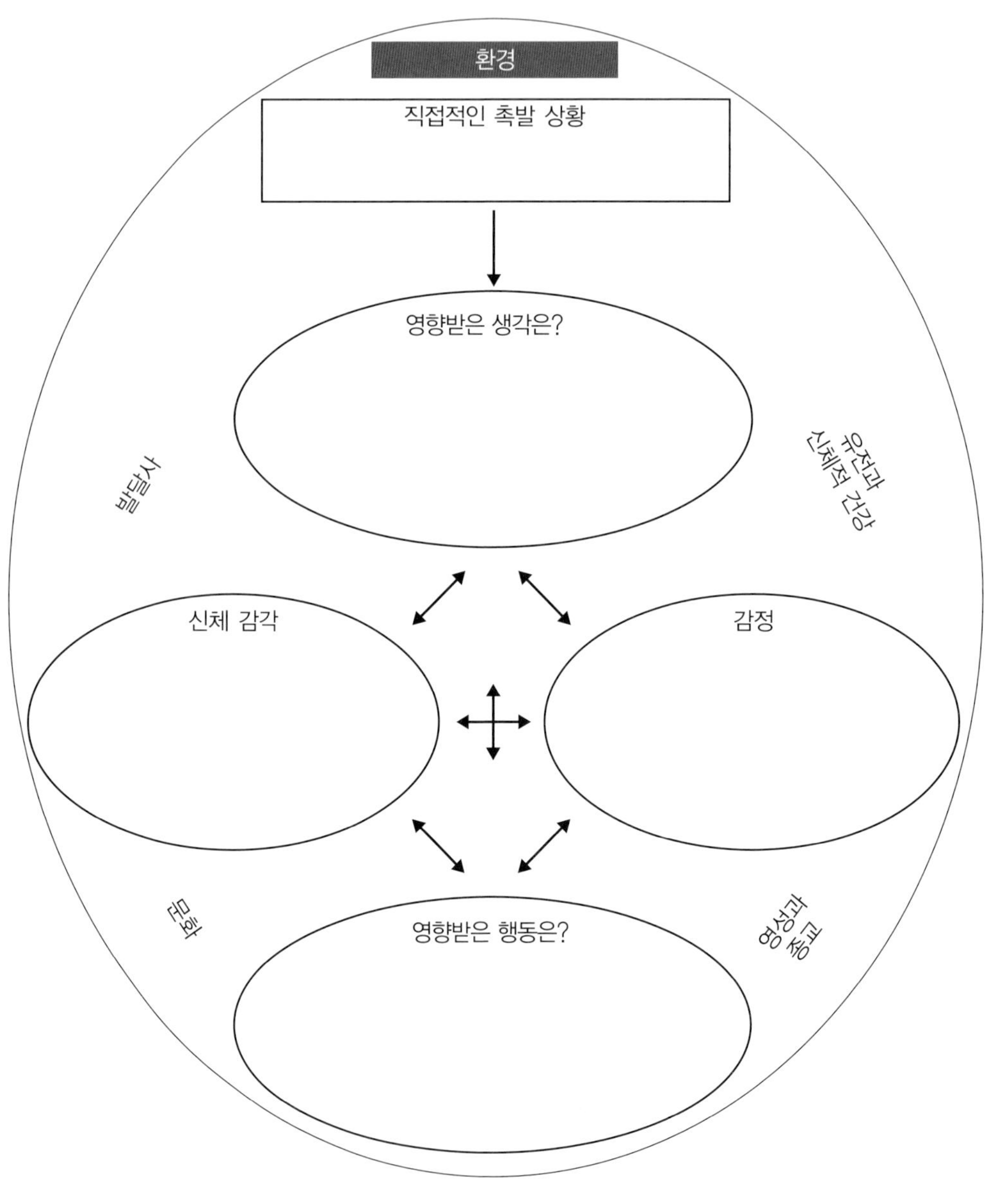

출처: *Experiencing CBT from the Inside Out: A Self-Practice/Self-Reflection Workbook for Therapists*. Copyright 2015 by The Guilford Press. 이 책의 구매자는 이 작업 기록지를 복사하거나 다운로드 할 수 있음.

문제 진단하기

최근의 일에 근거하거나 개인적 경험에 대해 5영역 공식화를 하였는데, 다음 단계는 '하나는 다른 것을 이끈다'는 CBT의 관점을 반영한 분명한 문제 진술을 하는 것이다. 문제 진술은 ① 문제 상황을 요약하고, ② 행동적 · 인지적 · 감정적 · 신체적 요소를 기록하고, ③ 그 영향을 확인해야 한다. 셜리, 자야쉬리 그리고 데이비드가 어떻게 했는지 다음 예시에서 볼 수 있다.

 **예시.** 셜리, 자야쉬리 그리고 데이비드의 문제 진술

셜리: 내가 잘못했을 것 같고, 다른 사람들이 나를 나쁘게 생각할 것이라고 걱정하고 불안해하기 때문에 임상 집단 슈퍼비전에서 나의 사례들에 대해 이야기하는 것을 피한다. 그래서 점점 더 피드백을 못 받게 되고, 내가 하고 있는 것에 대해 점점 더 자신감을 잃고 있다.

자야쉬리: 상담 시간에 내담자가 당황해하는 것을 보기 시작할 때 매우 불안해지고 몸 전체가 긴장되고 속이 메스꺼워진다. 내담자가 근심에 영원히 사로잡혀 있을 것이라고 상상하고, 내가 나쁜 치료사이고 심지어 나쁜 사람이라고 생각하게 된다. 그래서 혼란스러워할 가능성이 있는 것을 피하려고 하는데, 예를 들면 나는 덜 감정적인 내용으로 옮겨 가거나 내담자를 기분 좋게 만들려고 한다.

데이비드: 새로운 사람을 만나게 될 모임에 초대될 때, 사람들은 캐런이 무엇 때문에 저렇게 재미없는 나이 든 남자와 어울릴 수 있는지 의아해한다고 생각한다. 그런 상황을 무서워하고 불안해하며 신체적으로 스트레스를 받고, 안 가려고 변명거리를 생각하거나 사람들에게 무슨 말을 할 수 있을까 걱정하며 시간을 보낸다.

실습. 나의 문제 진술

출발점으로서 5영역 공식화를 사용하여 상자에 당신의 문제 진술을 하라. 문제 진술로써 공식화를 하라. 문제의 구성 요소들, 즉 행동 · 신체 · 감정 · 인지적 요소와 보통 문제가 표면화되기 전에 선행하는 당황스러운 상황 그리고 당신에게 영향을 미치는 모든 것을 포함하라.

나의 문제 진술

강점 확인하기

앞의 실습은 부정적 감정을 경험한 상황에 대해 공식화를 하고 문제 진술을 하는 것이었다. 우리는 대개 잘 해결하고, 처리하고, 또는 심지어 뛰어난 상황에 주목하기보다는 잘못한 것에 대해 인식하고 걱정하는 데 더 많은 시간을 쓰고 있을 수 있다. 다음 실습에서 당신의 강점을 인식하고 그 목록을 쓰고 강점기반 공식화를 함으로써, 다른 관점에서 치료사로서 또는 한 사람으로서 당신의 경험을 탐색하게 될 것이다. 일반적으로 강점을 찾을 수 있는 가장 좋은 환경은 스스로에 대해 자신감이 느껴지는 영역이나 즐기고 있는 활동에 있다. 이는 운동이나 요리와 같은 일상의 측면인 취미 그리고 흥미 또는 활동일 수 있다. Christine Padesky와 Kathleen Mooney는 강점 찾기를 개인의 '재능 탐색'으로 보아야 한다고 말한다. 당신의 '미지의 요인'은 무엇인가? 강점은 문제 해결 능력, 유머 감각, 지능, 좋은 손재주 등 다양한 특성을 가리킬 수 있다. 개인적 가치와 정신적 · 문화적 강점을 고려하라. 문화적 강점은 강한 가족 연대, 도움이 되는 정신적 견해 또는 훌륭한 직업윤리 같은 것일 수 있다.

예시. 데이비드의 인식된 강점

나의 강점은 별난 유머 감각, 타인에 대한 진정한 관심 및 사람들을 움직이게 만드는 것 그리고 심리학자로서의 경험을 통한 공감과 심리학적 통찰이다.

실습. 나의 강점 확인하기

아래 상자에 당신의 강점을 기록하라. 만약 이것이 어렵다고 생각되면(많은 사람이 그렇듯이), 당신의 친구나 가족들에게 물어보라. 그들이 얼마나 많이 떠올리는지 보고 놀랄 것이다.

나의 강점

강점기반 공식화하기

강점기반 공식화(strengths-based formulation)를 하기 위해 우리는 '가슴'이나 '본능' 수준에서 내적으로 강점을 느낌으로써 우리에게 강점이 진짜가 되게 해야 한다. 이는 이 강점들을 감정적으로, 인지적으로 그리고 신체적으로 어떻게 경험하는지에 관한, 경험에 따른 인식이다. 다음으로는 강점에 대한 느껴진 감각을 지닌 채 5영역 모델로 공식화한 문제 상황으로 되돌아간다. 그리고 우리는 마음속으로 같은 상황을 재연하는데, 강점기반의 기억과 감정이 우리의 마음과 신체에서 가장 위에 있다면 그것에 어떻게 접근하고 경험했을지 상상한다.

실습. 나의 강점기반 공식화

데이비드의 강점기반 공식화를 본 후, 자신의 강점기반 공식화를 해 보라. 문제 상황으로 돌아가 신체와 마음에서 강점에 대해 느껴진 감각을 지니고, 그 강점을 가진 위치에서 그 문제 상황을 경험하는 자신을 상상하라. 당신이 인식한 강점을 생각하며 다음 페이지에 있는 표를 사용하여 재공식화를 할 수 있는지 보라. 신체와 감정은 어떤가? 강점기반 사고와 행동은 어떠한가? 다음 주에 더 많은 강점을 확인하여 목록에 계속 추가하라.

조언: 워크북을 계속 진행해 나가면서 강점에 초점을 맞출 것이므로 당신의 강점을 기억하라.

데이비드의 강점기반 공식화

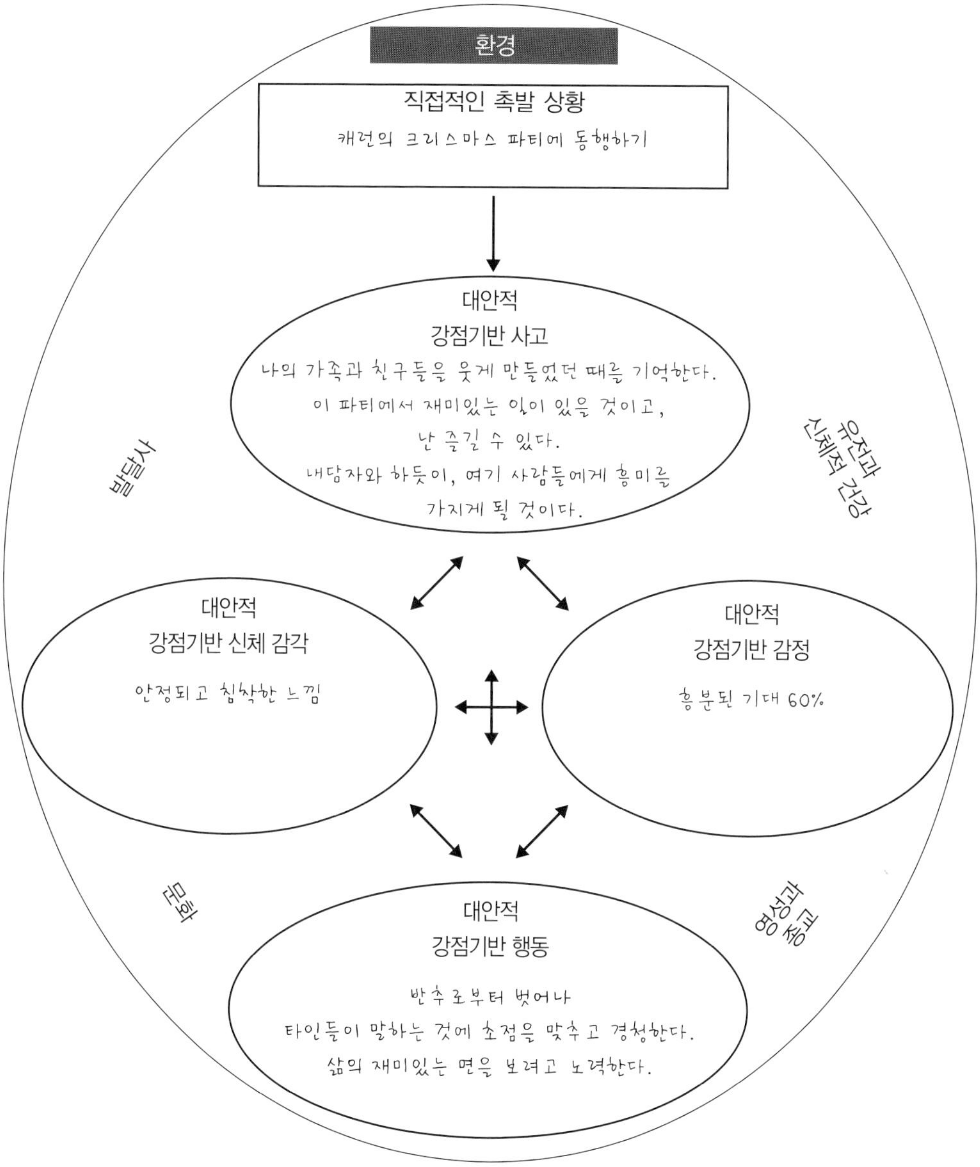

환경

직접적인 촉발 상황

캐런의 크리스마스 파티에 동행하기

대안적 강점기반 사고

나의 가족과 친구들을 웃게 만들었던 때를 기억한다.
이 파티에서 재미있는 일이 있을 것이고,
난 즐길 수 있다.
내담자와 하듯이, 여기 사람들에게 흥미를
가지게 될 것이다.

대안적 강점기반 신체 감각

안정되고 침착한 느낌

대안적 강점기반 감정

흥분된 기대 60%

대안적 강점기반 행동

반추로부터 벗어나
타인들이 말하는 것에 초점을 맞추고 경청한다.
삶의 재미있는 면을 보려고 노력한다.

발달사

유전과 신체적 건강

문화

종교 영성

나의 강점기반 공식화

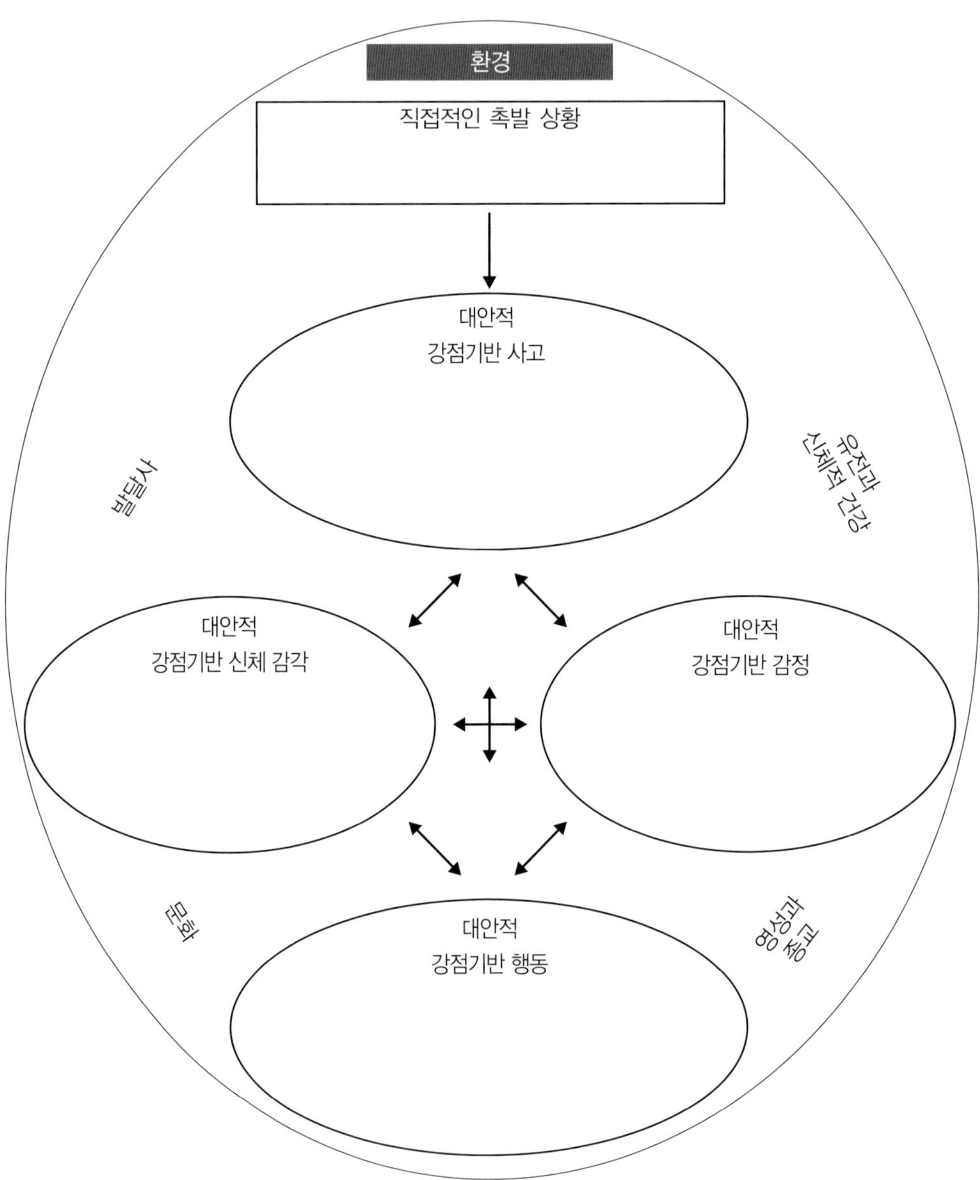

출처: *Experiencing CBT from the Inside Out: A Self-Practice/Self-Reflection Workbook for Therapists*. Copyright 2015 by The Guilford Press. 이 책의 구매자는 이 작업 기록지를 복사하거나 다운로드 할 수 있음.

목표 설정

5영역 공식화, 문제 진술과 마음속의 강점을 바탕으로, 이제 '치료사 자기'나 '개인적 자기'에 초점을 맞추기로 선택한 것에 의하여 치료사 목표나 개인적 목표 2, 3개를 세울 때이다.

치료 목표를 설정하는 것은 때때로 다소 기계적인 실습처럼 보인다. 꼭 그렇게 할 필요는 없다. 미래에 우리가 되고 싶은 모습에 '생명을 불어넣는' 심상을 활용할 수 있다. 상상된 미래는 우리 삶이 달라지도록 하는 구체적인 방법에 초점을 맞추도록 도울 수 있다. 아래 예시에서 자야쉬리와 데이비드는 SP/SR 프로그램의 끝에 그들에게 현재 문제가 되었던 상황에서 자신감과 이완을 느끼는 자신의 모습을 그리는 심상을 활용하였다.

 **예시.** 자야쉬리의 치료사 목표

1. 공황장애 진단을 받은 내담자가 상담 시간에 공황 유도 실험을 수행할 수 있도록 격려하기
2. 내담자가 혼란스러워하기 시작할 때, 바로 기분이 나아지도록 시도하기보다는 그 감정과 함께 머무르도록 허용하기
3. 비록 내담자가 걱정하더라도 최적의 학습 상황에서 내담자와 노출 및 반응 방지법을 수행하기

 **예시.** 데이비드의 개인적 목표

1. 앞으로 3개월 동안 캐런이 업무 관련 행사에 동행하기를 요청할 때 변명하지 않고 동행하기
2. 파티에서 내 옆에 있는 최소 두 명의 낯선 사람과 대화 시작하기

 **실습.** 심상을 활용하여 나의 목표 설정하기

심상 실습을 위해 조용하고 방해받지 않는 몇 분의 시간을 할애하라. 아래 지시사항을 읽은 다음, 눈을 감고 마치 당신이 SP/SR 프로그램을 성공적으로 완성한 것처럼 경험하라. 다음 쪽의 상자에 당신의 실습에 대해 기록하고, 당신이 경험한 것으로부터 목표를 공식화하라.

당신은 SP/SR 프로그램의 마지막에 도달했다. 당신의 문제를 성공적으로 다루었으며, 당신의 강점을 활용하였다. 문제에 대한 다른 관점을 갖게 되었고 새로운 기술을 발달시켰다. 기분이 어떠한가? 신체의 어디에서 그것을 알아차렸는가? 비디오카메라를 통해 자신을 보고 있는 것을 상상하라. 문제 상황에서 자신이 어떻게 다르게 행동하고 있는지 보고 있는가? 당신이 무엇을 다르게 행동하고 있는지, 당신이 어떻게 다르게 행동하고, 다르게 느끼고 다르게 생각하고 있는지 자세히 알아차리려고 노력하라. 아래 상자에 기록하라. 그런 다음 이 새로운 행동, 사고, 신체 감각 그리고 감정을 목표로 전환하라.

심상 기록:

나의 목표:

1.

2.

3.

SMART 목표

SMART 목표를 설정하는 것은 우리의 목표를 향한 진전을 관찰하고 측정하는 데 도움이 된다. SMART는 구체적인(**S**pecific), 측정 가능한(**M**easurable), 성취 가능한(**A**chievable), 관련된(**R**elevant) 그리고 기간 이내(within a **T**ime frame)를 뜻한다.

실습. 나의 SMART 목표

96~98쪽의 표를 사용하여 한두 개의 SMART 목표를 자세히 설명하라. SMART 원리에 따라 첫 목표를 다시 쓰기 위해 자야쉬리가 SMART 양식을 어떻게 사용하였는지를 다음 표에서 볼 수 있다.

> 자야쉬리의 첫 목표는 '공황장애로 진단받은 내담자가 상담 시간에 공황 유도 실험을 수행할 수 있도록 격려하는 것'이었다. 이 목표를 SMART화한 후, 그녀는 단기(1개월), 중기(4개월), 장기(9개월) 목표를 분명하게 측정 가능한 성과의 형태로 설정하였다.

자야쉬리의 첫 SMART 목표를 자세히 살펴본 후, SMART 원리를 활용하여 자신의 것을 다시 쓰라.

자야쉬리의 첫 SAMRT 목표

목표 [SMART화하기 전] • 공황장애를 진단받은 내담자가 상담 시간에 공황 발작 유도 실험을 수행할 수 있도록 격려하기	성취 가능한: 목표가 성취 가능한가? 바로 도달할 수 없지만 아주 비현실적이지는 않은가? • 만약 슈퍼바이저에게 도움을 받는다면 이 목표는 성취 가능하다고 자신하며, 내가 할 것이라고 확신한다.
구체적인: 목표가 구체적인가? 목표를 성취하는 데 필요한 날짜, 시간, 자원 등은 무엇인가? • 슈퍼바이저와 목표를 의논하기 • 읽지 검토하기 • 첫 달에 공황장애를 가진 두 명의 내담자 선택하기, 그 달 말까지 두 내담자와 함께 공황 유도 실험 시행하기 • 다음 내담자를 위해 공황 유도 실험을 계속하기	관련된: 목표가 당신의 삶과 일을 정리하는 데 직접적으로 관련되는가? 실제의 차이를 만들게 될 바로 할 수 있는 것으로 무엇이 좋을까? • 치료사로서 효율성과 자신감과 관련된 것 • 공황장애 치료에 대한 문헌 검토하기, 역할극에서 공황 발작 유발을 연습하고 실연 DVD로 공황 유도 실험을 시청함으로써 자신감과 능력을 향상시키기
측정 가능한: 목표에 대한 진전을 어떻게 측정할 것인가, 목표에 도달했을 때를 어떻게 알게 될까? • 상담 전, 후 공황 발작 유도 실험을 하는 데 대한 자신감 수준 평가하기 • 상담 전, 후 불안의 수준을 평가하기 • 내담자의 피드백에 관한 성과와 슈퍼바이저와 함께 진전을 검토하기 • 상담을 녹화하고 시청하기	기간 이내: 언제까지 목표를 성취하고 싶은가? 단기 목표부터 시작하라. 중기 목표와 장기 목표의 추가는 당신의 진전에 도움이 될 것이다. • 단기 목표(1개월): 그달 말까지 두 공황 발작 유도 실험 수행하기 • 중기 목표(4개월): 공황장애를 가진 내담자와 공황 발작 유도 실험을 활용하는 데 자신감 느끼기(8/10) • 공황장애를 가진 내담자와 공황 발작 유도 실험을 적어도 80% 하기 • 장기 목표(9개월): 공황 발작 유도 실험이 치료적 목록에서의 원활한 부분이 되는 것

나의 첫 번째 SMART 목표

목표 [SMART화하기 전]	성취 가능한: 목표가 성취 가능한가? 바로 도달할 수 없지만 아주 비현실적이지는 않은가?
구체적인: 목표가 구체적인가? 목표를 성취하는 데 필요한 날짜, 시간, 자원 등은 무엇인가?	관련된: 목표가 당신의 삶과 일을 정리하는 데 직접적으로 관련되는가? 실제의 차이를 만들게 될 바로 할 수 있는 것으로 무엇이 좋을까?
측정 가능한: 목표에 대한 진전을 어떻게 측정할 것인가, 목표에 도달했을 때를 어떻게 알게 될까?	기간 이내: 언제까지 목표를 성취하고 싶은가? 단기 목표부터 시작하라. 중기 목표와 장기 목표의 추가는 당신의 진전에 도움이 될 것이다.

나의 두 번째 SMART 목표

목표 [SMART화하기 전]	성취 가능한: 목표가 성취 가능한가, 바로 도달할 수 없지만 아주 비현실적이지는 않은가?
구체적인: 목표가 구체적인가? 목표를 성취하는 데 필요한 날짜, 시간, 자원 등은 무엇인가?	관련된: 목표가 당신의 삶과 일을 정리하는 데 직접적으로 관련되는가? 진정한 차이를 만들게 될 바로 할 수 있는 것으로 무엇이 좋을까?
측정 가능한: 목표에 대한 진전을 어떻게 측정할 것인가, 목표에 도달했을 때를 어떻게 알게 될까?	기간 이내: 언제까지 목표를 성취하고 싶은가? 단기 목표부터 시작하라. 중기 목표와 장기 목표의 추가는 당신의 진전에 도움이 될 것이다.

목표 성취 전략

목표 설정은 중요하다. 그러나 연구에 의하면 장애물을 해결하는 전략과 더불어 목표를 성취하는 전략을 인식하고 실행하지 않는다면 목표 설정은 목표 성취에 거의 영향을 미치지 않는다. 이러한 목표를 성취하는 데 무엇을 해야 할까? 그리고 그것을 어떻게 해야 할까?

 **예시.** 자야리쉬의 목표 성취 전략

나의 목표 성취 전략

목표를 성취하기 위해 어떤 방법을 쓸 것인가?

- 슈퍼바이저에게 목표에 대해 말하고, 슈퍼비전에서 다룰 항목으로 정하기
- 일정에 동료와 역할극을 위한 연습 시간 넣기
- 공황 발작 유도 실연 DVD와 같은 자료를 철저히 조사하기
- 일정에 DVD를 볼 시간 넣기
- 공황 발작 유도 회기를 하기 전, 다른 내담자들과 성공적으로 실험했던 것을 떠올리기

방해가 될 수 있는 것은 무엇인가(장애물)?

- 내담자의 감정적 반응의 강도가 높으면 높을수록 노출 연습에 도전하도록 하는 것이 더 어려울 것이다.

이 장애물을 어떻게 극복할 것인가?

- 공황 발작 유도 실험과 같은 치료적 개입을 위해 분명한 증거를 목록화한 기입용 단서 카드를 만들기, 상담 전에 이것을 여러 번 읽기
- 상담 전에 성공 경험을 회상하기

실습. 나의 목표 성취 전략

목표 성취를 위해 사용할 방법을 자세히 생각하기 위해 심상을 활용하라. 진전시키고, 장애에 도전하고, 그것을 극복하는 구체적인 상황에서의 자신을 보라. 당신은 무엇을 하고 있는가? 그것을 어떻게 할까? 어떤 내적인 또는 외적인 자원을 활용할까?

나의 목표 성취 전략

나의 목표를 성취하기 위해 어떤 방법을 쓸 것인가?

방해가 될 수 있는 것은 무엇인가(장애물)?

이 장애물을 어떻게 극복할 것인가?

자기반영 질문

5영역 모델을 자신에게 적용하는 실습에 대해 어떻게 생각하는가? 촉발 상황, 당신의 사고, 행동, 신체 감각, 감정 그리고 그들 사이의 관계에 대해 무엇을 알게 되었나? 놀랄 만한 어떤 것이 있었는가?

이 모듈에서 세 가지 다른 방식인 문제를 이해하기, 문화적 정체성 측면을 포함하기와 강점을 포함하기로 5영역 모델을 사용하였다. 서로 다른 이 접근방법들이 자신을 이해하는 방법과 당신이 인식한 문제에 어떻게 영향을 미쳤는가? 그중 어떤 것이 특히 당신에게 영향을 미쳤는가?

자신이나 문제를 보는 방식을 변화시키는 5영역 모델을 활용하는 방법에는 어떤 것이 있는가? 그것은 어떻게 하는 것인가?

5영역 모델을 사용하여 문제의 측면들을 공식화한 것에 대해 생각해 볼 때, 당신의 임상 실습에 도입하고 싶은 것이 있는가? 이것을 하는 데 어떤 어려움이 예상되는가?

문제 진술하기는 어떻게 했는가? 이것은 유용한 실습이었는가? 만약 그렇다면 당신의 임상 실습에 그것을 어떻게 통합시킬 수 있을 것인가?

몇 가지 실습에서 심상이 소개되었다(예: 강점, 목표 설정, 전략). 이것을 어떻게 경험하였는가? 심상이 차이를 만들었다고 생각하는가? 만약 그렇다면 어떤 차이를 만들었는가? 이론이나 연구에 대한 당신의 지식에 의하면 심상의 가치는 무엇이라고 생각하는가?

지금까지의 자기반영 실습에 대해 묘사하라. 워크북을 하는 데 힘든 점이 있었는가? 자신을 위해서 일을 더 쉽게 하기 위해 해야 할 일이 있는가?

이 모듈에서 당신이 기억하고 싶은 특히 눈에 띄는 것이 있었는가?

MODULE 3

행동 양식의 변화를 위해 행동 활성화 활용하기

…… 나에게 개인적 · 직업적으로 새로운 발견이다. 이를 내담자 작업과 연결시켜 보면, (그것이 어떻게 될지 예상할 수 없다는 것을 내 경험이 증명하는 것처럼) 처음에 '알아봅시다'라며 '실험'으로써 행동 활성화를 더 설명하게 될 것 같다. 그리고 아주 빨리 다음 단계로 넘어가지 않고 '행동 활성화'를 사용하여 내담자가 경험을 탐색하는 데 분명히 더 많은 시간을 보내게 될 것이다.

– SP/SR 참여자

행동 양식 탐색하기와 변화하기는 우울한 개인과 우선적으로 하게 될 것들 중의 하나이다. 비록 당신이 우울하지 않더라도, 행동 활성화는 불편한 감정 상태를 다루는 데 매우 유용한 활동이다. 또 우리는 종종 행동 활성화와 같은 행동적 개입으로 치료를 시작하는데, 내담자들이 자신을 이해하고 숙달하기가 더 쉽다는 것을 알 수 있기 때문이다. 이는 이 워크북에서 행동 활성화가 첫 자기실습 활동 중의 하나로 나오는 이유이다.

우울했던 경험을 재현해 보는 것은 어렵다. 대부분의 사람들은 하고 싶은 것을 하려 하거나 자신에게 좋은 것을 알려고 애쓰며 산다. 우리를 위해서 대부분은 '해야만 하는' 것과 씨름한다.

행동 활성화를 증가시키고 회피를 감소시키는 것은 내담자들의 기분을 개선하는 데 강력한 방법일 수 있다. 그러나 행동 활성화 방법은 주의해서 소개해야 한다. 많은 내담자가 "마음을 다잡으세요." 또는 "이것을 하세요."라고 듣게 될 것이며, 그래서 언제 내담자들을 활동에 참여하도록 촉진할지 민감하고 이해심 있는 방식으로 접근하는 것이 중요하다. 우리의 이해가 변화하고 노력하려는 것이 어떤 느낌인지에 대한 진정한 공감과 내적 탐색으로부터 나온 것이라면 더 좋을 것이다.

많은 활동, 행동 그리고 양식은 자동적, 습관적으로 그리고 자각 없이 수행된다. 이 행동들을 바꿀 수 있길 원한다면, 첫 과제 중 하나는 기분에 미칠 수 있는 행동 양식과 영향에 대한 자각을 증가시키는 것이다. 이것이 활동과 감정 일지의 목적이다.

예시. 자야쉬리의 활동과 감정 일지

자야쉬리는 108~109쪽의 활동과 감정 일지를 완성했다. 그녀가 할 수 있는 한 최대한 정확히 하기 위해 행동이 나타날 때 또는 할 수 있을 때 바로 일지를 썼다. 그녀는 행동 양식에 대한 자각이 증가한다는 것을 발견했고 행동과 감정 사이의 다양한 관계를 인식하였다. 세 가지 감정인 우울, 불안, 화를 관찰하고 평가하기로 선택했다는 것에 주목하라. 왜냐하면 이 감정들이 도전하는 문제와 가장 많이 관련되는 것이기 때문이다. 다음 표는 첫날인 월요일의 활동과 감정 일지이다.

자야쉬리의 활동과 감정 일지

	1일차 – 월요일
오전 7시	일어나서 아침 식사. 처음 만나게 될 복잡한 문제를 가진 내담자에 대한 생각 우울: 3 불안: 6
오전 8시	운전해서 출근. 좋아하는 CD를 틂 우울: 2 불안: 4
오전 9시	내담자 만났고, 잘 되었고, 한 주가 좋게 시작했다고 느껴짐 우울: 0 불안: 0
오전 10시	매니저와 만나서 추가 훈련에 대해 의논하기를 원하지만 그 얘기를 꺼내지 않음, 얘기하는 것을 회피 우울: 4 불안: 2
오전 11시	정말 잘 해결된 내담자와 상담 종료 우울: 0 불안: 0
오후 12시	밀린 미해결된 내담자의 기록과 편지를 봄. 점심을 못 먹어서 짜증남 우울: 2 불안: 3 화: 2
오후 1시	내담자와의 상담, 회기 내 행동 실험 계획. 내담자는 새로운 문제를 제기하였고 이것을 잘 다룸. 우리는 실험을 회피하기 위해 결탁했다는 것을 깨달음 우울: 5 불안: 4 자신에 대한 화: 3
오후 2시	새로운 내담자와의 상담이 잘 진행됨. 이전 상담에 대해 계속 생각 우울: 4 불안: 3
오후 3시	내담자가 상담에 오지 않음. 기분을 좋게 하려고 나가서 쿠키를 사기로 함. 상담실로 돌아가는 길에 과자의 반을 먹어치움 우울: 6 불안: 2

오후 4시	내담자와의 상담은 내가 기계처럼 한다고 느껴졌음에도 잘 됨. 그가 말하는 것을 온전히 이해하려고 애씀 우울: 5 불안: 2
오후 5시	운동하려고 체육관에 가기로 함. 그러나 지겹게 느껴져서 그냥 집에 가고 싶어짐. 집으로 곧장 감 우울: 5 불안: 0
오후 6시	새로운 요리법으로 저녁 만듦, 잘됨. 애니쉬가 고마워함 우울: 3 불안: 0
오후 7시	애니에게 어떻게 지내는지 전화함. 직장에서 기분 나빴던 일에 대해 말하고 그녀도 비슷한 문제를 얘기함. 주말 계획 세움 우울: 1 불안: 1
오후 8시	신문을 읽으며 따뜻하게 목욕함 우울: 1 불안: 0
오후 9시	잠자리에 일찍 듦. 애니쉬와 영화 봄 우울: 1 불안: 0

실습. 나의 활동과 감정 일지

이제 오는 4일 동안 당신이 한 일과 경험한 감정에 대해 기록할 차례이다. 도전하는 문제와 관련해 당신을 곤란하게 하는 두세 가지의 감정을 선택하고 108~109쪽에 활동에 대한 강도를 평가하고 감정 일지를 쓰라.

나의 활동과 감정 일지

	1일차	2일차	3일차	4일차
오전 7시				
오전 8시				
오전 9시				
오전 10시				
오전 11시				
오후 12시				
오후 1시				
오후 2시				

오후 3시				
오후 4시				
오후 5시				
오후 6시				
오후 7시				
오후 8시				
오후 9시				
오후 10시				
오후 11시				

실습. 나의 활동과 감정 일지 검토

최근 며칠을 살펴보았을 때, 당신의 행동과 감정에서 발견할 수 있는 어떤 양식이 있는가? 기분이 하루 종일 또는 며칠 사이에 달라지는가? 저조한 기분, 증가하는 불안, 화 또는 다른 감정과 관련된 것처럼 보이는 더 곤란하거나 특정한 활동을 하는 하루 중의 특정 시간이 있는가? 당신의 기분이 저조할 때나 심지어 우울하다고 느껴질 때 이를 다루기 위해 무엇을 했나? 이것이 단기간에 효과가 있었나? 장기적으로는 어떤가?

나의 활동과 감정 일지 검토

활동과 감정 일지와 같은 실습을 할 때, 어떤 활동을 회피하고 있거나 도움이 되지 않는 감정이나 행동을 인지했을 때 자신을 심하게 대하는 것은 우리(그리고 우리의 내담자)에게 쉬운 일이다. 자신에게 어떤 태도였는가? 당신이 한 것이나 하지 않은 것에 대해 자기비판적이었는가? 이에 대한 대안이 있을까? 이것들은 어떻게 당신에게 이익이 될까?

나 자신에 대한 나의 태도

예시. 즐거운 그리고 필요한 대안 활동 계획하기

다음 단계는 더욱 도움이 될 수 있는 대안적인 행동이나 활동을 계획하는 것이다. 이들은 덜 도움이 되는 행동이나 활동을 대신하기 위해 주요 시간대에 계획될 수 있다. 예시는 다음과 같다.

자야쉬리는 오랜 시간 욕조에 있거나 일찍 잠자리에 들어감으로써 종종 혼자 있게 되는 저녁 시간에 기분이 저조하다는 것을 확인하였다. 그녀가 몇 번의 저녁 시간에 애니쉬와 시간을 보내는 것을 피하고 있다는 것과 그러나 보통은 애니쉬와 함께 어떤 것을 하려고 마음먹을 때 기분이 매우 좋아진다는 것을 알아차리게 되었다.

데이비드는 저녁에 불안하면 인터넷을 검색하는 데 여러 시간을 보낸 후 늦게 잠자리에 들었으며, 이때 검색을 시작할 때 못지않게 불안하다는 것을 알았다. 결국 그는 자주 다음 날 피곤하였다. 활동과 감정 일지를 완성한 후에 인터넷 사용에 유의하고, 감정을 반영하며, 마음속에 있는 것에 대해 이야기하기 위해 친구에게 전화하기와 같은 더 도움이 되는 것을 하기로 결정했다.

 **실습.** 즐거운 그리고 필요한 대안 활동 확인하기

첫째, 보통 즐겁고 기분을 향상시키는 몇 가지 활동의 목록을 작성하라. 예를 들면, 친구와 외출하기, 산책이나 수영, 독서, 자전거 타러 나가기, 줌바 수업 가기 등.

둘째, 당신이 해야만 하는(또는 필요한) 활동의 목록을 작성하는 것이 필요하다. 그러나 그것은 당신에게 특별히 즐겁지는 않을 것이다. 예를 들면, 집 청소, 요금 지불 또는 공공시설 공급자 변경하기 등이다. 이는 계획, 동기, 시간, 에너지 부족, 습관 또는 회피 경향 때문이든 아니든 당신이 애쓰고 있는 일들이다. 모듈 2에서 강점에 입각하여 작성한 몇 가지 특성과 맞물리는 활동을 포함할 수 있다.

즐거운 그리고 필요한 활동
일반적으로 즐거운 활동
필요한 활동

실습. 즐거운 그리고 필요한 활동의 위계 만들기

며칠 동안 하고 싶은 즐겁고 필요한 활동을 확인했다면, 다음 단계는 가장 어려운 것부터 가장 쉬운 것까지 순서대로 놓는 것이다. 이를 통해 당신은 한 주 동안에 이 활동들을 계획하는 과제를 더 쉽게 하게 될 것이다.

즐거운 그리고 필요한 활동의 위계 만들기
가장 어려운
중간 정도로 어려운
가장 쉬운

실습. 즐거운 그리고 필요한 활동 계획하기

다음 쪽의 일지 양식을 사용하여, 당신이 방금 확인한 몇 가지 즐거운 그리고 필요한 활동을 한 주의 계획에 포함하라. 특별한 시간, 사람들 그리고 장소(무엇을, 어디에서, 언제 그리고 누구와)를 확인하고 당신에게 즐거운(그러나 하지 않은) 활동, 일부는 필요하다고 생각되는 일들을 혼합하여 포함하라. 가장 쉬운 활동에 대부분의 시간을 쓰도록 계획하라. 즐거운 그리고 필요한 활동의 위계를 확인하면서 몇 가지 중간 정도의 어려운 일과 최소 한두 가지의 가장 어려운 일을 포함하라. 당신은 평소 또는 습관적으로 하는 것을 하는 것보다 더 도움이 될 수 있는 이 활동들을 할 특별한 시간대를 찾을 수 있을 것이다. 예를 들어, 만약 직장에서 힘들었던 날 대개 소파에 누워 버리는 것이 기분을 나쁘게 만든다는 것을 발견하였다면, 과거에 했던 경험 중에서 즐거울 수 있는 것 또는 더 많은 성취감을 줄 수 있는 활동과 같은 대안 활동을 계획하라.

다음 주에 이 활동들을 수행하기

다음 4일 동안, 당신의 일지에 이 활동들을 계획하고 그것을 하든 하지 않든 기록하라. 또 활동에 따른 당신의 기분이나 감정을 기록하라. 개방 정신과 실험 정신으로 이 활동들을 하는 데 노력하라. 활동들을 할 때 당신은 활동을 평가하기보다 그 활동들에 온전히 몰입하는 것이 좋다.

나의 즐거운 그리고 필요한 활동 계획

	1일차	2일차	3일차	4일차
아침 무엇을? 어디서? 누구와? 언제?				
점심 무엇을? 어디서? 누구와? 언제?				
저녁 무엇을? 어디서? 누구와? 언제?				

실습. 나의 활동 검토하기

4일 동안 즐겁고 필요한 활동 일지를 사용한 후, 당신이 계획한 프로그램에 대해 생각하는 시간을 가지라. 그런 다음 다음 상자를 완성하라.

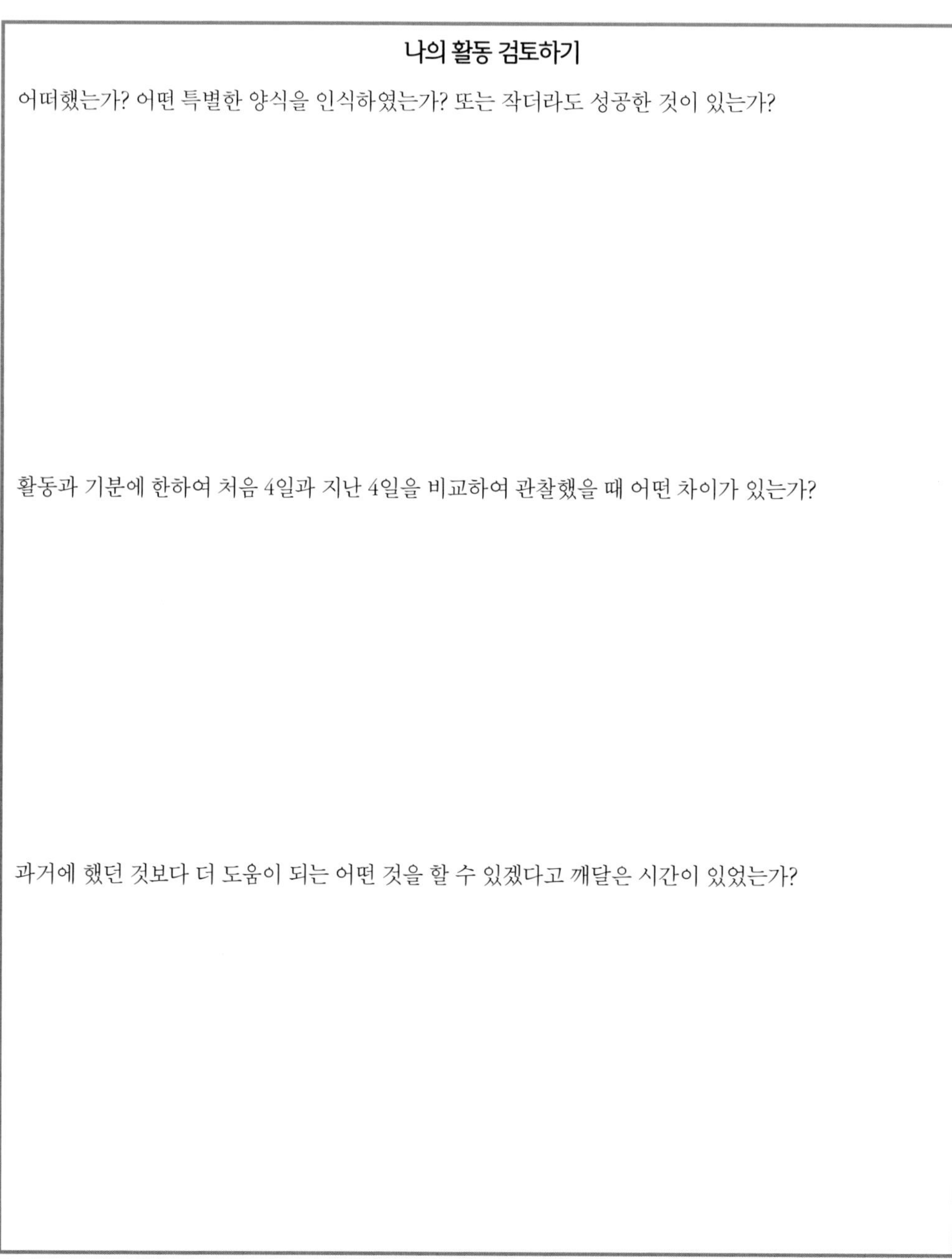

나의 활동 검토하기

어떠했는가? 어떤 특별한 양식을 인식하였는가? 또는 작더라도 성공한 것이 있는가?

활동과 기분에 한하여 처음 4일과 지난 4일을 비교하여 관찰했을 때 어떤 차이가 있는가?

과거에 했던 것보다 더 도움이 되는 어떤 것을 할 수 있겠다고 깨달은 시간이 있었는가?

자기반영 질문

행동 활성화를 계획하고 해 보는 실습을 하였으므로, 이로부터 배울 수 있었던 것과 그 실습에 대해 생각해 보는 것은 도움이 된다.

당신의 활동과 감정을 관찰하는 실습에서 무엇을 알아차렸는가? 그때 생각, 신체 감각 또는 기분을 얼마나 쉽게 알아차릴 수 있었는가? 또는 그것이 이후에 떠올랐는가?

회피 행동이나 도움이 되지 않는 행동과 함께 저조한 기분이나 다른 힘든 감정들에 반응하는 순간들을 알아차릴 수 있었나? 만약 그랬다면 이것을 알았을 때 기분이 어떠했나?

① 즐거운 활동이나 회피하고 있는 활동의 목록 작성하기와 ② 이 활동들을 하기 위해 행동상의 변화를 계획하는 과정에서 무엇을 알아차렸는가? 계획을 따라갈 수 있었는가? 그럴 수 없었다면 어떤 장애물이 있었는가?

놀랄 만한 어떤 것이 있었는가? 행동 활성화는 얼마나 어려웠는가? 어떤 요소가 그것을 더 쉽게 또는 더 어렵게 했는가? (당신이 실제로 우울하다면 이것은 어떻게 달라졌을까?)

'시작하는 데' 고군분투했던 당신의 내담자 중 한 사람을 떠올릴 수 있는가? 내담자가 참여하거나 도움을 얻는 데 힘겨워할 수 있는 이유를 설명해 줄 어떤 것이 이 모듈에 있는가?

행동 활성화 실습하기에서 향후 내담자와 다르게 할 수 있는 것을 적어도 한 가지 생각해 볼 수 있는가?

이 모듈에서 기억하고 싶은 당신 자신에 대해 알게 된 것이 있었는가?

MODULE 4

도움이 되지 않는 사고와 행동 확인하기

> 나는 자동적 사고가 얼마나 강할 수 있는지 그리고 감정적 반응이 얼마나 강력한지를 알고 충격을 받았다. 이것이 아직 나 자신과는 아니지만 내담자들과 자주 하고 있는 것임을 깨닫고 놀랐다. 누군가가 이것을 읽는다는 것이 매우 불편할 것 같다. …… 그러나 내담자들의 치료사로서 내담자들이 이것을 자유롭게 하기를 기대한다. 나는 달라지기 위한 것이 얼마나 어려운지에 대해서는 말하지만, 다른 사람과 공유하는 것이 어쩌면 당황스럽거나 수치스럽게 느껴지는 과정일 수도 있다는 것에 대해서는 내담자들에게 말하지 않았다.
>
> – SP/SR 참여자

심리치료사와 내담자 모두 도움이 되지 않는 신념과 행동을 유지하는 사고와 행동 양식에 빠질 수 있고 문제들을 지속시킬 수 있다. 이 모듈에서는 도전하는 상황에서 나타나는 몇 가지 특별한 부정적인 자동적 사고에 초점을 맞추고자 한다. '자동적 사고'라는 용어는 지속적으로 마음속에 흐르는, 대부분 알아차리지 못하는 사고와 이미지의 흐름을 일컫는다. 그러나 모듈 2에서 보았듯이 우리가 주목하게 되면 그것들을 알아차릴 수 있다.

부정적인 자동적 사고(negative automatic thoughts: NATs)는 고전적인 CBT 모델에서 중심적인 역할을 한다. 그것들은 지금-여기에서 감정과 신체 감각에 강한 영향을 미치고 행동의 유지에 중심적 역할을 한다고 알려져 있다. NATs는 대개 특이하고, 그 개인에게 특별한 의미나 해석을 포함하고 있다. 이 의미들은 탐색 과정에서 드러난다. 문제 유지에서 그 역할을 강조하기 위해 NATs를 '도움이 되지 않는' 사고라고 말하기도 한다. CBT 치료사로서 우리는 내용뿐만 아니라 특히 이 사고의 기능에 대해서도 흥미를 가지고 있다. 이 프로그램의 Ⅱ부에서 '더 깊은' 수준의 인지(기저 가정)와 새로운 존재방식을 마음에 새기기 위해 더 도움이 되는 사고방식을 형성하는 방법을 살펴볼 것이다.

또 이 모듈에서 여러 가지 상황에서 최선의 의도를 망가뜨릴 수 있는 기저 양식과 사고와 행동의 유형(예: 회피, 선택적 주의)을 인식하는 것에 주의를 돌린다. 이 '초진단적인' 초점은 진단을 넘어서 기저 양식의 공유성에 대한 CBT에서의 증가된 인식을 반영한다. 그리고 평가와 치료에서 초진단적 접근에 대해 연구하도록 영향을 미치고 있다(2장 참조). 이런 맥락에서 문제를 기술하고 공식화하는 또 다른 방법인 '유지 사이클'을 자세히 설명할 것이다. 유지 사이클은 도움이 되지 않는 기분 상태나 행동 양식을 유지시키는 도움이 되지 않는 사고와 행동의 악순환에 어떻게 빠져드는지를 분명하게 설명할 수 있다.

NATs 확인하기

첫 실습의 목표는 다음 며칠 동안 서너 번의 문제 상황 안에서 당신의 NATs를 확인하고 기록하는 것이다. 지시문은 각 시간마다 같으므로 단 한 번만 제공된다.

NATs를 확인하는 주요 원리 중 하나는 **구체적인** 것이다. 그래서 내담자들을 위한 지시문은 당신의 곤란한 부분과 관련된 중간 정도의 감정(40~90%)으로 경험한 최근의 구체적인 상황을 떠올리는 것이다. 그다음 자세한 사항을 기록하기 위해 사고 기록지(아래 예시)를 사용한다. 만약 감정이나 사고를 알아차리기 어렵다면, 회상을 도울 심상의 사용을 시도해 볼 수 있다. 눈을 감고 당신이 할 수 있는 만큼 자세히 상황에 대해 상상하라. 사고를 검증하기 위해(모듈 5에서처럼), 당신은 질문을 진술로 바꾸어야 한다. 예를 들어, '난 왜 그렇게 혼란스럽지?'를 '나는 매우 혼란스러워.'로 바꿀 수 있다. 이 진술은 이제 시험될 수 있다. 반면, 질문은 그렇지 않다.

또 더 근본적인 의미에 접근하기 위해 처음의 자동적 사고를 '풀어내는' 것이 유용할 수 있다. 이 방법 중 하나는 '하향식 화살표' 기술을 사용하는 것이다. 하향식 화살표의 목적은 자동적 사고의 '더 강렬한', 더 깊은 의미에 접근하는 것이며, 이는 대개 강한 정서와 연결되어 있다. 강한 감정과 '강렬한 인지'에 접근하는 것은 치료적 변화를 촉진하는 데 도움이 된다. 하향식 화살표 기술을 사용하여, 자동적 사고의 의미를 찾기 위해 일련의 질문을 자신에게 한다. 예를 들어, "이것이 사실이라면, 그것은 나에게 어떤 의미가 있는 거지?" "그것은 나에게 무엇을 말하는 걸까?" "미래에 어떤 일이 일어날까?" "일어난다면 가장 나쁜 일은 무엇일까?" 다음의 예시는 더 깊은 의미에 접근하기 위해 사용될 수 있는 하향식 화살표 질문들을 사용하는 방법을 설명한다.

 **예시.** 자야쉬리의 하향식 화살표 기술 사용

상황

슈퍼바이저와 내가 나의 최근 상담 중 한 회기의 기록을 보고 있었던 슈퍼비전 시간 동안 나의 기분이 심하게 저조해지는 것을 알아차렸다. 슈퍼바이저가 나의 치료 스타일에 대해 언급했는데, 내가 약간 미사일 같다고 하였고, 어쩌면 천천히 그리고 더 공감적으로 설명할 수 있을 것이라고 말했다.

처음 생각	더 깊은 의미나 해석에 접근하기 위한 질문
그녀는 '나는 나쁜 치료사야.'라고 생각한다.	만약 이것이 사실이라면, 이것은 나에게, 나의 삶에 또는 나의 미래에 대해 무슨 말을 하려는 것인가?
⇩	
일 년 넘게 이것을 배우고 있는데, 이 일을 결코 잘할 수 있을 것이라고 생각하지 않아. 난 결코 좋은 치료사가 될 수 없을 거야.	만약 이것이 사실이라면, 이것은 나에게, 나의 삶에 또는 나의 미래에 대해 무슨 말을 하려는가?
⇩	
이 일을 그만두고 다른 일을 찾아봐야만 해. 난 어떤 일을 해야 할지 모르겠어.	이것은 나에게 무슨 말을 하려는 것인가?
⇩	
난 낙오자야. 난 실패자야. 난 결코 어떤 일에서도 성공할 수 없어.	

하향식 화살표 질문은 자야쉬리가 그녀의 슈퍼바이저가 말한 의견을 근거로 가정을 어떻게 만들고 있는지 이해할 수 있도록 했다. 첫 의견에 대한 그녀의 감정적 반응이 그녀의 생각보다 훨씬 더 강하다는 것을 알았고, '하향식 화살표'는 그 이유를 정확하게 이해하도록 도왔다. 그녀는 성급하게 결론내렸고, 미래를 가정했고, 자기명명하기를 했다. 이는 이 모듈에서 이후에 논의될 도움이 되지 않는 사고 양식들이다. 그녀가 그 '결론'에 도달했을 때 기분이 저조한 것은 당연하다. 여기서 중요한 점은 하향식 화살표가 자야쉬리의 사고 양식을 발견했다는 것이다. 그것이 사고 양식을 만든 것은 아니었다.

자신이나 내담자에게 이러한 질문들을 사용할 때는 존재하지 않거나 진실이 아닌 의미를 부과하지 않는 것이 중요하다. 질문하기는 그 사람이 그 사고의 의미를 이해하도록 섬세하고 사색적인 방법으로 사용된다. 이 과정은 강한 감정을 불러일으킬 수 있고, 내담자에게 그런 질문을 사용하든 자신에게 사용하든 수용적이고 온정적인 방법으로 이 감정들을 알아차리고 감정에 머무는 것이 중요하다. 이것이 자야쉬리가 어렵다고 생각했던 것이고, 그래서 슈퍼바이저는 '미사일 스타일'이라고 의견을 말한 것이다. 그녀는 내담자에게 일어나는 감정의 깊이를 알려고 하지 않고 사고에서 사고로 뛰어드는 경향이 있었다. 또 그녀는 자신의 사고를 관찰했을 때 유사한 양식을 따른다는 것을 알아차렸다.

실습. 나의 사고 기록

우선, 자야쉬리가 그녀의 사고 기록지를 완성하는 방법을 살펴보라.

> 자야쉬리의 첫 번째 목표 중의 하나는 치료사로서 빠져드는 양식, 특히 내담자의 강한 정서를 회피하는 것을 이해하려고 노력하는 것이었다. 일주일 동안 그녀는 내담자에게 도움이 되지 않는, 그녀가 빠져드는 유사한 행동 양식을 알아차리게 된 몇 가지 예시를 발견하게 되었다. 다음 쪽에 완성된 사고 기록지는 상담 회기 중 경험을 자세히 싣고 있다.

다음 주 동안 126~127쪽의 표를 사용하여 두 가지 다른 상황에서 두 가지 사고 기록지를 완성할 수 있는지 살펴보라.

자야쉬리의 사고 기록

상황이나 자극: 어디서, 언제, 누구와, 무슨 일이 있었는가? 자극은 침습적인 사고, 신체 감각, 기억, 소리 또는 어떤 종류의 기억을 상기시키는 것일 수 있다.	감정 각 감정은 보통 하나의 단어로 표현될 수 있다. 그러나 여러 감정이 있을 수 있다. 그때 감정의 강도를 평가하라(0~100%).	그때 마음속을 지나간 사고, 이미지, 기억. 그때의 사고에 대한 신념을 평가하라(0~100%). 자기, 세계 그리고 타인에 대한 신념을 추출하기 위한 '하향식 화살표' 유형 질문들을 사용하여 사고의 몇 가지 의미를 풀어내라. 예를 들어, '한 사람으로서, 친구/엄마 등으로서 나에게 그것은 어떤 의미가 있을까? 나의 삶과 나의 미래에 그것은 어떤 의미가 있을까? 타인들이 안다면, 나를 어떻게 생각할까? 결국 그 일이 일어난다면 가장 나쁜 것은 무엇일까?'
공황장애를 가진 내담자와 상담에서 우리는 그 회기에 과호흡 실험을 하기로 동의했다. 이 시간이 다가오자 점점 더 긴장되었다.	불안 (65%) 걱정 (70%) 자신에 대한 짜증 (85%)	나는 과호흡 실험을 해야만 한다. 그러나 두렵다. (75%) 나는 나쁜 치료사이다. (80%) 나는 내담자의 기분을 나빠지게 만들거나 어쩌면 내담자에게 피해를 줄 것이다. (70%)

어떤 사고가 가장 강한 감정을 일으키는 것 같은가?
나는 나쁜 치료자야.

나의 사고 기록

상황이나 자극: 어디서, 언제, 누구와, 무슨 일이 있었는가? 자극은 침습적인 사고, 신체 감각, 기억, 소리 또는 어떤 종류의 기억을 상기시키는 것일 수 있다.	감정 각 감정은 보통 하나의 단어로 표현될 수 있다. 그러나 여러 감정이 있을 수 있다. 그때 감정의 강도를 평가하라(0~100%).	그때 마음속을 지나간 사고, 이미지, 기억. 그때의 사고에 대한 신념을 평가하라(0~100%). 자기, 세계 그리고 타인에 대한 신념을 추출하기 위한 '하향식 화살표' 유형 질문들을 사용하여 사고의 몇 가지 의미를 풀어내라. 예를 들어, '한 사람으로서, 친구/엄마 등으로서 나에게 그것은 어떤 의미가 있을까? 나의 삶과 나의 미래에 그것은 어떤 의미가 있을까? 타인들이 안다면, 나를 어떻게 생각할까? 결국 그 일이 일어난다면 가장 나쁜 것은 무엇일까?'
어떤 사고가 가장 강한 감정을 일으키는 것 같은가?		

나의 사고 기록

상황이나 자극: 어디서, 언제, 누구와, 무슨 일이 있었는가? 자극은 침습적인 사고, 신체 감각, 기억, 소리 또는 어떤 종류의 기억을 상기시키는 것일 수 있다.	감정 각 감정은 보통 하나의 단어로 표현될 수 있다. 그러나 여러 감정이 있을 수 있다. 그때 감정의 강도를 평가하라(0~100%).	그때 마음속을 지나간 사고, 이미지, 기억. 그때의 사고에 대한 신념을 평가하라(0~100%). 자기, 세계 그리고 타인에 대한 신념을 추출하기 위한 '하향식 화살표' 유형 질문들을 사용하여 사고의 몇 가지 의미를 풀어내라. 예를 들어, '한 사람으로서, 친구/엄마 등으로서 나에게 그것은 어떤 의미가 있을까? 나의 삶과 나의 미래에 그것은 어떤 의미가 있을까? 타인들이 안다면, 나를 어떻게 생각할까? 결국 그 일이 일어난다면 가장 나쁜 것은 무엇일까?'
어떤 사고가 가장 강한 감정을 일으키는 것 같은가?		

도움이 되지 않는 사고와 행동 양식과 과정

모듈의 두 번째 부분은 구체적인 내용보다는 도전하는 문제를 유지하고 있는 사고 및 행동 양식과 기저의 처리과정에 더 초점을 맞춘다. 연구자들은 도움이 되지 않는 사고를 강화하고 새로운 학습을 방해하는 도피, 회피 그리고 교묘한 안전 행동과 같은 다양한 일반적인 양식과 과정을 밝혔다. 이 기저 양식들의 일반적인 영향은 우리가 '갇혀' 있도록 하는 것이다.

도움이 되지 않는 사고와 행동의 과정을 다루면서, 우리의 과제는 문제가 지속되도록 하는 어떤 일반적인 양식을 인식할 수 있는지를 확인하는 것이다. 아래 설명되어 있는데, 일반적으로 인식된 도움이 되지 않는 다섯 가지 양식은 ① 인지적 편견, ② 선택적 주의, ③ 회피 또는 도피 행동, ④ 안전 행동, ⑤ 도움이 되지 않는 반복적인 사고이다.

인지적 편견

카메라 필터가 렌즈로 사진에 찍을 것을 잡듯이, 우리는 생각하는 방식에서 편견을 갖기 쉽다. 인지적 편견은 재앙화, 극대화 또는 극소화, 흑백사고, 개인화(자기비난), 독심, 예언, 과잉일반화, 사실로 정서를 보기, 명명하기, 긍정 격하를 포함한다. 우리 모두는 다른 시간이나 다른 감정 상태에서 이들 중 한두 가지 '선호하는' 그리고 대개 '특화된' 것을 가지고 있다.

다음 글상자는 가장 일반적인 인지적 편견을 설명하고 그것이 현실에서 어떻게 기능하는지의 예를 제공한다.

일반적인 인지적 편견

재앙화

최악을 추측하기. 흔히 사람들은 약간 부정적이거나 중립적인 정보로부터 최악의 시나리오에 이르는 일련의 사고를 따라간다(이는 언어적일 수도 있고 이미지의 형태일 수도 있다). 예를 들면 다음과 같다.

상사가 경비 명세표를 보고 질문하였는데, 내가 횡령했다고 생각함에 틀림없었다. 난 해고당할 것이다. 직업을 잃을 것이고, 고용될 수 없을 것이다. 다시 일을 하지 못할 것이고, 아내는 나를 떠날 것이다. 아이들은 매우 부끄러워할 것이다.

극대화 또는 극소화

부정적 사건의 중요성을 과장하고 또는 긍정적 사건의 중요성을 낮게 평가하는 것. 예를 들면 다음과 같다.

실제로 새 직장에서 일부 동료와 그럭저럭 이야기를 잘 나눌 수 있었다. 그들은 크리스마스 날 밤에 함께 외출하자고 했다. 난 그들과 대화를 할 때 별로 흥미가 없었고 아마도 말을 좀 더듬었을 것이다. 이는 그들이 나를 결코 동료로 받아들이지 않을 것이라는 것을 의미한다.

흑백사고

둘 사이의 중간 영역을 볼 수 없고, 이것 아니면 저것만 보는 것. 예를 들면 다음과 같다.

나는 내가 완벽주의자라는 것을 안다. 그러나 난 변하고 싶지 않다. 나는 항상 완벽하게 해내거나 잘못하고 망쳐 놓을 것이라는 것을 확신하기 때문이다.

개인화(자기비난)

실제로 다양한 요인에 의한 결과였음에도 그 결과에 대한 책임을 당연한 것으로 여기는 것. 예를 들면 다음과 같다.

직장 파티는 정말 지겨웠고 분위기는 이상했어. 그건 내 실수였어. 내가 그 레스토랑을 골랐기 때문이야. 모든 사람의 저녁을 망쳐 버렸어.

독심

타인들이 생각하는 것을 당신이 안다고 추측하는 것. 이는 때때로 타인들이 실제로 생각하는 것에 대해 매우 부정적인 해석일 수 있다. 예를 들면 다음과 같다.

슈퍼바이저가 나의 상담 비디오를 시청했을 때, 나는 내담자에 대한 중요한 반응을 놓쳤다는 것을 알았다. 그녀는 내가 무능력한 상담자이고, 아마도 자격을 박탈해야만 한다고 생각할 것이다.

예언(점)

이는 독심과 비슷한데, 실제로 알 수 있는 위치에 있지 않음에도 자신의 신념이 옳다는 추측을 포함함. 이 경우는 미래에 일이 어떻게 될지 당신이 안다고 생각하는 것을 의미한다. 예를 들면 다음과 같다.

새 파트너의 부모님을 만날 경우, 그들은 나를 싫어할 것이고 왜 그가 나와 지내는지 틀림없이 궁금해할 것이다.

과잉일반화

지각된 아주 작은 증거에 근거한 어떤 것(대개 자신)에 대한 신념으로 편견을 가지는 것. 예를 들면 다음과 같다.

난 내가 하려고 하는 모든 일에서 서툴러. 심지어 고기를 태우지 않고 구울 수가 없어. 난 결코 좋은 치료사나 좋은 아빠가 될 수 없어.

명명하기

일회성 행위와 같은 단일 정보에 근거하여 자신이나 타인에 대해 전체적인 판단 내리기. 이는 흑백사고나 일반화의 극단적인 형태이다. 예를 들면 다음과 같다.

난 아내의 생일을 잊어버렸어. 난 실패자야. 골치 아픈 놈이고 생각이 없는 놈이야.

긍정 격하

긍정적인 사건의 중요성을 무시하고 소홀히 취급하거나 그 의미를 변형시키기. 예를 들면 다음과 같다.

올해 처음으로 동료가 나에게 크리스마스 카드를 줬다는 것을 알아. 그러나 내 생각에, 그녀는 좋은 사람으로 보이려고 그냥 친절했던 것일 뿐이야. 그래서 그녀는 다음 여름휴가 때 나에게 자기 대신 일해 달라고 부탁할 수 있어.

실습. 나의 인지적 편견

앞서 제시한 것들 중에 당신의 문제에서 쓰이고 있는 사고 양식을 알아볼 수 있는가? 가능하다면 각 예시와 함께 편견을 기록하라.

나의 인지적 편견
1.
2.
3.

선택적 주의

상황의 일면에만 선택적으로 주의를 집중함으로써 문제를 악화시키고 있는가? 문제를 겪을 때 당신의 주의는 일반적으로 어디에 집중되는가, 내적으로(예: 강한 신체 감각 또는 '실패 기억') 또는 외적으로(예: 안전 단서보다도 위험 단서에 주의하기). 예를 들면 다음과 같다.

데이비드는 사람들이 그를 지겨워하고 있다는 것을 나타내는 신호를 포착하려고 그들을 열심히 지켜보았다. 그는 어떤 이가 하품을 하는 것을 그냥 피곤해서라기보다 지겨워서라고 해석하였다.

자야쉬리는 내담자를 위해 대화 기술 프로그램에 참여했다. 거의 대부분의 사람으로부터 긍정적 피드백을 얻었다. 그러나 칭찬과 호평의 상황에서 한두 가지의 약간 부정적인 피드백에 초점을 맞추고 있는 자신을 발견하였다.

실습. 나의 선택적 주의

나의 선택적 주의

당신의 주의는 어디에 초점을 두고 있는가(예: 내적/외적, 인지/정서/신체 감각)?

선택적 주의는 당신의 문제에 대한 경험에 어떤 영향을 미치고 있는가?

회피와 도피 행동

인식된 문제와 관련하여 회피하고 있는 것이 있는가? 어떤 것을 회피하고 있는가? 어떤 것에 대해 생각하는 것? 또는 불쾌한 감정이나 감각?

자야쉬리는 예를 들어 과호흡 실험을 하는 것과 같이 내담자가 중요한 감정을 경험하게 될 상황을 자신이 회피하고 있다는 것을 알게 되었다. 또 그 일이 일어날 때 덜 감정적인 것에 초점을 맞추는 상담으로 이동함으로써 그런 상황으로부터 도피하고 있다는 것을 알아차렸다.

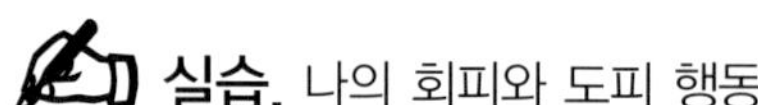

나의 회피와 도피 행동
당신의 회피 또는 도피 행동을 기록하라.
그것들의 영향은 무엇인가?

안전 행동

안전 행동은 일어난 일에 대해 상상된 나쁜 결과나 재앙화를 막기 위해 하는 행동이다. 이 행동들은 만약 그 행동을 하지 않았을 때 일어날 일을 알지 못하도록 한다. 회피와 도피 행동이 일반적인 안전 행동으로 보일 수 있지만, 사람들은 대개 유사한 효과를 가지면서도 좀 더 미묘하게 나타나는 특정한 안전 행동을 한다. 예를 들어, 공황장애를 가진 내담자는 심장 박동이 증가하는 것을 알아차린 후에 심장 발작이 나타날 것이라고 생각할 수 있다. 그는 앉았고(안전 행동) 두려운 심장 발작이 일어나지 않았지만 그저 이 결과는 재앙화를 피한 앉기에 대한 그의 신념을 강화할 수 있다.

셜리는 자신의 모든 상담을 지나치게 준비하고 있다는 것을 알았고 회기를 준비하지 않으면 실패하고 그녀의 무능력이 모두에게 드러날 것이라고 여전히 확신하고 있었다.

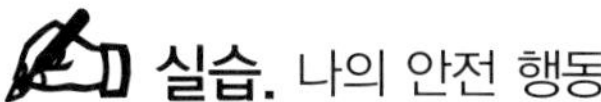

실습. 나의 안전 행동

나의 안전 행동

일어난 일에 대한 최악을 막기 위해 하는 것이 있는가(예: 슈퍼비전에서 비판을 피하기 위해 내담자와 경험한 문제를 최소화하기)? 아래에 구체적인 안전 행동을 기록하라.

그것들의 영향은 무엇인가?

도움이 되지 않는 반복적인 사고(반추, 걱정, 강박적 사고)

마음속에서 반복해서 상황을 과거로 되돌리고 있는가? 필요 이상으로 자신이 문제에 대해 걱정하고 있다는 것을 알겠는가? 문제에 대해 다소 강박적인가 또는 지나치게 신경을 곤두세우고 세밀하게 보는가? 이것은 얼마나 도움이 되는가?

자야쉬리는 상담 회기에 감정을 다루는 것을 실패한 것에 대해 반추하고 있는 자신을 발견하였다. 자신을 비판했을 때 그 생각들은 머리를 맴돌았다. 그녀는 답을 찾으려고 노력했다. 그러나 걱정과 자기비판의 순환이 계속되었다.

실습. 도움이 되지 않는 반복적인 사고

도움이 되지 않는 반복적인 사고

도움이 되지 않는 반복적인 사고를 하는 경향에 대해 기록하라. 몇 가지 일반적으로 순환되고 있는 것은 무엇인가?

이 경향은 얼마나 도움이 되는가 또는 파괴적인가?

유지 사이클

CBT에서 내담자(또는 우리 자신)의 문제를 공식화하는 가장 효과적인 방법 중의 하나는 이 모듈에서 지금까지 논의한 모든 요소를 꺼내어 유지 사이클(maintenance cycle) 속에서 세밀히 나타내는 것이다. 유지 사이클은 감정, 도움이 되지 않는 행동, 부정적 사고와 신념, [정보처리(예: 인지적 편견)와 더불어 문제에 의해 유지되는] 사고 양식 그리고 신체 감각이 어떻게 서로에게 영향을 미치는지에 관한 그림 설명이다. 유지 사이클은 여러 형태를 띠고 흔히 내담자(또는 우리 자신)에게 알맞게 특이하다. 그것은 구체적인 사고, 감정 그리고 행동을 사용하여 개인적으로 구성될 필요가 있다. 그것은 개입방법을 계획하는 데 도움이 될 수 있다. 아래와 다음 쪽에서 몇 가지 예시를 볼 수 있다.

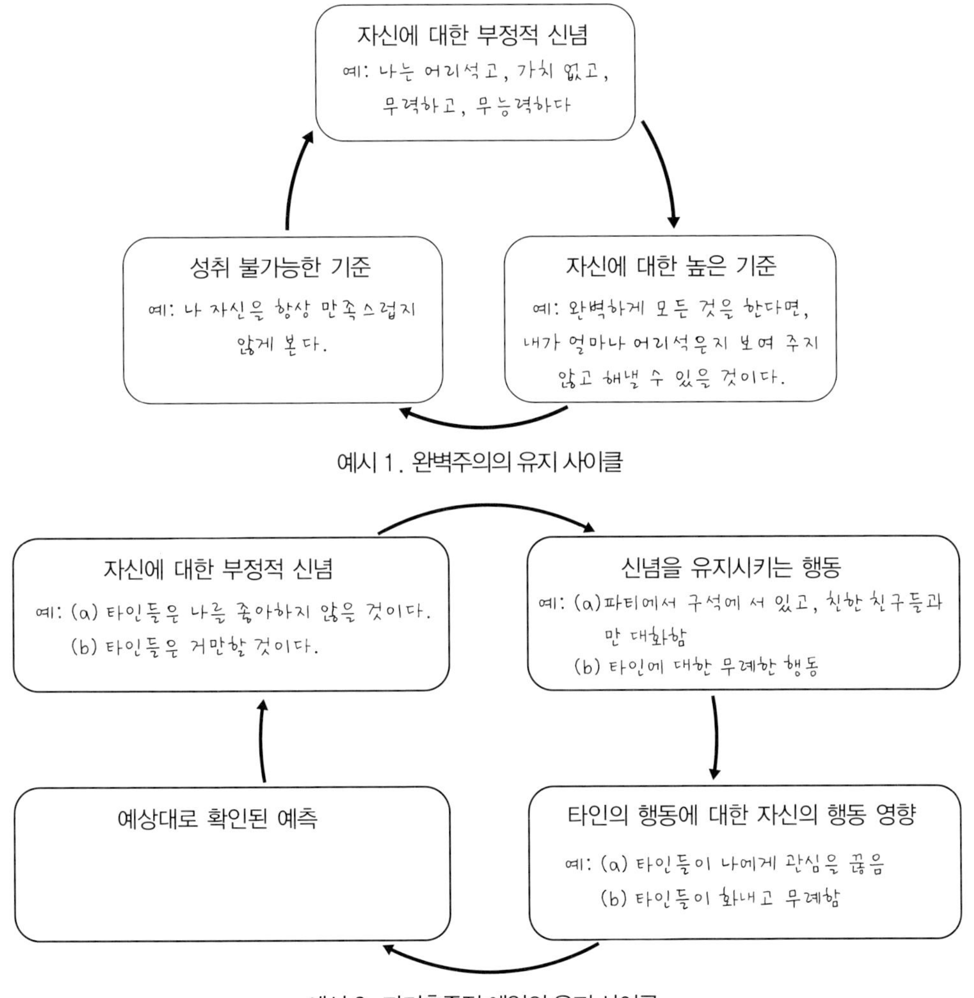

예시 1. 완벽주의의 유지 사이클

예시 2. 자기충족적 예언의 유지 사이클

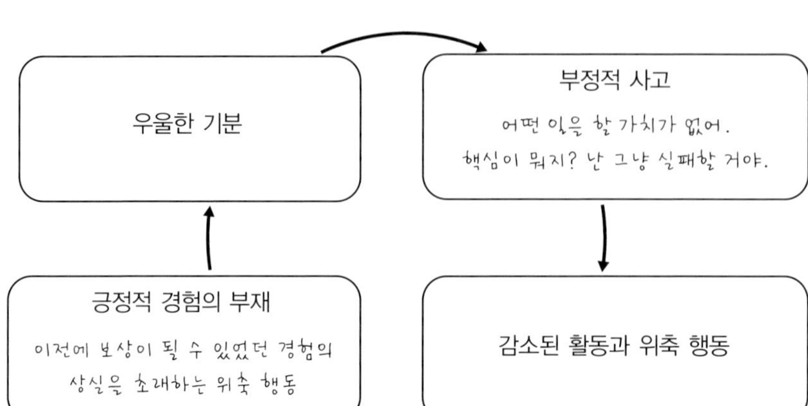

예시 3. 감소된 활동과 위축 행동의 유지 사이클

예시. 자야쉬리의 유지 사이클

자야쉬리는 내담자를 혼란스럽게 하면 자신이 '나쁜 사람'이 된다는 신념 때문에 상담 시간 동안 감정을 불러일으키는 것에 대해 불안해한다는 것을 인식하였다. 그러나 효과적이도록 하기 위해 그녀는 불러일으켜진 감정이 중요하고 필요하다는 것도 알고 있었다. 도움이 되지 않는 신념과 도움이 되는 신념 사이의 갈등이 상황을 나쁘게 만들고, 좌절감을 느끼고 화가 나는 원인이 되었다.

그녀는 그것을 다음과 같이 자세히 정리했다.

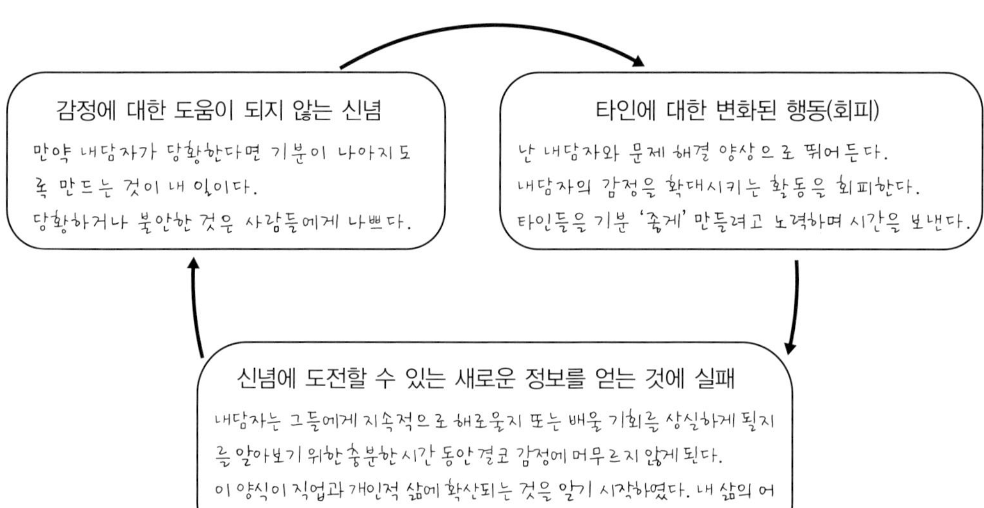

자야쉬리의 유지 사이클

유지 사이클 공식화를 만드는 동안, 자야쉬리는 상담 회기에서 최근에 하는 것처럼 계속한다면 내담자의 감정과 관련된 그녀의 신념에 도전하거나 새로운 것을 배울 방법이 없다는 것을 깨닫기 시작했다.

이 양식이 그녀의 치료적 효과를 제한할 뿐만 아니라 개인적 삶에도 영향을 미치는 폭넓은 양식의 일부라는 것을 알게 된 것은 더욱 놀라운 일이었다. 그것은 그녀가 자신의 친구, 가족 그리고 파트너에게도 보이는 양식이었다.

실습. 나의 유지 사이클 확인하기

다음 쪽에 당신의 문제를 요약하는 하나 이상의 유지 사이클을 자세히 정리하라.

나의 유지 사이클

자기반영 질문

부정적인 자동적 사고를 확인하는 실습에서 무엇을 알아차렸는가? 그것은 얼마나 쉬웠는가 또는 어려웠는가? 그 사고를 얼마나 믿고 있었는가? '본능 수준'과 '이성 수준'에서의 신념의 정도에 차이가 있었는가?

당신의 NATs를 확인했는데, 그것이 내담자가 NATs를 확인하도록 돕는 작업을 하는 데 어떻게 영향을 미칠까? 당신의 관습적 논리를 어떻게 조정하거나 변화시킬 수 있을까? 내담자들이 사전에 아는 것이 중요한 것은 무엇이라고 생각하는가(예: 사전 대책)?

개인적 유지 사이클을 자세히 정리할 수 있었는가? 이 실습에서 어떤 것을 배웠는가? 놀랄 만한 것이 있었는가?

최근에 담당한 사례들을 생각해 보고 가장 힘든 내담자들 중 한 사람을 떠올려 보라. 당신 자신에 대해 인식한 유지 사이클은 이 특별한 내담자에 대한 당신의 태도나 행동에 어떻게 영향을 미칠까?

내담자들에게 유지 사이클 개념을 소개하는 가장 좋은 방법은 무엇일까? 치료 기간 동안 그들을 성장시키는 데 가장 좋은 방법은 무엇일까?

이 모듈에서 배운 기억하고 싶은 핵심적인 것은 무엇인가?

MODULE 5

도움이 되지 않는 사고와 행동을 수정하기 위해 인지적 기술 활용하기

기저의 처리과정을 살펴본 후 다르게 문제를 보게 되었다. 얼마나 오랫동안 이런 식으로 반응해 왔는지 알 수 있었고 정말로 이해할 수 있었다. 나의 회피 행동과 안전 행동에 맞서 봄으로써 내담자가 그렇게 하도록 돕는 것이 더 편해질 것이라고 생각한다.

- SP/SR 참여자

이 모듈에서는 몇 가지 사고, 양식 그리고 모듈 4의 유지 사이클에서 확인하고 정리했던 사고하기와 행동하기의 처리과정을 수정할 것이다. 모듈은 생각과 행동을 탐색하기 위해 CBT의 초석인 소크라테스식 질문을 활용하는 데 초점을 맞춘다. 아래에 유용한 많은 소크라테스식 질문이 있다. 몇몇 경우에 당신의 사고를 탐색하기 위해 이 질문들이 거의 그대로 사용될 수 있다. 또 다른 경우에는 변화시키고자 하는 사고 또는 기저 과정들의 특별한 상황에 맞게 질문을 변경해야 할지도 모른다.

소크라테스식 질문의 예

- 내가 한 측면만을 보고 있는가? 또 무엇에 초점을 맞출 수 있을까?
- 상황에 대한 나의 관점에 포함시킬 수 있는 다른 것이 있을까? 예를 들어, 다른 사람의 관점은 어떨까? 그리고 그것은 타당성이 있을까?
- 차분하고 온정적이며 합리적인 친구, 사랑하는 사람 또는 존경하는 사람은 이것에 대해 뭐라고 말할까?
- 나는 이런 상황에 놓인 친구에게 뭐라고 말할까?
- 여기서 내가 무엇을 간과하고 있을까? 이것에 모순되는 정보를 무시하고 있는가?
- 내가 무시하고 있었던, 여기서 사용할 수 있는 강점이 있을까?

- 이것을 생각하는/회피하는 것의 대가와 이점은 무엇인가? 그것이 얼마나 도움이 되는가? 사실상 회피하고 있는 그대로 있거나 회피하고 있는 사고에 직면한다면 어떤 일이 일어날까? 이것이 그렇게 안 좋을까? 얼마나 안 좋을까?
- 이것에 대해 계속 생각하는/걱정하는/반추하는 것은 도움이 될까? 더 도움이 될 수 있는 어떤 것을 할 수 있을까?
- 어떤 자원과 강점이 내가 대처하도록 도울 수 있을까?
- 일어난 일에서 ______[안전 행동]을 하는 것이 실제적으로 어떻게 ______[최악의 일]이 일어나지 않도록 막을까? 이것을 멈춘다면 실제로 어떤 일이 일어날까?
- 완전히 정당하지 않는 결론을 내린 적이 있는가?
- 이에 대한 관점을 수정하기 위해 일이 잘 되었던 이전의 유사한 경험으로부터 배운 것을 어떻게 활용할 수 있을까?
- (온전히) 내 책임이 아닌 것이나 통제할 수 없는 것에 대해 비난하고 있는가?
- 나의 '편견적인' 사고에 대한 대안적인 관점으로 가는 지름길을 발견할 수 있을까(단순히 내가 사용하고 있는 인지적 편견을 인식함으로써)?
- 나의 문제를 해결하기 위해 개입할 수 있는 방법이나 장소에 관한 단서를 제공하는 유지 사이클을 자세히 정리하는 것에서 어떤 통찰이 있었는가?

모듈 4에 이어, 이 모듈에서도 계속해서 NATs와 기저 양식 및 처리과정에 초점을 맞춘다. 이 모듈의 전반부에서는 NATs를 검토하기 위해 소크라테스식 질문을 만들거나 적용하게 될 것이다. 그리고 후반부에서는 기저 양식과 처리과정을 수정하기 위해 소크라테스식 질문이 사용된다.

사고 내용 수정하기: NATs를 검토하기 위한 사고 기록지 사용하기

이 모듈의 우선적인 과제 중 하나는 소크라테스식 질문을 사용하여 사고 내용을 수정하는 훈련을 하는 것이다.

실습. NATs를 검토하기 위한 사고 기록지 사용하기

147쪽 표의 위 칸에서 당신의 문제와 관련된 NAT를 확인하라. 이는 모듈 4에서 확인한 NATs 중 하나이거나 또 다른 것일 것이다. 사고를 검토하기 위해 소크라테스식 질문을 활용하라. 그 후에 한 주 동안 다른 사고에 대한 두 번째 사고 기록지(148쪽)를 완성할 수 있는지 살펴보라.

다음 쪽에서 자야쉬리가 어떻게 사고 기록지를 완성했는지 볼 수 있다.

NATs를 검토하기 위한 자야쉬리의 사고 기록지

여기에 검토할 생각을 기록하고 그 신념에 대해 평가하라. 나는 나쁜 치료자야. 믿음: 80% 관련된 정서/기분과 강도(0~100%): 불안: 80% 죄책감: 70%			
어떤 생각이나 증거가 이 결론에 이르도록 했는가?	이것을 지지하지 않는 증거는 무엇인가?	수정된 관점/더 균형 잡힌 관점 (그것을 얼마나 믿는가: 0~100%)	감정 평가하기 (0~100%)
확실하지는 않다. 내담자가 혼란스러워하기 시작할 때마다 기분이 나빠지고, 나 자신에 대해 판단하기 시작한다. 이것은 실제로 증거가 아니잖아, 그렇지?	모든 증거는 내담자가 효과적으로 배우기 위해 감정을 경험할 필요가 있다고 말한다. 나도 이성적으로는 알고 있다. 드문 경우지만, 내담자가 그들의 감정에 머물도록 격려하였을 때, 그들은 항상 그것이 아주 유용했다고 말했다. 비록 내가 아주 쉽게 그것을 무시했음에도 불구하고, 나는 내담자로부터 꽤 긍정적 피드백을 받았다. 슈퍼바이저는 내가 전반적으로 아주 잘했다고 생각한다.	나는 그것을 인식하지 않고 나의 사고를 지지하는 증거로 감정을 사용하고 있었다고 생각한다. 대부분의 경우 내담자와 슈퍼바이저에게 좋은 피드백을 받았다. '정서적 추론'을 알아차리기 시작한 것이다. 20%	불안: 40% 죄책감: 20%

NATs를 검토하기 위한 나의 사고 기록지

여기서 검토할 생각을 기록하고 그 신념에 대해 평가하라.

관련된 감정/기분과 강도(0~100%):

어떤 생각이나 증거가 이 결론에 이르도록 했는가?	이것을 지지하지 않는 증거는 무엇인가?	수정된 관점/더 균형 잡힌 관점 (그것을 얼마나 믿는가: 0~100%)	감정 평가하기 (0~100%)

Christine Padesky의 사고 기록 7칸 중 마지막 4개 칸이 저자의 허락에 의해 적용되었다. Copyright 1983 by Christine A. Padesky; www.padesky.com.

출처: *Experiencing CBT from the Inside Out: A Self-Practice/Self-Reflection Workbook for Therapists*. Copyright 2015 by The Guilford Press. 이 책의 구매자는 이 작업 기록지를 복사하거나 다운로드 할 수 있음.

NATs를 조사하기 위한 나의 사고 기록지

여기서 검토할 생각을 기록하고 그 신념에 대해 평가하라.

관련된 감정/기분과 강도(0~100%):

어떤 생각이나 증거가 이 결론에 이르도록 했는가?	이것을 지지하지 않는 증거는 무엇인가?	수정된 관점/더 균형 잡힌 관점 (그것을 얼마나 믿는가: 0~100%)	감정 평가하기 (0~100%)

Christine Padesky의 사고 기록 7칸 중 마지막 4개 칸이 저자의 허가에 의해 적용되었다.

소크라테스식 질문으로 문제가 되는 기저 양식 해결하기

앞의 모듈에서 도전하는 문제의 상황에서 나타난 사고 및 행동 양식의 예시를 확인하였다. 또한 몇 가지 유지 사이클을 확인하였는데, 이는 이 양식들이 어떻게 문제를 유지하고 있는지를 보여 준다. 이 모듈에서는 그것들을 바꾸기 위해 이 양식들을 더 자세히 탐색할 수 있는 소크라테스식 질문을 사용한다.

다음은 셜리의 사고 양식과 행동 양식의 예시이다. 이 예시들은 그녀의 기저 양식을 탐색하기 위해 썼던 유용한 소크라테스식 질문을 포함한다. 이 예시 다음에, 당신 자신의 앞의 예로 돌아가서(또는 새로운 예 추가), 그것들을 변화시키기 위해 이 모듈의 서두에 있는 (소크라테스식 질문) 목록이나 당신 자신이 만든 더 나은 목록에 있는 소크라테스식 질문을 사용하라.

인지적 편견

 **예시.** 셜리의 인지적 편견

나의 확인된 사고/처리과정/편견: 내담자는 내가 그보다 스무 살 어리기 때문에 내가 무능력하다고 생각한다는 결론을 내렸다.

내가 선택한 소크라테스식 질문: 이 관점의 증거는 무엇인가? 그것은 무엇에 근거를 두고 있는가? 대안적인 설명이 있는가?

나의 반응: 독심 대신에, 그가 한 말(나의 나이에 대해)에 대해 내담자와 이야기해 볼 수 있고, (만약 있다면) 그가 가진 다른 문제도 해결할 수 있는 방법을 알아볼 수 있다.

실습. 나의 인지적 편견

나의 확인된 사고/처리과정/편견:

내가 선택한 소크라테스식 질문:

나의 반응:

선택적 주의

 **예시.** 셜리의 선택적 주의

나의 확인된 사고/처리과정/편견: 그가 상담 시간에 내가 그의 딸처럼 보인다고 한 말에 초점을 맞추고 있다.

내가 선택한 소크라테스식 질문: 여기서 내가 간과하고 있는 것이 무엇인가? 이것에 모순되는 증거를 무시하고 있을까?

나의 반응: 지난 2회기 동안, 우리는 함께 아주 잘 작업했고 그의 우울은 개선되었다. 그것이 그에게 문제가 되지 않는 것처럼 보이는데도 나는 계속 그의 말과 그 의미에 초점을 맞추고 있다.

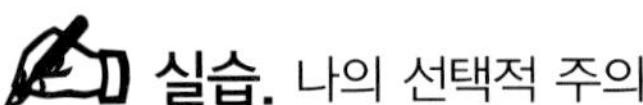
실습. 나의 선택적 주의

나의 확인된 사고/처리과정/편견:

내가 선택한 소크라테스식 질문:

나의 반응:

회피 또는 도피(인지적 또는 행동적)

예시. 셜리의 회피 또는 도피

나의 확인된 사고/처리과정/편견: 나는 나이 많은 사람들을 만나는 것을 회피하는 방법을 여전히 찾고 있다. 나이가 많은 사람일수록 내 나이에 대해 더 언급하는 것 같고 내가 그들을 도울 수 없을 것 같다.

내가 선택한 소크라테스식 질문: 나이 많은 내담자를 만나는 것을 피하는 것은 그들을 돕는 것에 대한 불안과 나에게 어떤 영향을 미칠까? 이것에 대해 어떤 대가를 치러야 할까?

나의 반응: 단지 나쁘게 만들 뿐이야. 그것은 장기적인 해결이 되기보다는 문제의 일부가 된다는 것을 마음속으로는 알고 있어. 처음 걱정과 비교하면 그것은 부풀려졌어! 난 위험을 감수할 필요가 있고 가능한 한 나이가 많은 사람들을 더 많이 만나야 해.

실습. 나의 회피 또는 도피

나의 확인된 사고/처리과정/편견:

내가 선택한 소크라테스식 질문:

나의 반응:

특정 안전 행동

 **예시.** 셜리의 특정 안전 행동

나의 확인된 사고/처리과정/편견: 나는 모든 상담을 지나치게 준비한다는 것을 알았다. 모든 회기를 확실하게 계획하기 위해 초과 시간을 쓰지 않는다면 난 '들통 날' 것이다.

내가 선택한 소크라테스식 질문: 내가 역할을 제대로 못한다는 이 생각을 어떤 증거가 정말 지지할까? 이전에 삶의 다른 영역에서 이 생각을 한 적이 있나?

나의 반응: 내가 잘 하고 있지 않다는 어떤 증거도 떠올릴 수 없어서 혼란스럽다. 대학 때, 하키 팀 개별지도 시간에 테스트를 받을 때마다 이처럼 느꼈다. 난 지나치게 준비하는 것을 멈출 필요가 있고, 그래야 사전에 많은 시간을 애쓰지 않아도 내가 잘 할 수 있는지 검토해 볼 수 있다.

 **실습.** 나의 특정 안전 행동

나의 확인된 사고/처리과정/편견:

내가 선택한 소크라테스식 질문:

나의 반응:

도움이 되지 않는 반복적인 사고(반추, 걱정, 강박 사고)

예시. 셜리의 도움이 되지 않는 반복적인 사고

나의 확인된 사고/처리과정/편견: 이 문제를 매일 반추하고 있고, 3주나 되었다. 아마도 이것은 내가 결코 적절한 치료사가 될 수 없을 거라는 생각에 직면하지 않으려는 방식인 것 같다.

내가 선택한 소크라테스식 질문: 이것에 대한 나의 생각/걱정/반추를 계속하는 것이 도움이 될까? 도움이 되는 무엇을 할 수 있을까? 문제는 나의 무능력인가 또는 무능력에 대한 걱정인가?

나의 반응: 그와의 치료에 초점을 맞출 것이다. 그리고 내가 쓸모없는 치료사라는 생각에 대한 사고 기록지를 해 볼 것이다.

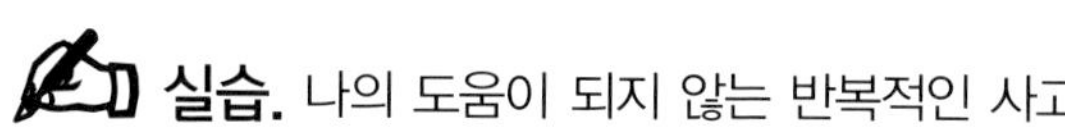

실습. 나의 도움이 되지 않는 반복적인 사고

나의 확인된 사고/처리과정/편견:

내가 선택한 소크라테스식 질문:

나의 반응:

취약 요소와 기저 양식을 포함한 문제 공식화

'애초에 무엇이 나를 취약하게 만들었을까?'라는 질문에 요약되어 있는 역사적/취약 요소를 추가하여, 더 초기의 공식화(5영역 모델과 유지 과정)를 발판으로 한 공식화 도표를 만들 수 있다. 또 취약 요소에 대해 생각할 때, 모듈 2의 첫 문제 공식화에서 했던 것처럼 문화적 및 종교적/영적 영향을 고려할 필요가 있다. '내가 무엇을 하려는 거지?'라고 생각할 때, 문화적 또는 종교적/영적 차원을 포함할 수 있는 개인적 강점을 염두에 두는 것이 적절하다.

실습. 취약 요소와 기저 양식을 포함한 나의 문제 공식화

자야쉬리가 다음 쪽에 취약 요소와 촉발 상황 그리고 유지 사이클을 포함하여 확대된 공식화를 어떻게 완성시켰는지 보라. 이제 156쪽에 당신의 확장된 문제 공식화 도표를 완성하라. 취약 요소, 강점, 유지 사이클 그리고 기저 양식을 포함하라.

 자야쉬리의 취약 요소와 기저 양식을 포함한 문제 공식화

애초에 무엇이 나를 취약하게 만들었을까?

정서를 표현하는 것은 부끄러운 것이라는 나의 가족으로부터의 강한 문화적 메시지. 돌봄은 여성의 책임이고 사람들을 돕는 것은 기분 좋은 일이라는 가족 내 문화

무엇이 문제를 촉발했나?

상담회기에서 내담자가 매우 괴로워하게 될 일을 '해야만' 한다는 것을 알고 있는 것

문제

사고: 나는 나쁜 치료사야.

신체 감각: 목과 등의 긴장, 몸 전체의 '긴장', 복통

정서: 불안한, 두려운, 불편한

행동: 내담자와 얘기해서 덜 정서적인 다른 과제로 초점을 이동시킨다.

무엇이 문제를 유지하고 있는가? 당신의 문제적인 사고와 행동을 야기하는 기저 양식과 과정을 포함하라.

재앙화: 괴로워하는 사람의 이미지를 통제할 수 없는 고통으로 여기고 지속하는 것. 이것을 진실일 것이라 믿고 이를 통해 불안을 증가시키는 것

인지적 회피: 그들을 통해 훈련하는 대신에 그런 생각을 멈추려고 애쓰는 것과 그 때문에 지속되는 두려움과 불편감을 유지하는 것

상담 회피: 고통에 머물고 그것을 작업하여, 내담자의 성장을 더 잘 도울 수 있다는 것을 증명할 기회를 갖지 않도록 내담자의 고통을 일으키거나 지속하는 작업을 회피하는 것

문제를 해결할 수 있도록 긍정적으로 격려하기 위해 사용할 수 있는 내가 가진 강점들은 어떤 것일까?

근면한 — 내가 해야 할 일을 할 때 난 항상 열심히 한다.

통찰 — 여기서 내가 해야 할 일을 어느 정도 알고, 좀 더 명확히 할 필요가 있다.

정직 — 특히 약점과 관련해 자신에 대해. 내담자를 따뜻하게 수용적으로 대할 수 있는데, 그것을 나 자신에게 적용할 필요가 있다.

나의 취약 요소와 기저 양식을 포함한 문제 공식화

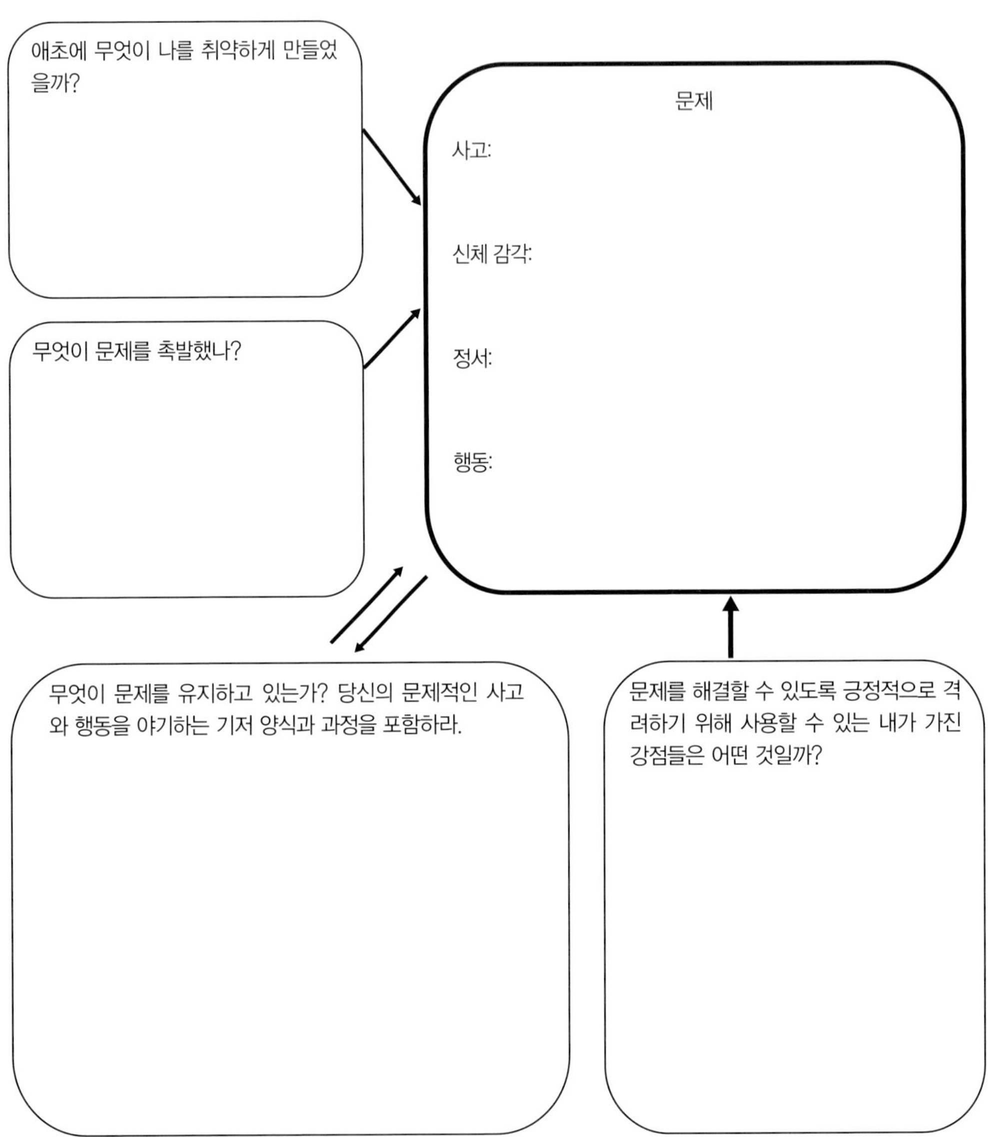

자기반영 질문

사고 기록지를 사용하여 당신의 사고를 검토했던 과정에 대한 생각을 말해 보라. 어떤 어려움이라도 자세히 말하라. 그 과정은 도움이 되었는가, 도움이 되지 않았는가? 수정된 관점을 이성 수준에서 그리고 본능 수준에서도 확신하였는가 또는 그렇지 않았는가?

사고 기록지 훈련을 하면서 당신의 사고에서 어떤 변화를 알아차렸는가? 새로운 사고방식을 유지하도록 돕기 위해 당신의 개인적인 또는 전문적인 삶에서 무엇을 강화할 필요가 있을까? (어떤 상황이 이것에 가장 도전적일까?)

문제가 되는 기저 양식을 평가하는 소크라테스식 질문의 사용에 대해 언급하라. 이것은 얼마나 유용하였는가? 왜 유용하였는가 또는 왜 유용하지 않았는가? 미래에 당신과 당신의 사고방식에 유용할 수 있는 특별한 소크라테스식 질문 유형이 있었는가?

지난 모듈에서 힘들었던 것으로 인식된 내담자에게 돌아가 보자. 당신의 개인적인 유지 사이클을 수정할 수 있다면, 이것은 특별한 내담자에 대한 당신의 태도나 접근방법에 어떻게 영향을 미칠 것인가? 상담 회기에서 당신은 어떻게 달라질까? 이것은 어떻게 보이고 어떻게 느껴질까?

확장된 문제 공식화 도표를 완성함으로써 개인으로서 그리고 치료사로서 당신은 무엇을 배웠는가? 놀랄 만한 것이 있었는가?

문화적 또는 종교적/영적 영향을 알아차렸는가? 그것들이 어떻게 영향을 미쳤는지 묘사하고 설명할 수 있는가?

기억하고 나중에 다시 볼 정도로 중요하다고 생각되는 것이 있는가?

MODULE 6

진전 검토하기

> 나는 이 모듈에서 많은 것을 배웠다. 그리고 치료에 충실하려고 애쓰는 내담자에 대해 더 많이 공감이 되었다. 그것은 지속성과 규칙적인 상담의 중요성을 강조하고 있다. 추진력이 사라지면 회복하기가 정말 어렵다. 나는 상황이 어려울 때 내담자와 나눌 수 있다는 것을 경험하게 되었다. …… 그리고 분명히 내담자와 목표에 대한 더 정기적인 검토와 목표 측정을 하게 될 것이다.
>
> – SP/SR 참여자

이제 당신은 SP/SR 워크북의 중간쯤에 와 있다. 워크북을 마치는 것은 때때로 힘들다. 다루기 힘든 사고와 감정에 집중하는 과정이 어렵고 피곤할 수 있기 때문이다. 우리 모두는 시간을 다투는 해야 할 일들이 많고, 중요한 일들이 우선순위에서 밀려날 수 있다. 내담자들이 치료를 계속 받으려고 애쓰는 것처럼 좋은 의도를 가진 사람들도 SP/SR을 그만둘 수 있다는 것을 안다. 이 모듈의 목표는 당신이 지금까지 SP/SR의 어디에 있는지 검토하는 것과 당신이 원하는 만큼 참여하려고 애쓰고 있다면 재집중하는 기회를 제공하는 것이다. 워크북으로 훈련하는 것과 관련된 요인들을 고려하는 것뿐만 아니라 스스로 CBT를 훈련하는 것과 관련된 폭넓은 문제들이 고려될 수 있는 적절한 시간이 된다.

목표 검토

먼저, 중요한 것은 SP/SR 워크북의 시작 부분으로 돌아가 당신이 설정한 목표를 상기하는 것이다. 이는 당신이 다시 초점을 맞추도록 도우며 목표를 검토하고 그것을 성취하는 데 있어서 장애가 되는 것을 확인할 수 있도록 도울 것이다.

실습. 나의 목표 검토하기

모듈 2에서 완성한 목표 설정 심상 훈련과 상세한 SMART 목표를 떠올려 보고, 다음 쪽의 표를 완성하라.

나의 목표 검토하기

	목표 1	목표 2
각 목표의 진전 상황을 일반적으로 그리고 자신을 위해 설정한 기간과 관련해서 생각을 말하라. 원래 생각만큼 실질적이고 성취적인가? 측정 가능한가?		
당신의 목표를 달성하는 데 있어 장애가 되는 것을 확인하라. • 내적 요인(예: 자기의심, 낮은 동기, 지연시키는 낡은 양식, 자기비판) • 당신이 어느 정도 통제할 수 있는 외적 요인(예: 일, 가족의 요구) • 당신이 통제할 수 없는 외적 요인		
모듈 2에서 장애물을 예측할 수 있었는가? 당신이 만든 전략은 적절하였는가? 이 장애물들을 피하기 위해 당신이 할 수 있는 것은 무엇인가? 목표를 조정할 필요가 있는가?		
이 검토에 비추어, 필요하다면 당신의 목표를 개선하거나 다시 정하라.		

실습. VAS를 사용하여 나의 문제를 검토하기

모듈 1에서 도전할 문제를 평가하기 위해 사용했던 VAS로 다시 돌아가라. 아래 척도에 당신의 걱정 정도를 표시하라.

0%	50%	100%
없음	중간 정도	가장 심함

지난 2주 동안 심한 정도는 어떠하였는가?(걱정이 가장 적은 정도에서 가장 많은 정도까지)

__________% ~ __________%

이것은 모듈 1에서의 평가 점수와 비교하면 어떤가? 이에 대해 어떻게 생각하는가? 다음 상자에 당신의 관찰 내용을 기록하라.

나의 도전하는 문제: 지금까지의 진전에 대한 반영

실습. SP/SR을 하지 않은 이유

다음 양식은 Aaron T. Beck, John Rush, Brian Shaw와 Gary Emery가 그들의 내담자와 사용하기 위해 개발한 자기계발 과제를 하지 않은 이유를 각색한 것이다. 치료보다는 SP/SR을 위해 질문을 변경하였다. 제시된 진술을 읽고 지금까지 SP/SR 실습을 완료하는 것과 관련해서 당신에게 적용되는 것에 동그라미 표시를 하라.

SP/SR 과제를 하지 않은 이유

1. 나는 치료사로서 나의 기술에 대해 만족한다. 그것을 변화시킬 이유가 없다.
2. 나는 SP/SR을 하는 이유를 정말 이해할 수 없다.
3. SP/SR이 도움이 되지 않을 것이라고 느낀다. 나에게는 정말 말이 안 되는 소리이다.
4. 나는 나 자신에 대해 '나는 꾸물거리는 사람이야. 그러므로 나는 이것을 할 수가 없어.' 라고 생각한다. 그래서 나는 그것을 끝까지 하지 못한다.
5. 나는 흔쾌히 자기계발 과제를 할 것이다. 그러나 계속 잊어버린다.
6. 충분한 시간이 없다. 나는 너무 바쁘다.
7. 여기서 제안한 것처럼 SP/SR을 하는 것이 내 아이디어를 떠올리는 것만큼 좋지는 않다.
8. 내가 쓸모없다고 느끼고, 내가 원하는 일을 할 수 있다고 믿지 않는다.
9. SP/SR 프로그램은 치료에 대한 나의 사고방식을 형성하려는 것이라고 느껴진다.
10. 그 프로그램에 협조하고 싶지 않다.
11. 나의 일에 대한 반대나 비평을 두려워한다. 내가 하는 것이 충분히 좋지 않을 것이라고 생각한다.
12. SP/SR 모듈이나 다른 것을 하려는 욕구나 동기가 없다. 이 모듈들을 하고 싶지 않기 때문에 그것들을 할 수 없고, 또 그것들을 할 필요가 없다고 생각된다.
13. 나는 지금 그것을 하기에는 너무 기분이 나쁘고, 슬프고, 초조하고, 괴롭다.(적절한 것을 선택하라)
14. 나는 지금 기분이 좋다. 그리고 SP/SR 프로그램을 훈련함으로써 그것을 망치고 싶지 않다.
15. 지나치게 노출된다고 느껴진다.
16. 다른 이유들 (아래에 쓰라)

실습. 프로그램에 대한 장애 요소 확인하기

내담자와 치료사 모두 치료나 훈련 프로그램에서 진전에 장애가 되는 경험이나 문제가 있을 수 있다. 다음 상자에 내적 요소(사고, 정서, 시간 관리 등)와 외적 요소를 포함하여 당신의 진전에 장애가 되는 것의 목록을 작성하라.

진전의 장애 요소

예를 들어, (자신이나 워크북에 대한) 자동적 사고, 자신에 대한 부정적 신념, 자의식에 기인한 불안, 미루기, 엉성한 계획이나 시간 관리, 당신의 시간에 타인의 요구를 들어주는 것과 같이 진전에 장애가 되고 있는 것을 인식하고 있는가? 아래에 의견을 쓰라.

문제 해결하기

장애물이나 문제를 인식하고 드러내는 방법을 배우도록 돕는 내담자와의 작업은 대개 CBT 개입방법 그 자체이다. 그 후 그들이 어떤 행동을 취해야 할지 막막해하거나 불확실하게 느낄 때 확인하고, 평가하고, 가능한 해결방법을 실행하도록 할 수 있다.

문제 해결은 CBT의 핵심 전략 중 하나이다. 다음 훈련의 목적은 문제 해결 전략을 연습하는 기회로서 SP/SR에 온전히 참여할 수 있도록 확인된 장애물을 다루는 것이다.

실습. 문제 해결하기

168~169쪽에 있는 자야쉬리의 문제 해결 예시를 먼저 참조하라. 그런 다음 SP/SR에서 당신의 장애물 중 하나를 해결하기 위해 170~171쪽에 있는 문제 해결 워크시트를 사용하라.

SP/SR 과제를 완성하지 않은 이유에 관한 질문지에 대해 생각해 본 후, 자야쉬리는 자기 신념 중 하나가 'SP/SR을 할 이유가 없고, 나는 결코 변할 수가 없다.'라는 것을 인식하게 되었다. 문제가 있다는 것 또는 목표가 잘못되었다는 것을 인식하지 못하고 있었던 것은 아니지만, 그녀는 무기력하고 그것을 바꾸려고 노력할 이유가 없다는 생각을 하기 시작했다. 게다가 현재 존재방식으로 지금까지 그럭저럭 해내고 있으며, 큰 변화로 '평온을 깨뜨리길' 원치 않는다는 것을 알아차렸다.

또 자야쉬리는 자신이 SP/SR을 하기 위해 적절한 시간을 찾으려고 애쓰고 있다는 것을 인식했다. 매주 좋은 의도를 가지고 하고 있음에도 불구하고 그녀는 과제를 서둘러 하고 자기훈련의 의미를 반영할 시간이 거의 없다는 것을 발견하였다.

168~169쪽의 표에서 자야쉬리가 문제를 해결하기 위한 자료로서 일련의 신념과 행동을 어떻게 활용했는지 볼 수 있다.

 자아쉬리의 문제 해결 워크시트

1단계. 문제 인식: 쉬운 말로 사실에 입각해서 문제를 정의하라.

시도하고 변화하려는 희망이 없고 결코 그것을 해결할 수 없다는 신념을 가지고 있다.
놀랍게도, 현재 신념을 잘 다룰 수 있다는 반대 신념을 인식할 수 있었지만, 지금의 평온을 깰 것이라는 것도 인식할 수 있었다.
(흥미롭게도, 이 두 신념은 거의 서로 반대된다. 하나는 '변할 수 있다고 생각하지 않는다.'이고, 다른 하나는 '변하는 게 두렵다.'이다. 두 신념은 SP/SR 훈련을 하는 것을 회피하게 하고, 나는 그것으로부터 영향을 받아 주의 집중을 끝까지 하지 않는 나 자신을 발견하였다.)
이번 주에 SP/SR을 할 충분한 시간이 없었다. 난 덜 신경 썼고 그 이점에 대해 많이 기대하지 않았다.

문제 요약

SP/SR을 하는 데 많은 시간을 쓰지 않았다. 이는 SP/SR에서 얻을 많은 이점을 감소시키는 것이다. 또 목표로 하는 문제를 변화시킬 수 있을 것이라는 희망을 제한하는 것이다.

2단계. 해결방법을 위한 브레인스토밍: 가능한 한 많은 방법을 떠올리라. 아직은 어떤 방법에 대해서도 거부하거나 삭제하지 말라!

- SP/SR 포기
- 주말로 계획하고 그것에 꼼짝 않고 매달리기
- 덜 두렵거나 덜 양가적인 어떤 것을 골라서 작업할 문제를 바꾸기
- SP/SR 훈련을 하는 나의 동료에게 어떻게 생각하고 어떻게 하고 있는지 물어보기
- 일을 슈퍼바이저와 논의하기
- SP/SR을 위해 매주 일을 마치고 공부해도 되는지 상사에게 물어보기
- 매주 한 번 저녁에 상담실 일과 기록 정리를 확실히 하고, 조금 늦게까지 남는다. 그러면 SP/SR을 위한 얼마간의 시간을 낼 수 있다.

3단계. 강점과 약점 분석: 가장 가능성 있는 두세 개의 방법을 선택하고 강점과 약점을 분석하라.		
해결방법	강점	약점
• SP/SR 포기하기	• 매주 여분의 2시간을 다른 일에 쓰게 될 것이므로, 매주 그 일을 하지 않아서 느끼는 죄책감이 없을 것이다.	• 현재 문제에 여전히 매달려 있을 것이다. • 개인적 삶에서 어떤 변화도 없을 것이다. • 그리고 얼마나 필요한지 이미 알아차리기 시작했다. • 실패자라는 느낌이 들 것이다.
• 매주 하루 제때 일을 끝내고 약간의 시간을 남겨 두면 SP/SR을 할 시간을 만들 수 있다.	• 이것은 오랫동안 내가 하고 싶었던 일이고 익숙해지면 좋은 습관이 될 것이다. • 이는 (양과 상세함에서 최고라고 들었던) 기록 정리를 줄이게 할 것이다. • 그것이 퇴근 후 자유 시간을 줄어들게 하지는 않을 것이다.	• 이제까지 정시에 일을 마치는 것은 성공하기 어려운 일이었다. 더 나은 계획이 필요하다. • 내가 SP/SR을 하고 있을 때 직장 동료가 갑자기 말을 시키고 나의 '흐름'을 방해할 것이다.

4단계. 해결방법 선택: 이 분석에 근거하여 시도할 해결방법을 선택하라.

좋아, 일을 마치고 바로 SP/SR을 위한 시간을 내는 것은 말이 돼. 한 번에 두 가지 목표를 성취할 수 있어. 늦은 일을 처리하고, 현재 자유 시간을 제외하고 SP/SR 훈련을 할 시간을 할애할 수 있어.

5단계. 실행 계획: 행동 계획의 요점을 말하라. 해결방법을 적용하기 위해 어떤 단계를 밟을 것인가?

오후 4시 이후에는 내담자와 약속하지 않을 것이다.
몇몇 동료의 기록을 살펴보고 내 상담 기록의 양을 줄이고 시간을 절약할 수 있는 방법을 찾아볼 것이다.
그 계획을 동료들에게 말하고, 그 시간 동안 작업 중일 때 정말 중요하지 않으면 방해받지 않을 것이다.
사무실에 SP/SR 워크북을 가지고 가서 내 상담실 문을 잠그고 자리를 정리할 것이다.

언제 시작할 것인가?

내일 시작할 수 있다. 그러나 현실적으로, 모든 단계를 실행할 수 있으려면 다음 주는 되어야 할 것이다.

어떤 문제에 직면할 수 있는가? 이를 어떻게 극복할 것인가? 어떤 자원이 필요한가(예: 누군가로부터의 도움)?

제시간에 마칠 수 있음에도 불구하고 피곤할 수 있고 집에 가고 싶을 것이다.
쓸 수 있는 시간이 겨우 30분이라 해도 직장에 늦게까지 남아서 집에 가기 전에 워크북을 할 것이다. 피곤하겠지만 계속 집중할 것이고, 집에 가는 길에 음식을 사서 내게 보상할 것이다!
나의 동료와 애니쉬에게 내가 하려는 것에 대해 말할 것이고, 이는 쉽게 마음이 바뀌지 않도록 할 것이다.

나의 문제 해결 워크시트

1단계. 문제 인식: 쉬운 말로 사실에 입각해서 문제를 정의하라.

문제 요약

2단계. 해결방법을 위한 브레인스토밍: 가능한 한 많은 방법을 떠올리라. 아직은 어떤 방법에 대해서도 거부하거나 삭제하지 말라!

3단계. 강점과 약점 분석: 가장 가능성 있는 두세 개의 방법을 선택하고 강점과 약점을 분석하라.		
해결방법	강점	약점

4단계. 해결방법 선택: 이 분석에 근거하여 시도할 해결방법을 선택하라.

5단계. 실행 계획: 행동 계획의 요점을 말하라. 해결방법을 적용하기 위해 어떤 단계를 밟을 것인가?

언제 시작할 것인가?

어떤 문제에 직면할 수 있는가? 이를 어떻게 극복할 것인가? 어떤 자원이 필요한가(예: 누군가로부터의 도움)?

며칠 동안 그것을 시도해 보았다면 문제 해결 전략이 얼마나 효과적인지 검토해 보는 것이 도움이 된다. 당신의 전략에 대한 어떠한 조치가 필요한지 점검하기 위해 6단계와 7단계를 완성하라.

나의 문제 해결하기 검토 워크시트

6단계. 실행: 무엇을 했는가? 한 것을 정확히 기록하라.

7단계. 평가: 어떠했는가? 당신의 방법이 얼마나 효과적이었는지 쓰라. 효과가 없었다면 또는 결과가 만족스럽지 않다면, 4단계로 돌아가서 시도할 다른 방법을 선택하라. 그리고 당신의 문제 해결 능력에 대해 가지고 있는 당신의 부정적인 신념을 검토하라. 특히 당신이 걱정하고 있다면 그 과정에 장애가 될 수 있기 때문이다.

자기반영 질문

당신은 이제 워크북의 반을 마쳤다. 지금까지 자기훈련에 대한 전체적인 반응을 어떻게 요약하겠는가? 이성적인 지적 수준에서 경험한 것과 '본능 수준'에서 느낀 것 사이에 차이가 있는가?

자기훈련 실습 중에 당신에게 특히 눈에 띄었던 것이 있었는가? 만약 있었다면 그것을 어떻게 설명하겠는가?

이 모듈은 SP/SR의 진전을 검토하고 장애물을 확인하는 데 초점을 맞추고 있다. 여기에서 자신에 대해 발견한 것이 있는가? SP/SR에 참여하는 것에 관한 자기비난을 알아차렸는가? 만약 그렇다면 그것이 어떻게 느껴졌는가? 다른 방식으로(예: 더 온정적으로) 자신에 대해 이해할 수 있는 기회로서 이를 활용할 수 있는 방법이 있을까?

지금까지 SP/SR의 효과를 고려해 볼 때, 당신의 '개인적 자기'에 또는 '치료사 자기'에 또는 둘 다에 영향을 미치는가? SP/SR을 개인적으로 배운 것과 전문적으로 배운 것은 서로 관련이 있는가?

진전에 어려움을 겪었던 특별한 내담자를 떠올릴 수 있는가? 이 내담자와 관련될 수 있는 당신 자신의 진전을 검토하면서 알게 된 것이 있는가? 만약 그렇다면 그것을 어떻게 적용할 것인가? 언제, 어디서, 어떻게?

각 모듈의 마지막에 나오는 자기반영 질문에 대한 당신의 반응은 어떠했나? 반영적 과정에서 힘든 점이 있었는가? 자신을 위해 어떤 것이 이 실습을 개선시킬 수 있을까?

이 모듈에서 기억하고 나중에 다시 볼 정도로 중요하다고 생각되는 것이 있는가?

PART Ⅱ

새로운 존재방식 형성하고 강화하기

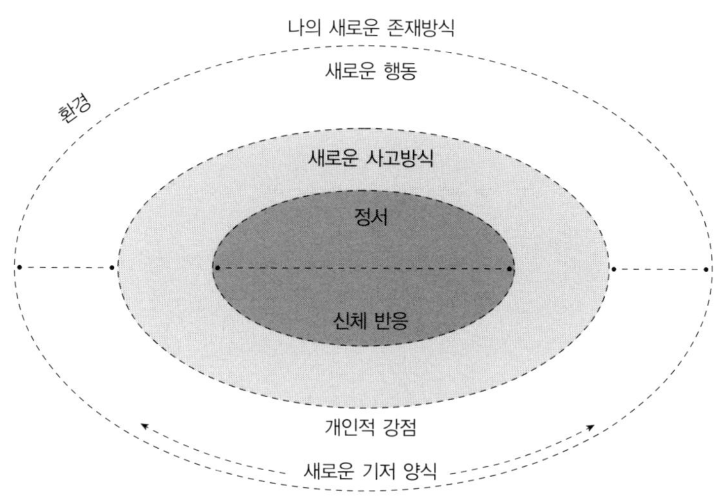

MODULE 7

도움이 되지 않는 가정 확인하기와 새로운 대안 구성하기

나는 '만약/그러면'을 사용하면서 내담자에 대해 더 많이 인식하게 되었다. 그것이 내가 전에 했던 것보다 훨씬 더 쉽게 사건을 인식하도록 돕는다고 생각되었다. 또 나 자신에 대해 더 많이 인식하게 되었다.

– SP/SR 참여자

I부 '도움이 되지 않는(오래된) 존재방식 확인하고 이해하기'에서 CBT 자기훈련은 주로 당신의 도전하는 문제에 초점을 맞추고 있다. 그 목적은 우선 당신의 문제가 어떻게 그리고 왜 계속 재발하는지 이해하고 해석하기 위한 것이었다. 그다음은 문제 진술을 하고 측정 가능한, 현실적인 그리고 성취 가능한 목표를 확인하는 것이었다. 나아가 공식화를 하고 인지 내용과 사고와 행동의 기저 양식을 수정할 방법을 찾는 것이었다. 이 실습들은 도움이 되지 않는 존재방식을 변화시키기 위한 다양한 개입방법을 실험할 수 있도록 당신에게 힘을 주고 있다. 또 도전하는 문제를 비롯하여 이미 자신의 강점을 고려해 왔다는 것도 관련된다. 당신의 강점은 이 워크북의 후반부 자기훈련 실습에서 더 초점이 될 것이다.

II부 '새로운 존재방식 형성하고 강화하기'에서는 문제 초점보다 강점 초점을 강조하는 보완적인 전략들을 적용할 것이다. 이 전략들은 더 경험적인 경향이 있다. 심상과 행동 실험이 특히 두드러진다. 새로운 존재방식을 형성하기 위한 경험적 전략들은 지난 몇 년 동안 인지과학, CBT에서의 임상적 혁신 그리고 긍정심리학의 영향으로 추진력을 얻고 있다.

워크북에서 이 시점에 이르기까지 가장 접근 가능한 수준의 사고인 자동적 사고를 다루고 있었다. 새로운 존재방식을 형성하는 방향으로 작업할 때 우리의 초점은 더 깊고 접근하기 어려운 수준의 사고로 이동한다. 그것은 다양한 여러 상황에서 영향을 미치는 기저 가정, 태도 그리고 '삶의 규칙들'이다(예: '내가 항상 아주 잘 해낸다면, 사람들은 내가 얼마나 결점이 많은지 알아차리지 못할 것이다.'). 다음 6개 모듈의 목적은 도움이 되지 않는 사고, 감정과 행동 양식을 약화시키기 위한 더 많은 방법을 제공하는 것이다. 또한 새로운 강점기반 존재방식을 형성하는 것인데, 이는 개인적 삶과 직업적 삶 모두를 향상시킬 수 있다.

새로운 존재방식을 형성하기 위해 서로 관계 있는 다음 네 가지 전략에 주목한다.

1. 도움이 되지 않는 오래된 존재방식, 특히 오래된 행동 양식과 기저 가정(예: '만약 내가 모든 내담자에게 진정으로 친절하다면, 그들은 내가 얼마나 무능력한 치료사인지 알지 못할 것이다.')을 확인하기. 이것은 중요한 첫 단계로, 오래된 도움이 되지 않는 사고, 감정 그리고 행동 방식이 왜 지속되는지를 이해하는 데 중요하기 때문이다.
2. "나는 어떻게 되고 싶은 걸까?"라고 물음으로써 가능성 있는 새로운 존재방식을 구성하기
3. 새로운 존재방식과 도움이 되지 않는(오래된) 존재방식을 대조시키기
4. 예를 들면, 행동 실험, 심상기반 기술과 같은 특히 경험적 전략의 사용을 통해 새로운 존재방식을 강화하기

이 모듈은 ① 오래된 존재방식과 관련된 기저 가정과 행동 양식을 확인하기 위한 자기훈련 실습, ② 생활하는 데 더 도움이 되는 가정이나 규칙을 만드는 기술과 좀 더 적응적인 사고와 행동 양식을 발달시키는 기술에 주로 초점을 맞춘다.

모듈 8과 9는 오래되고 새로운 존재방식을 대조시키고 새로운 존재방식을 강화하기 시작한다. 새로운 존재방식을 강화하는 전략은 모듈 10과 11에서 초점을 맞춘다. 마지막 모듈 12의 목적은 프로그램 종료를 넘어서 발달을 지속하도록 새로운 존재방식을 통합하는 것이다.

기저 가정

간단히 요약하면, 고전적인 CBT는 서로 다르지만 관련된 세 가지 사고의 수준, 즉 자동적 사고, 기저 가정 그리고 핵심 신념을 구별한다. 핵심 신념은 자신, 타인 그리고 세상에 대한 무조건적이고 절대적인 신념이다. 핵심 신념은 보통 의식적으로 접근이 불가능하지만 폭넓은 상황에 걸쳐서 행동과 정서적 반응에 영향을 미칠 수 있다(예: '나는 사랑스럽지 않아.' '사람들은 믿을 수 없어.' '세상은 예측할 수 없어.').

고전적인 CBT는 기저 가정을 핵심 신념과 자동적 사고 중간층의 사고로 본다. 이론에 의하면, 기저 가정은 핵심 신념의 의미를 '다루도록 돕는다'.('난 무가치해. 그래서 사람들이 내가 얼마나 ……한지 알아차리지 못하도록 해야 해.'). 기저 가정은 대개 '만약…… 그러면……' 진술이나 '반드시 ……해야만 해.' '하지 않으면 안 돼.' 또는 '할 필요가 있어.'와 같은 말로 표현될

수 있다. 일반적으로 그것들은 여러 상황에서의 정서, 사고, 행동에 영향을 미친다.

기저 가정은 긍정적이거나 부정적일 수 있고, 도움이 되거나 도움이 되지 않을 수 있다. 그것들은 대개 가족, 친구, 직장 또는 학교에서 배운 의심할 여지가 없는 삶의 규칙이다(예: '만약 사람들이 너에게 심술궂게 행동한다면 그대로 갚아 줘!'). 비록 고전적 CBT는 기저 가정과 핵심 신념을 연결시키고 있지만 삶의 규칙이나 작용하는 원리가 핵심 신념과 반드시 관련되는 것은 아니라는 인식이 증가하고 있다. 예를 들어, 치료사로서 우리는 핵심 신념과 관련 없는 매우 특별한 '치료를 위한 규칙들'을 발달시킨다(예: '만약 내담자가 명백한 자살 계획을 말한다면, 나는 반드시 관련된 사람들이 알도록 해야만 한다.'). 그리고 매우 상황적이고 구체적이며 현실적인 몇 가지 신념을 가질 수 있다(예: '불안 문제를 가진 내담자와 작업하는 것은 괜찮아. 그런데 심한 우울을 겪고 있는 내담자는 어려워.').

요약: 사고의 세 가지 수준

자동적 사고

- 구체적인 상황이다.
- 마음속에 갑자기 떠오른다.
- 더 심사숙고한 생각과 공존한다.
- 일반적으로 약간 무의식적이다.
- 정서와 관련된다.
- 왜곡된 해석에 의해 편견적일 수 있고 거의 검토되지 않는다.

기저 가정

- 자기, 타인 그리고 세상에 대한 상황을 뛰어넘는 가정, 작용하는 원리 또는 삶의 규칙이다.
- 핵심 신념으로부터 나오거나 그렇지 않을 수 있다.
- '만약…… 그러면……' 조건적 진술 또는 '반드시 ……해야만 해.' '하지 않으면 안 돼.' 또는 '할 필요가 있어.'라고 표현될 수 있다.
- 신념을 행동 및 정서와 연결시킨다.

핵심 신념

- 강하게 지니고 있는 자기, 타인 그리고 세상에 대한 상황을 뛰어넘는 무조건적이고 절대적인 신념이다.

- 도움이 되거나 도움이 되지 않을 수 있다.
- 영향을 미치는 주요 타인과 관련된 아동기 경험이나 트라우마 경험에 의해 발달된다.

자기탐색을 통한 CBT 경험하기에서의 초점은 핵심 신념보다는 자동적 사고와 기저 가정에 있다. 2장과 3장에서 설명한 이론적 그리고 실제적 관점에서 볼 때, 우리는 핵심 신념 수준에서 작업하기 위해 치료사가 이 워크북을 사용하는 것이 필수적이거나 바람직하다고 생각하지 않는다. 자기탐색을 통한 CBT 경험하기는 심층 심리학을 위해 계획된 것이 아니다!

기저 가정은 찾아내기에 매우 교묘하고 어려울 수 있다. 그러나 우리의 독특한 보상적 행동과 정서적 회피, 안전 행동과 같은 사고와 정서의 기저 양식 내에서 단서를 발견할 수 있다. 당신은 이미 모듈 4를 하면서 몇몇 도움이 되지 않는 보상적 행동 반응에 익숙할 것이고 이로부터 몇 가지 치료사 관련 가정을 추론할 수 있을 것이다.

예시. 셜리와 데이비드의 기저 가정

훈련 초기에 셜리는 '나는 치료사로서 좋지 않다.'라는 신념을 지니고 있었다. 이 신념을 다루기 위해, 행동을 이끄는 기저 가정은 '만약 내가 치료 시간의 관찰을 피한다면 나의 슈퍼바이저는 내가 얼마나 허술한 치료사인지 모를 것이다.'였다. 결국 셜리는 슈퍼바이저가 하는 회기 관찰을 피하였다. 그녀는 변명을 하고 슈퍼비전 시간에 결석하였다.

데이비드는 CBT에 대한 자신의 지식에 대해 불안하게 느꼈다. 그래서 그가 '충분히 좋은 치료사'인지 의심하고(치료사로서 자신에 대한 신념), '젊은 슈퍼바이저가 나를 부정적으로 판단하고 있을 거야.'(타인에 대한 신념)라고 생각하기 시작했다. 이는 '만약 내가 얼마나 경험이 많고 박식한지를 그녀에게 보여 준다면 그제서야 나의 경험과 기술을 인정할 것이다.'라는 가정으로 이어졌다. 기본적으로 데이비드는 과거에 성공적으로 사용했던 다른 치료 모델을 지속적으로 참고하고, 어떤 임상적 결정을 할 수 있는 방법과 이유에 대해 강하게 정당화함으로써 그의 기저 가정에 따라 행동했다. 그의 행동은 슈퍼바이저에게 인상적이기보다 짜증나게 하는 반대 효과를 나타냈다.

도움이 되지 않는 기저 가정을 확인하는 통로: 반복되는 개인적 주제, 보상 행동과 회피 행동

이미 보았듯이, 기저 가정은 파악하기 어렵다. CBT 치료사로서 우리는 내담자가 그들의 가정이나 삶의 규칙을 인식하도록 돕는 데 중요한 역할을 한다. 가정으로 가는 길은 몇 가지 주요 전략인 반복되는 개인적 주제, 보상 행동 그리고 회피 행동을 통해 볼 수 있다. 이 워크북에서는 그 길을 열기 위해 다음을 할 수 있다.

1. 반복되는 개인적 주제를 찾으라(예: 거절되는 것, 권위에 도전하는 것 또는 시험대에 오르는 것에 관한 주제). 주제들은 습관적인 인지, 행동 그리고 정서적 반응에서 찾을 수 있다.
2. 보상적 행동에 대해 자각하라. 이는 항상 해야만 한다고 느끼는 행동처럼 반복되는 행동과 경직된 대처 전략의 형태를 띠고 있다.
3. 회피 행동에 대해 자각하라.

다음 일련의 자기훈련 실습은 이 세 가지 영역에 초점을 맞춘다. 반복되는 개인적 주제, 보상 행동 그리고 회피 행동은 삶의 중요한 측면을 이끄는 규칙을 탐색하는 데에서 단서를 제공한다.

반복되는 개인적 주제 확인하기

개인적 주제에 초점을 맞추는 이 실습은 처음 6개 모듈로부터 배운 것들을 통합하도록 돕는다.

 **예시.** 셜리의 반복되는 개인적 주제

다음 쪽의 간단한 표를 사용하여, 셜리는 반복되는 슈퍼비전 시간의 특징이 되는 몇몇 정서, 사고, 신체 감각 그리고 행동을 인식하기 시작하였다.

셜리의 반복되는 개인적 주제

촉발 상황	사고	정서/신체 감각	(사람, 장소, 정서, 환경)의 회피를 포함한 행동
• 다가오는 슈퍼비전 시간	• 수준 미달로 판단될 것이다. • 위험을 평가하는 것을 잊어버렸다. • 나의 내담자는 자해할 것이고 그것은 내 잘못일 것이다.	• 불안 • 긴장 • 자기의심 • 죄책감	• 저장된 카메라를 가져올 수 없었다고 변명하기 • 상담 실패에 대해 반추하기

실습. 나의 반복되는 개인적 주제

예를 들어, 당신의 5영역 공식화(모듈 2)와 도움이 되지 않는 사고와 행동을 확인하는 실습(모듈 4)과 같이 지금까지 한 실습을 다시 보자. 도전하는 문제에 대해 인식한 반복되는 촉발 상황, 인지, 정서 그리고 행동은 무엇인가? 그것들을 목록화하기 위해 다음 쪽의 반복되는 문제 표를 사용하라.

주석: I부에서 당신이 확인했던 문제를 만족스럽게 해결했고, 새로운 문제에 초점을 맞추고 싶다고 생각된다면 그렇게 해도 좋다. 다음 과제로 나아가기 전에 모듈 2의 5영역 공식화를 적용하고 몇몇 다른 전략(예: 모듈 4, 5)을 활용함으로써 새로운 문제 영역의 구성 요소들을 이해할 필요가 있을 것이다.

나의 반복되는 개인적 주제

촉발 상황	사고	정서/신체 감각	(사람, 장소, 정서, 환경의) 회피를 포함한 행동

출처: *Experiencing CBT from the Inside Out: A Self-Practice/Self-Reflection Workbook for Therapists*.

보상 행동 확인하기: 반복되는 행동과 경직된 대처 전략

이 실습의 초점은 원치 않는 감정이나 사고를 보상하는 행동이라는 점에서 반복적이고 보상적인 행동과 대처 전략에 관한 것이다. 반복되는 행동과 경직된 대처 전략들은 전형적인 보상 행동이다. 모듈 4에서 이 중 몇 가지를 확인하였다. 이 단계에서 회피 행동은 미뤄 두자. 그것은 다음 절에서 다룰 것이다. 아래 글상자에는 반복되는 행동과 경직된 전략의 몇 가지 예시가 있다. 이 목록에서 당신이 가진 몇 가지 패턴을 확인할 수 있을 것이다.

반복되는 행동과 경직된 대처 전략의 예시

- 모든 것을 완벽하게 하려고 노력하는 것
- 타인으로부터 확인하려 하는 것
- 일이 잘못되었을 때 타인을 비난하는 것
- 제시간에 회기를 마치는 것이 어렵다는 것을 아는 것
- 타인을 기쁘게 하려는 것
- 내담자가 예상치 못하게 치료를 종결하거나 약속을 취소한다면 화내는 것
- 타인에게 '아니요'라고 말하는 것이 어렵다는 것을 아는 것
- 과식이나 과음하는 것
- 자신이 생각하기에 부정적인 피드백을 받았을 때 매우 화내는 것
- 진실한 감정을 숨기는 것
- 남에게 좌지우지되지 않는 것이 어렵다는 것을 아는 것
- 결정하는 데 어려움을 겪는 것
- 아주 오랜 시간 일하는 것

 **실습.** 나의 반복적인 행동과 경직된 대처 전략

나의 반복적인 행동과 경직된 대처 전략

나의 반복적인 행동과 경직된 대처 전략의 예를 들어 보라.

반복적인 행동은 기저 가정의 형태에 대한 단서를 제공할 수 있다. 그것들이 도움이 된다고 생각하기 때문에 그것들에 빠져들며, 그것들을 인식하는 것은 기저 가정('만약 내가……')의 '만약' 부분을 공식화하도록 도울 수 있다.

 **예시.** 데이비드의 기저 가정

만약 내가 활용하던 치료 모델들에 대해 슈퍼바이저에게 말함으로써[행동] 내가 얼마나 경험이 많은지 그녀가 알게 한다면, 그녀는 나를 존중할 것이다[결과].

만약 내가 어떤 행동을 왜 했는지 자세히 설명한다면[행동], 그녀는 나를 진지하게 대할 것이다[결과].

만약 슈퍼바이저가 치료적 결정에 대해 설명하라고 요구한다면[행동], 그녀는 나의 CBT 지식을 의심할 것이다[결과].

실습. 나의 기저 가정

만약(행동)______________________________

______________________________,

그러면 ______________________________(결과).

만약(행동)______________________________

______________________________,

그러면 ______________________________(결과).

만약(행동)______________________________

______________________________,

그러면 ______________________________(결과).

회피 행동 확인하기

심지어 회피가 내적인 것(예: 정서)일 때도 회피는 행동이다. 우리는 고통이나 힘든 것을 경험하는 것으로부터 자신을 보호하기 위해 상황, 사람, 사고, 정서 그리고 신체 감각을 회피한다. 예를 들어, 내가 만약 특별한 유형의 내담자와 일하는 것에 능숙하지 않다고 믿는다면, 나는 추천받는 것을 피할 것이다.

다음 글상자에는 회피 행동의 예시가 나열되어 있다.

회피 행동의 예시

- 혼란스러운 일을 생각하지 않으려고 애쓰는 것
- 오랜 시간 컴퓨터 게임을 하거나 인터넷 검색을 하는 것
- 개인적 갈등이 있을 때 회피하는 것
- 상처받았다고 느낄 때 사람들로부터 멀어지는 것
- TV를 많이 보는 것
- 쇼핑하는 것
- 짜증났을 때 먹는 것
- 술이나 마약을 하는 것
- 공상에 잠기는 것

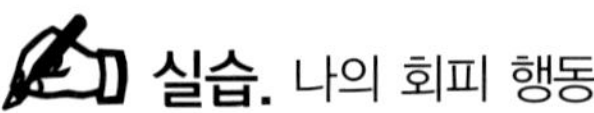

실습. 나의 회피 행동

나의 회피 행동

스스로 인식할 수 있는 회피 행동을 확인하라.

반복되는 행동과 같이 이들 회피 행동의 양식은 도움이 되지 않는 기저 가정인 '만약'의 조건절 형태를 띤다. 그것이 가정을 인식하도록 돕는지 살펴보라.

만약 내가 (회피하고 있는 행동)______________________________

______________________________,

그러면 ______________________________(결과).

만약 내가 (회피하고 있는 행동)______________________________

______________________________,

그러면 ______________________________(결과).

만약 내가 (회피하고 있는 행동)______________________________

______________________________,

그러면 ______________________________(결과).

실습. 나의 기저 가정, 보상 행동 그리고 회피 행동

이 모듈을 되돌아보고 지금까지 한 자기훈련 실습을 반영하라. 다음 쪽에 당신이 확인한 기저 가정, 보상 행동(예: 반복적인 행동, 경직된 대처 전략) 그리고 회피 행동의 목록을 쓰라.

기저 가정	관련된 보상 행동(반복적인 행동, 경직된 대처 전략)과 회피 행동

실습. 가장 도움이 되지 않는 나의 가정

이 가정들을 살펴보고, 어떤 것이 개인적 또는 전문적 능력 면에서 가장 부정적인 영향을 미치는지 생각해 보라. 모듈 8에서 더 도움이 되는 새로운 대안에 반하는 이 가정을 시험하는 기회를 가질 것이다.

예를 들면, 셜리는 자신의 가장 도움이 되지 않는 오래된 가정이 '만약 슈퍼바이저의 관찰을 회피한다면, 그는 내가 쓸모없는 치료사라는 것을 결코 알지 못할 것이다.'라고 생각했다.

가장 도움이 되지 않는 나의 가정

가장 도움이 되지 않는 가정은 무엇인가? 아래에 써 넣으라.

만약 내가 ______________________________

______________________________,

그러면 ______________________________

______________________________.

새로운 대안적 가정 만들기

이 모듈의 마지막 과제는 새로운 존재방식의 기초를 제공할 수 있는 새로운 대안이 되는 가정과 새로운 사고와 행동 양식을 만드는 것에 초점을 맞춘다. 다음 모듈에서 보게 되는 것처럼, 주요 질문 중의 하나는 '내가 어떻게 느끼고 싶을까? 나 자신에 대해 어떻게 생각하고 싶을까? 일을 어떻게 다르게 하고 싶을까?'이다.

예시. 셜리의 새로운 대안적 가정

셜리는 자신과 일에 대해 더 좋게 느끼기 위해 일상에서 그녀가 자신에 대해 어떻게 생각하길 원하는지 생각해 보았다. 이는 그녀가 어떻게 느끼길 원하는지에 대해 깊이 생각해 보는 조용한 공간과 깊은 생각을 요구하였다. 그러나 잠시 후 그녀는 새로운 기저 가정을 알아차리게 되었다. '비록 내가 완벽한 치료사는 아니지만, 내가 충분히 괜찮다는 것을 안다. 만약 슈퍼바이저에게 내가 한 것을 보게 한다면, 그는 피드백을 할 것이고 그것을 개선시키는 데 사용할 수 있다는 것을 안다.'

실습. 새로운 대안적 가정 만들기

나는 어떻게 느끼고 싶을까? 자신, 타인 그리고 세상에 대해 어떻게 생각하고 싶을까? 일을 어떻게 하고 싶을까? 당신이 어떻게 되고 싶은지를 나타내는 하나 이상의 대안적 가정이나 규칙을 생각해 보고, 이를 다음 상자에 써 넣으라.

나의 새로운 대안적 가정

새로운 사고와 행동 양식 만들기

당신이 확인한 보상 행동과 회피 행동을 살펴보자. 그리고 어떤 종류의 도움이 되는 사고와 행동의 기저 양식이 새로운 가정과 규칙을 지지할 수 있는지 생각해 보라.

예시. 셜리의 새로운 사고와 행동 양식

셜리는 미래의 자신을 그려 보았고, 새로운 기저 가정을 새로운 존재방식에 심고 긍정적 유지 사이클을 형성하기 위해 무엇을 해야 할지 생각해 보았다. 그녀는 다음과 같이 자신을 보았다.

- 그저 추측하기보다 정말 어떤 일이 일어날지 시험해 보기 위해 슈퍼바이저, 동료 그리고 내담자에게 (회피가 아닌) 접근 행동하기

- 부정적 사고를 반드시 믿거나 따라야 하는 것이 아니라 그저 '현상'이나 '습관'으로 보기
- 특히 잘 하는 일에 주의를 집중하기
- 일이 잘못 되었을 때 자신을 온정적이고 점잖게 대하기. 불가피한 실수는 이후에 덜 꺼리게 되고 그로부터 배우게 되는 것이 많을 것이다.

실습. 나의 새로운 양식 만들기

미래의 자신을 그려 보고, 새로운 기저 가정이 현실이 된다면 무엇을 하고 느끼고 생각할 필요가 있는지 상상해 보라. 어떤 새로운 사고와 행동 양식이 오래된 양식을 대신할까? 자신이나 타인에 대한 어떤 종류의 이미지나 사고가 도움이 될까? 자유롭게 상상하라. 이 상황 속에 있는 자신을 상상하는 것이 너무 어렵다면, 당신의 새로운 기저 가정을 지지할 것 같은 인지와 행동에 접근하기 위해 다른 사람(예: 가까운 친구나 동료)을 상상해 볼 수 있다.

나의 새로운 사고와 행동 양식

당신의 생각을 아래에 쓰라.

자기반영 질문

기저 가정을 확인하는 과정이 어떠했는가? 어떤 특별한 정서적 · 행동적 · 신체적 또는 인지적 반응이 있었는가? 힘든 일이 있었는가? 놀랄 만한 것이 있었는가?

개인으로서 또는 치료사로서 자신을 더 이해하는 데 도움이 되는 어떤 개인적 주제를 발견했는가? 이 실습들을 통해 그 주제를 다르게 인식하게 되었는가?

도움이 되지 않는 가정을 일상적으로 자극하는 특별한 내담자나 사람들이 있는가? 이런 일이 일어나는 이유를 이해할 수 있는가? 이것이 상담 사례라면 다르게 하고 싶은 것이 있는가(이 문제를 유지 사이클로 자세히 나타내는 것이 도움이 될 것이다)?

당신의 '치료사 가정'과 '개인적 가정' 사이에 어떤 관련성을 발견할 수 있는가? 이 관련성을 어떻게 이해하는가? 그 의미는 무엇인가?

대안적 또는 새로운 더 도움이 되는 가정을 인식하는 것은 어떤 느낌이었는가? 당신의 '이성'으로 이 새로운 가정을 얼마나 믿었는가? 당신의 '본능'이나 '마음'은 다르게 보았는가? 차이가 있다면 그것을 어떻게 이해하는가?

당신의 실습은 내담자가 자신의 기저 가정을 인식하도록 돕는 방법에 어떻게 영향을 미치겠는가?

이 모듈로부터 기억하고 싶은 핵심은 무엇인가? 다음 내담자를 만날 때 기억하고 싶은 점들을 나열해 보라.

MODULE 8

도움이 되지 않는 가정을 평가하기 위해 행동 실험 활용하기

> 나는 행동 실험이 언제 도움이 될 수 있는지 알아차리는 더 쉬운 방법을 배웠고, 그것이 간단할 수 있다는 것을 알게 되었다. 또 그것이 단 한 번이어야 하는 것도 아니라는 것도 알게 되었다. 내담자들은 어떤 것을 두려워할 수 있고 그것은 평가될 수 있다. 옳다! 여기서 나온 가장 중요한 것 중의 하나는 평가하기와 재평가하기이다. 그것이 까다롭기 때문에 내가 이것을 꺼리고 있었다. 그것이 사고를 변화시키는 데 얼마나 도움이 되는지에 대해 아는 것이 거의 없었다.
>
> – SP/SR 참여자

행동 실험은 회기 사이에 또는 가끔 회기 중에 내담자들이 일상의 상황에서 가정과 신념을 평가함으로써 자신의 경험으로부터 직접적으로 배울 기회를 제공한다. 행동 실험이 종종 불안을 자극하나, 임상 경험과 연구에 의하면 CBT에서는 행동 실험이 가장 강력한 방법 중의 하나이고 중요한 치료적 이점을 낳을 수 있다.

행동 실험은 보통 다음 세 가지 주요 목표 중 하나를 고려하여 계획된다.

1. 공식화를 정교화하기(실험은 새로운 정보를 제공하는가?)
2. 자기, 타인 또는 세상에 대한 부정적 신념을 평가하기(나의 '오래된' 관점이 얼마나 정확한가?)
3. 더 적응적인 신념 평가하기(새롭고 더 적응적인 관점을 지지하는 증거가 있는가?)

행동 실험은 삶의 규칙과 가정들이 현실적으로 유효한지를 알아보기 위해 그것들을 평가하는 데 특히 유용하다.

행동 실험을 '틀림없이 잘 되는' 노력으로 생각하는 것이 도움이 된다. 실험의 특징은 결과를 모른다는 것이고, 그래서 모든 가능성을 열어 놓는 것이 중요하다. 행동 실험을 할 때 우리가 생기길 바라는 태도는 어떤 결과이든 가치가 있을 것이라고 보는 것이다. 심지어 분명히 실망스러운 결과라도 효과적인 문제 해결을 위해 새로운 정보나 더 자세한 정보를 제공할 수 있다. 이것이 바로 '틀림없이 잘 되는' 접근방법이라는 뜻이다.

모듈 9에서 오래된 존재방식과 새로운 존재방식을 공식화하고 대조하기 위한 한 단계로서, 이 모듈에서는 행동 실험을 계획하고 수행하게 될 것이다. 실험은 '오래된' 도움이 되지 않는 가정을 평가하기 위해 계획되고(위의 목적 2 참조), 또 오래된 가정과 잠재적으로 더 도움이 되는 새로운 가정을 비교할 기회(위의 목적 3 참조)를 제공한다. 또 이 모듈은 모듈 11의 전단계가 되는데, 모듈 11에서는 특히 새로운 존재방식을 위한 증거를 만들 수 있는 행동 실험을 계획하게 될 것이다.

이 모듈을 하는 동안 두 가지 방식, 즉 '본능' 수준과 이성적 또는 '머리' 수준에서 신념의 강도를 평가하도록 한다. 이 구별에 대한 만족할 만한 이론적 그리고 실제적 근거가 있다. 내담자들은 대개 이렇게 말한다. "이성적으로 두려워할 것이 없다는 것을 알아요. 그러나 본능적으로는 두려워요!" 어떤 종류의 개입방법은 '본능' 수준에서 신념을 변화시키는 데 있어 다른 것보다 더 효과적이라는 몇 가지 증거가 있다. 잠재적인 불일치를 찾아 명확하게 함으로써 신념 변화 과정을 더 잘 이해할 수 있고, 개입방법을 더 도움이 되도록 사용할 수 있다.

행동 실험 계획하기

- 1단계: 이 모듈에서 오래된 기저 가정 중 하나를 평가하기 위한 행동 실험 계획을 돕는 행동 실험 기록지(204~205쪽 참조)의 처음 세 열을 사용할 것이다.
- 2단계: 실험을 계획하고 일어날 문제나 장애를 어떻게 해결할지 확인했다면, 이제는 그것을 수행할 때이다.
- 3단계: 이 단계에서는 무엇이 일어났고, 그것으로부터 무엇을 배울 수 있고, 배운 것을 통합하기 위해 어떤 다음 단계를 밟을 수 있는지 확인하기 위해 행동 실험 기록지의 마지막 두 열을 사용하여 실험을 검토하게 될 것이다. 이 단계에서는 최대의 학습이 실험에서 나타나도록 하는 것이 중요하다.

실습. 나의 행동 실험 기록지

먼저, 202~203쪽의 셜리의 예시를 검토해 보라. 그다음 204~205쪽에서 자신의 행동 실험 기록지를 완성하라. 오래된 가정과 새로운 가정을 비교하고, 수행하는 데 있어 나타날 수 있는 잠재적 문제를 해결하라.

셜리는 '만약 슈퍼바이저가 나의 치료를 보게 된다면, 그는 내가 얼마나 쓸모없는 치료사인지 알게 될 것이다.'라는 전문적인 면에서 문제의 원인이 되는, 도움이 되지 않는 가정을 평가하기 위한 실험을 계획하였다.

비교를 목적으로, '비록 내가 완벽한 치료사는 아니지만, 충분히 괜찮다는 것을 안다. 만약 슈퍼바이저가 내가 한 것을 보게 된다면, 그는 괜찮다고 생각할 것이고 개선되도록 도울 것이다.'라는 새로운 가정을 만들었다.

비록 새로운 가정에 대한 그녀의 믿음이 낮았지만, 셜리는 다른 관점을 통해 자신의 경험 보기를 시작하는 것이 중요할 수 있다는 것을 알게 되었다.

셜리의 행동 실험 기록지(첫 3열)

목표 인지	실험	예상	결과	배운 점
당신은 어떤 오래된 사고, 가정 또는 신념을 평가할 것인가? 당신이 믿고 따르고 싶은 새로운 가정이 있는가? 인지에 대한 신념을 평가하라(0~100%). 먼저 '본능 수준'의 신념 평가를 하고, 그다음 괄호 안에 '이성 수준'의 평가를 하라.	새로운 생각을 평가하기 위한 실험을 계획하라(예: 피하던 상황에 직면하기, 예방 조치를 그만하기, 새로운 방식으로 행동하기). 어디에서? 언제? 누구와? 당신은 무엇에 주목하게 될까?	어떤 일이 일어날 것이라고 예상하는가? 두 가지 예상, 즉 오래된 가정에 근거한 예상과 새로운 가정에 근거한 예상을 하라. 결과가 어떨까? '본능 수준'과 '이성 수준'의 평가를 하라(0~100%).	실제로 어떤 일이 일어났는가? 자신(행동, 사고, 감정, 신체 감각)에 대해 무엇을 발견하였는가? 당신의 환경, 다른 사람에 대해서는? 힘든 점은? 힘든 점에 대해 어떻게 했는가? 결과는 당신의 예측과 얼마나 맞아떨어지는가?	지금은 원래의 가정(오래된 방식)과 대안적 가정(새로운 방식)을 얼마나 믿는가(0~100%)? 안전 행동에 대해 무엇을 배웠는가? 그것들을 그만할 것인가? 실제적인 의미는 무엇인가? 새로운 가정이 수정될 필요가 있는가? 만약 그렇다면 수정된 관점은 어떤 것이 될까?
오래된 가정 만약 슈퍼바이저가 내가 한 상담을 관찰한다면, 그는 내가 얼마나 쓸모없는 치료사인지 알게 될 것이다. 85%(40%) 새로운 가정 비록 내가 완벽한 치료사는 아니지만, 충분히 괜찮다는 것을 안다. 만약 슈퍼바이저가 내가 한 것을 보게 된다면, 그는 괜찮다고 생각할 것이고 개선되도록 도울 것이다. 10%(40%)	다음 주에 상담 회기 녹화 자료를 슈퍼비전에 가져갈 것이다. 슈퍼바이저에게 도움이 필요한 영역을 들어 달라고 부탁할 것이다.	오래된 가정의 예측 얼마나 실망했는지를 말해 주는 굳은 표정으로 바라보며 앉아 있는 슈퍼바이저의 이미지가 떠오른다. 그는 내가 쓸모없는 치료사라고 생각한다고 말하게 될 것이다. 80%(30%) 새로운 가정의 예측 과거에 내가 피드백을 효과적으로 활용하였다는 것을 안다. 그것은 내 강점 중 하나이다. 그가 생각하는 것은 수축하지 않을 것이다. 내가 이해가 안 된다면 물어볼 것이다. 나는 내가 치료사로서 괜찮다는 것을 안다. 불편하더라도 부정적 피드백을 다룰 수 있다. 30%(50%)		신념 평가: 오래된 가정 _____% (_____%) 새로운 가정 _____% (_____%)

잠재적 문제 해결하기
가장 나쁜 결과라고 생각하는 것이 일어나지 않도록 하기 위해 어떤 습관적인(오래된) 보상 행동이나 안전 행동을 일반적으로 사용하는가? 상담을 녹화하는 것을 회피하려고 애쓴다. 그리고 녹화하더라도 나는 잘한 상담을 선택하고, 내가 어려워하고 있는 부분인 척할 것이다.
이렇게 하는 것을 어떻게 막을 것인가? 새로운 것을 하지 않는다면 새로운 것을 배우지 못한다는 것을 나 자신에게 상기시킬 필요가 있다. 난 특별한 계획을 할 것이다.
대신에 무엇을 할 것인가? 생각들이 회피하라고 내게 말하고, 그것들은 그냥 생각에 불과하며 나를 제자리에 머물게 하는 것임을 알아차리자. 오래된 생각을 무시하고 새로운 생각을 하자! 기회를 갖고 그에게 나의 치료를 있는 그대로 보여 줄 것이다. 그와 나 자신에게 정직할 것이다.
어떤 문제가 장애가 될까? 내담자에게 상담을 기록할 수 있는지 묻지 않고 싶어 할 것이다. 또는 카메라에 기술적 문제가 있을 것이다.
그것들을 어떻게 다룰 것인가? 한 주 동안 이것을 하는 것에 전념할 것이다. 그리고 기술적 문제가 있다면 상담 회기에 슈퍼바이저가 앉아 있도록 계획할 것이다.

나의 행동 실험 기록지

목표 인지	실험	예상	결과	배운 점
당신은 어떤 오래된 사고, 가정 또는 신념을 평가할 것인가? 당신이 믿고 따르고 싶은 새로운 가정이 있는가? 인지에 대한 신념을 평가하라(0~100%). 먼저 '본능 수준'의 신념 평가를 하고, 그다음 괄호 안에 '이성 수준'의 평가를 하라.	새로운 생각을 평가하기 위한 실험을 계획하라(예: 피하던 상황에 직면하기, 예방 조치를 그만하기, 새로운 방식으로 행동하기). 어디에서? 언제? 누구와? 당신은 무엇에 주목하게 될까?	어떤 일이 일어날 것이라고 예상하는가? 두 가지 예상, 즉 오래된 가정에 근거한 예상과 새로운 가정에 근거한 예상을 하라. 결과가 어떨까? '본능 수준'과 '이성 수준'의 평가를 하라(0~100%).	실제로 어떤 일이 일어났는가? 자신(행동, 사고, 감정, 신체 감각)에 대해 무엇을 발견하였는가? 당신의 환경, 다른 사람에 대해서는? 힘든 점은? 힘든 점에 대해 어떻게 했는가? 결과는 당신의 예측과 얼마나 맞아떨어지는가?	지금은 원래의 가정(오래된 방식)과 대안적 가정(새로운 방식)을 얼마나 믿는가(0~100%)? 안전 행동에 대해 무엇을 배웠는가? 그것들을 그만할 것인가? 실제적인 의미는 무엇인가? 새로운 가정이 수정될 필요가 있는가? 만약 그렇다면 수정된 관점은 어떤 것이 될까?
오래된 가정 새로운 가정		오래된 가정의 예측 새로운 가정의 예측		신념 평가: 오래된 가정 ______% (______%) 새로운 가정 ______% (______%)

잠재적 문제 해결하기
가장 나쁜 결과라고 생각하는 것이 일어나지 않도록 하기 위해 어떤 습관적인(오래된) 보상 행동이나 안전 행동을 일반적으로 사용하는가?
이렇게 하는 것을 어떻게 막을 것인가?
대신에 무엇을 할 것인가?
어떤 문제가 방해가 될까?
그것들을 어떻게 다룰 것인가?

행동 실험의 결과

행동 실험을 완성한 후에는 일어난 일(일어나지 않은 일)에 대해 생각해 보는 시간을 가지라. 그러고 나서 204쪽 기록지의 마지막 두 열을 완성하라. 이 질문과 제목들은 그 경험을 검토하고 실험으로부터 알게 된 것을 관련된 문제를 다룰 때 사용할 수 있는 방식에 통합하도록 도울 것이다.

실습. 나의 행동 실험 검토

우선, 207~208쪽을 보고 셜리의 실험이 어떻게 진행되었는지, 그녀가 관찰한 것을 어떻게 이해했는지 살펴보라. 네 번째와 다섯 번째 열인 '결과'와 '배운 점'을 완성한 것을 주의 깊게 보라. 학습을 최대화하기 위해 그녀는 주요 질문에 답했고, 가정에 대한 신념을 재평가하였다.

이제 204쪽의 네 번째와 다섯 번째 열에 당신의 실험 결과와 당신이 배운 것을 기록하라.

셜리의 행동 실험 기록지 검토

목표 인지	실험	예상	결과	배운 점
당신은 어떤 오래된 사고, 가정 또는 신념을 평가할 것인가? 당신이 믿고 따르고 싶은 새로운 가정이 있는가? 인지에 대한 신념을 평가하라(0~100%). 먼저 '본능 수준'의 신념 평가를 하고, 그다음 괄호 안에 '이성 수준'의 평가를 하라.	새로운 생각을 평가하기 위한 실험을 계획하라(예: 피하던 상황에 직면하기, 예방 조치를 그만하기, 새로운 방식으로 행동하기). 어디에서? 언제? 누구와? 당신은 무엇에 주목하게 될까?	어떤 일이 일어날 것이라고 예상하는가? 두 가지 예상, 즉 오래된 가정에 근거한 예상과 새로운 가정에 근거한 예상을 하라. 결과가 어떨까? '본능 수준'과 '이성 수준'의 평가를 말하라(0~100%).	실제로 어떤 일이 일어났는가? 자신(행동, 사고, 감정, 신체 감각)에 대해 무엇을 발견하였는가? 당신의 환경, 다른 사람에 대해서는? 힘든 점은? 힘든 점에 대해 어떻게 했는가? 결과는 당신의 예측과 얼마나 맞아떨어지는가?	지금은 원래의 가정(오래된 방식)과 대안적 가정(새로운 방식)을 얼마나 믿는가(0~100%)? 안전 행동에 대해 무엇을 배웠는가? 그것들을 그만 할 것인가? 실제적인 의미는 무엇인가? 새로운 가정이 수정될 필요가 있는가? 만약 그렇다면 수정된 관점은 어떤 것이 될까?
오래된 가정 만약 슈퍼바이저가 내가 한 상담을 관찰한다면, 그는 내가 얼마나 쓸모없는 치료사인지 알게 될 것이다. 85%(40%) **새로운 가정** 비록 내가 완벽한 치료사는 아니지만, 충분히 괜찮다는 것을 안다. 만약 슈퍼바이저가 내가 한 것을 보게 된다면, 그는 괜찮다고 생각할 것이고 개선되도록 도울 것이다. 10%(40%)	다음 주에 상담 회기 녹화 자료를 슈퍼비전에 가져갈 것이다. 슈퍼바이저에게 도움이 필요한 영역을 들어 달라고 부탁할 것이다.	**오래된 가정의 예측** 얼마나 실망했는지를 말해 주는 굳은 표정으로 바라보며 앉아 있는 슈퍼바이저의 이미지가 떠오른다. 그는 내가 쓸모없는 치료사라고 생각한다고 말하게 될 것이다. 80%(30%) **새로운 가정의 예측** 과거에 내가 피드백을 효과적으로 활용하였다는 것을 안다. 그것은 내 강점 중 하나이다. 그가 생각하는 것을 추측하지 않을 것이다. 내가 이해가 안 된다면 물어볼 것이다. 나는 내가 치료사로서 괜찮다	상담 녹화를 강행하였고 슈퍼바이저에게 임의의 장면을 보여 주었다. 확실히, 나는 그 주 내내 녹화하는 것을 미루다가 그 주 마지막에 내담자에게 물어보았다. 상담을 녹화하는 것이 매우 불안하였고, 시작하는 데 약간 뻣뻣하고 부자연스러운 느낌이었지만 곧 잊어버렸다. 슈퍼비전을 하러 갔을 때 나는 또 불안했고, 나의 어떤 면은 녹화를 재생하는 것을 피하고 싶어 했다. 슈퍼바이저가 이론적 문제에 대해 말하도록 이끌지 않으	**신념 평가:** **오래된 가정** 35 % (30 %) **새로운 가정** 50 % (60 %) 나는 이것을 지속할 필요가 있다. 나의 도움이 되지 않는 신념은 약해졌지만, 바로 사라지지는 않았다. '충분히 좋다'는 것은 괜찮다. 이렇게 쓰는 것이 어렵지만 사실상 나의 일부는 가끔 내가 꽤 좋은 치료사라고 느낀다. 회피는 사실상 슈퍼비전의 이점을 방해하고 배

우는 것을 더 어렵게 만든다. 그것은 내가 부족한 치료사라고 계속 느끼게 하는 데 슈퍼바이저에게서 어떤 특별한 피드백도 받을 수 없기 때문이다. 매달 노출되는 두려운 상황을 계획하고 새로운 지식을 얻는 기회를 갖는 것이 어떨까? 나는 내가 가는 각 훈련 회기에 반드시 질문을 하거나 답할 것이다. 내가 좋지 않다는 오래된 생각을 알아차리자마자 나는 나를 진정시키고 '생각을 따라가기보다 이 순간 무엇을 할 필요가 있을까?'라고 생각할 필요가 있다.
려고 마음을 단단히 먹었다. 테이프를 재생하기 시작했을 때, 나는 토할 것 같았고, 매우 민감해졌다. 그것은 내가 학교에서 시험을 치기 위해 앉아 있는 것을 얼마나 싫어했는지 그리고 내가 '들통날' 것이라고 항상 생각했다는 것을 상기시켰다. 직장과 직장 밖에서 다른 사람들이 어떻게 생각하는지에 대해 얼마나 많은 시간을 걱정하는지 생각하게 되었다.
는 것을 안다. 불편하더라도 부정적 피드백을 다룰 수 있다. 30%(50%)

후속 실험 계획하기

새로운 존재방식을 깊이 새기려면 보통 몇 가지 실험이 필요하다. 그래서 후속 실험을 마련하는 것이 중요할 수 있다. 첫 실험을 완료한 후, 셜리는 타인에 의해 판단되는 두려운 상황을 회피하는 것을 멈추어야 한다는 것을 깨달았다. 다음 글상자에 셜리는 몇 가지 추후 실험을 계획하였다.

셜리의 후속 실험: 무엇을, 어디에서, 누구와?

먼저, 집단 슈퍼비전을 위해 치료를 녹화할 것이다. 이것은 나에게 큰 시험이다! 또 같은 문제의 일부라고 생각하므로 직장 밖에서 어떻게 다르게 일하는지 생각해 봐야 한다. 나는 항상 안전한 공간에 머무르고, 내가 불편한 일—나를 판단하는 사람을 피하는 것—을 하지 않기 위해 애쓴다. 심지어 가까운 사람들과도 그렇게 한다. 만약 요리법이 잘못되고 내 요리가 엉망이라고 스티비가 생각하는 경우라면, 심지어 그녀를 위해서도 새로운 요리법으로 요리하지 않는다는 것을 깨달았다. 실험이 필요한 다른 상황에 대해 생각할 시간이 필요한데, 아마 좀 더 자신감이 느껴지는 사람들과 상황 속에서 시작할 것이고 그다음에 더 어렵게 보이는 일까지 노력해 볼 것이다(예: 익숙한 다니던 수업에 가기보다 새로운 운동 수업을 시작하는 것). 나는 항상 학교 다닐 때 포기했던 피아노 연주를 다시 시작하길 원하고 있었다. 다음 주에 이에 대해 알아볼 계획이다.

이제 당신이 몇 가지 후속 실험을 계획할 차례이다.

나의 후속 실험

자기반영 질문

행동 실험을 계획했던 실습에서 무엇을 알아차렸는가?(정서? 사고? 행동? 신체 감각?)

당신은 오래된 가정의 예상이 실현될까 봐 두려워하였는가? 이 결과의 가능성을 얼마나 믿는지 당신의 '머리' 또는 '이성'과 '가슴' 또는 '본능'을 비교해 볼 때 차이가 있었는가?

행동 실험을 실제로 수행하는 실습에서 무엇을 알아차렸는가? 놀랄 만한 것이 있었는가?

시행한 후 당신의 행동 실험을 생각할 때 그리고 실제로 일어날 일을 이해하려고 노력했을 때 무엇을 알아차렸는가? '이성과 본능의 차이'를 알아차렸는가?

자신에 대해 배운 점:

치료사로서?

직장 상황 이외에서의 개인으로서?

이 학습을 어떻게 통합할 것인가? 무엇을 하는 것이 필요할까?

자신의 신념에 대해 이성적으로 변경하는 것은 할 수 있지만 가슴이나 본능 수준에서 자신의 신념을 변화시키는 데 어려움을 겪는 특별한 내담자를 떠올려 보라. 신념에 대해 '본능 수준'에서 바꾸도록 내담자를 돕기 위해 행동 실험을 어떻게 활용할 수 있을까?

내담자의 실험을 가장 효과적으로 배우도록 돕기 위해 어떤 전략을 사용할 것인가? 이는 그들과 행동 실험을 검토하는 방법에 영향을 미칠까?

MODULE 9

새로운 존재방식 구성하기

> 좋아했던 새로운 존재방식 기록책…… 나는 내가 얼마나 많이 무시하는 경향이 있는지를 알고 놀랐다. 우습게도 나는 내담자들과 이것을 사용하고 있고 얼마나 유용한지 아는데, 나 자신에게는 이것을 전혀 사용하지 않았다. 왜냐하면 '나는 필요 없어.'라고 생각했기 때문이다. 모듈을 매듭짓고 완성하기 위해, 그리고 나의 오래된 존재방식으로 나를 여전히 향하게 하는 부정적 편견을 부각시키기 위해 이것이 훌륭한 방법이라고 생각했다. 그다음 그것을 산산조각 내기 위해 오래된 존재방식과 새로운 존재방식을 다시 돌아보면, 이제 새로운 존재방식 안에 더 편안하게 자리하고 있는 나를 볼 수 있다.
>
> – SP/SR 참여자

다음 세 모듈은 새로운 개념, 즉 존재방식으로 특징지어지는데, 이는 이 책을 통해서 발달시키게 된다. I부의 초점은 오래된 존재방식을 확인하고 이해하는 것이었다. II부의 초점은 새로운 존재방식을 발달시키고 강화시키는 것이다. 새로운 존재방식 전략은 문제보다는 강점에 초점을 두는 것을 강조한다. 또 그들은 경험적인 특색을 강하게 띤다. 2장에서 매우 자세히 설명하였듯이, 오래된 존재방식과 새로운 존재방식의 개념은 두 가지 원리적 근원인 인지과학과 최근 임상적 혁신으로부터 나온 것이다.

인지과학의 영향은 다중 정보처리 모델이며, 특히 John Teasdale과 Philip Barnard의 인지 하위체계 상호작용(Interacting Cognitive Subsystems: ICS)으로, 이는 더 자동적이고 '더 깊은' 정보 처리 수준(예: 기저 양식, 가정, 삶의 규칙, 핵심 신념), 사고, 심상, 행동, 정서 그리고 신체적 감정이 비교적 분화되어 있지 않고 '꾸러미'로 함께 경험되는 경향이 있다고 말한다. Teasdale과 Barnard의 용어로는 '몰려 들어오는'과 '몰려나오는'이다. 또 ICS 모델은 행동 실험과 심상과 같은 경험적 방법들이 '가슴' 또는 '본능' 수준의 변화를 낳는 데 중심이 된다는 인식이 CBT 치료사들 사이에서 증가하고 있는 것에 주목한다.

더 깊은 정보 처리 수준에 대한 더 전체적인 이해를 위해 '디스크'라 부르는 새로운 공식화 도표를 이 워크북용으로 개발했다. 이 오래된 존재방식과 새로운 존재방식 '디스크'는 정서/신체 감각(같은 원 안에), 인지, 행동 그리고 기저 양식을 나타내는 3개의 동심원으로 구성된다.

두 번째 영향은 Christine Padesky와 Kathleen Mooney, Kees Korrelboom과 동료들과 같은 창의적인 치료사들의 임상적 혁신과 (단지 부정 상태의 제거가 아닌) 긍정적 정서 상태를 위한 치료를 지향하는 긍정심리학의 역할이다. 이러한 임상적 혁신과 그것의 인지과학과의 관계에 대한 더 자세한 설명은 2장을 참조하라.

실습. 나의 오래된 존재방식

당신의 오래된 존재방식을 공식화함으로써 시작한다. 우선, 다음 쪽의 셜리의 오래된 존재방식의 예시와 아래에서 어떻게 거기에 도달했는지를 살펴보라.

셜리는 자신의 정서/신체 감각, 인지, 행동 그리고 도움이 되지 않는 유지 양식을 확인하였다. 이는 시간이 좀 걸렸다. 그녀는 정서와 신체적 감정을 확인하기 위해 '내면으로 들어가야' 했고, 그녀를 붙들고 있는 회피, 안전 행동, 걱정과 반추 그리고 선택적 주의와 같은 기저 양식을 생각해 내었다.

디스크의 가운데 원 안에 오래된 사고방식(인지)을 써 넣고 그것들에 대한 신념을 %로 평가했다(모듈 8의 행동 실험이 그녀의 신념에 이미 영향을 미쳤기 때문에 오래된 존재방식을 특징짓는 행동 실험 전의 평가를 사용하였다).

이제 218쪽에 당신의 오래된 존재방식 디스크를 완성하라. 지시문에 따라 더 나아가기 전에 이것을 하라. 당신이 인식한 문제들에 초점을 맞추라. 그러나 그것들이 해결되었다면, 그동안 당신이 인식한 다른 일 관련 문제나 개인적 문제로 확장시켜도 좋다. 자동적 사고, 기저 가정 또는 치료사 신념이나 개인적 신념의 형태일 수 있는 당신의 인지를 낳도록 돕는 특별한 상황에 대해 생각해 보라. 정서/신체 감각을 확인하라. 인지를 기록하고 그것들에 대한 신념의 비율을 평가하라. 또 사고와 행동의 기저 양식과 유지 양식을 포함하여 동반되는 행동을 기록하라.

셜리의 오래된 존재방식

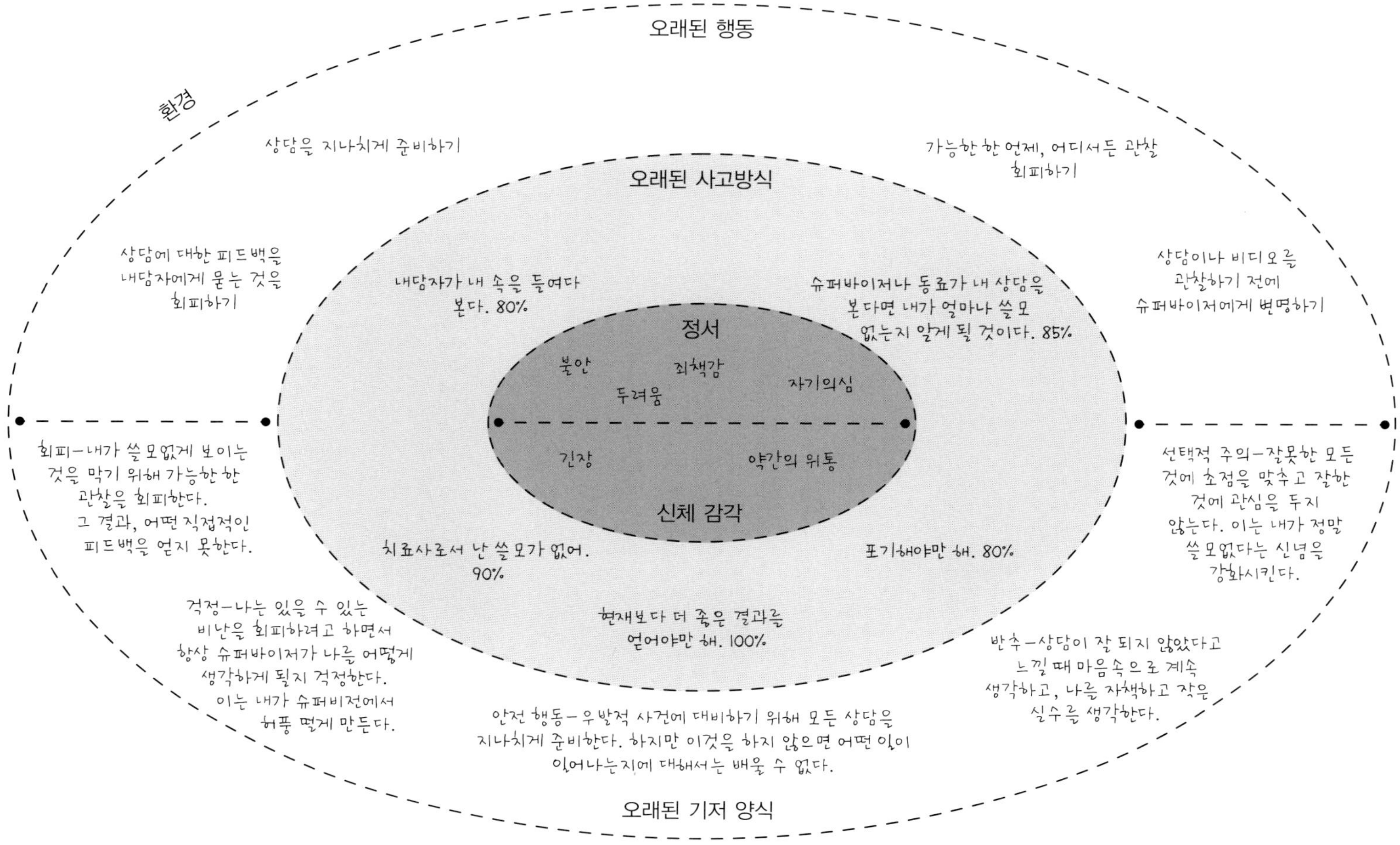

오래된 행동
환경
상담을 지나치게 준비하기
가능한 한 언제, 어디서든 관찰 회피하기
상담에 대한 피드백을 내담자에게 묻는 것을 회피하기
상담이나 비디오를 관찰하기 전에 슈퍼바이저에게 변명하기
오래된 사고방식
내담자가 내 속을 들여다 본다. 80%
슈퍼바이저나 동료가 내 상담을 본다면 내가 얼마나 쓸모없는지 알게 될 것이다. 85%
정서
불안
두려움
죄책감
자기의심
긴장
약간의 위통
신체 감각
치료사로서 난 쓸모가 없어. 90%
포기해야만 해. 80%
현재보다 더 좋은 결과를 얻어야만 해. 100%
회피—내가 쓸모없게 보이는 것을 막기 위해 가능한 한 관찰을 회피한다. 그 결과, 어떤 직접적인 피드백을 얻지 못한다.
선택적 주의—잘못한 모든 것에 초점을 맞추고 잘한 것에 관심을 두지 않는다. 이는 내가 정말 쓸모없다는 신념을 강화시킨다.
걱정—나는 있을 수 있는 비난을 회피하려고 하면서 항상 슈퍼바이저가 나를 어떻게 생각하게 될지 걱정한다. 이는 내가 슈퍼비전에서 허풍 떨게 만든다.
반추—상담이 잘 되지 않았다고 느낄 때 마음속으로 계속 생각하고, 나를 자책하고 작은 실수를 생각한다.
안전 행동—우발적 사건에 대비하기 위해 모든 상담을 지나치게 준비한다. 하지만 이것을 하지 않으면 어떤 일이 일어나는지에 대해서는 배울 수 없다.
오래된 기저 양식

나의 오래된 존재방식

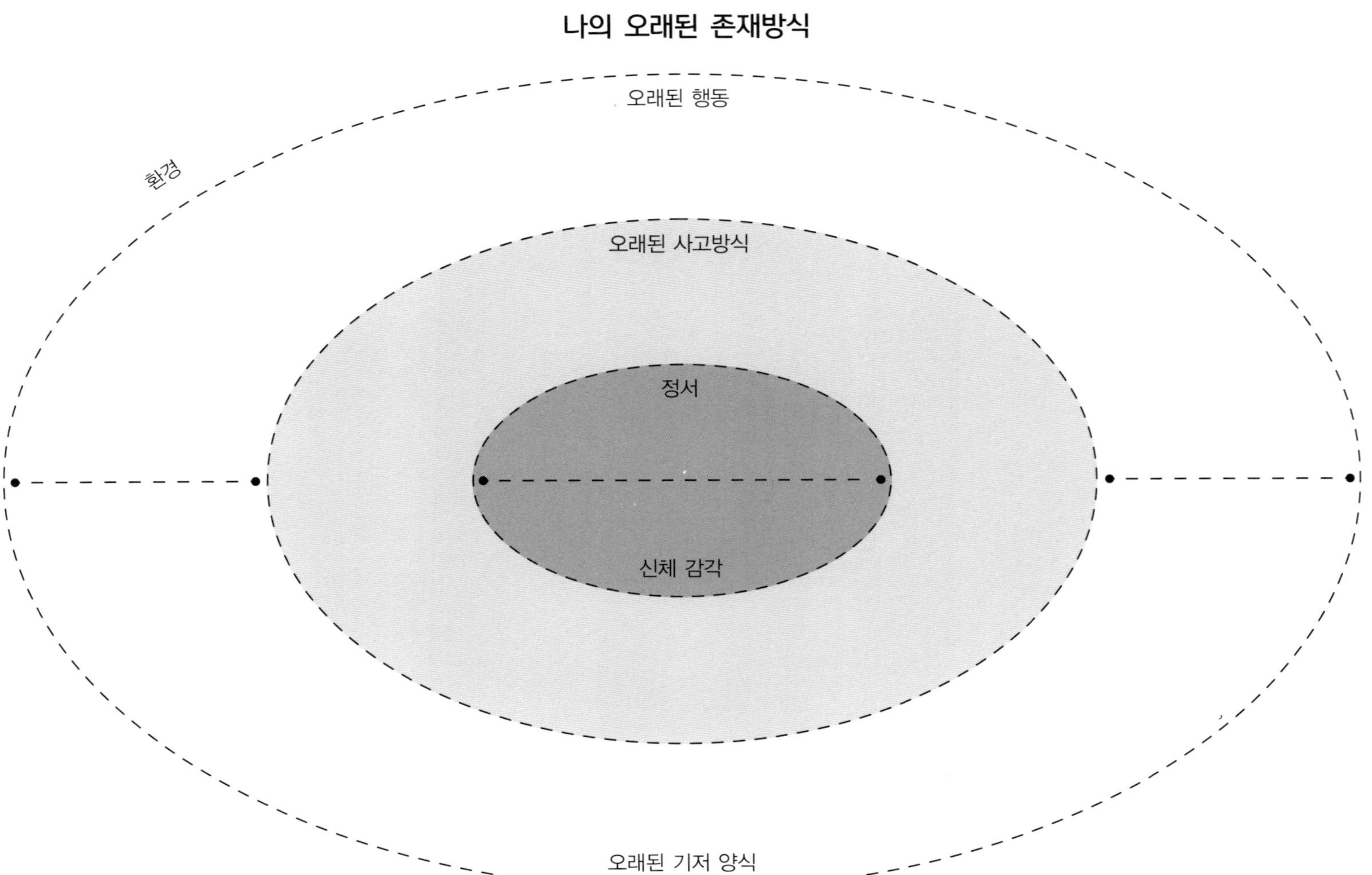

출처: *Experiencing CBT from the Inside Out: A Self-Practice/Self-Reflection Workbook for Therapists*. Copyright 2015 by The Guilford Press. 이 책의 구매자는 이 작업 기록지를 복사하거나 다운로드 할 수 있음.

실습. 나의 새로운 존재방식 형성하기

이제 당신의 새로운 존재방식을 만들 차례이다. 잠시 시간을 내서 심상 훈련을 하기 위한 조용한 공간을 찾으라. 이는 목표를 위해 했던 심상 작업과 약간 비슷할 것이다. 그러나 조금 더 자세하게 할 것이다.

보통 내담자와 이것을 하는 데 2, 3회기를 보낼 것이다. 그러므로 당신의 새로운 존재방식을 신중히 하기 위해 그리고 그것의 몇 가지 특징을 기록하기 위해 충분한 시간을 가지라. 그런 다음 되돌아가 새로운 방식의 더 많은 구성 요소들을 알아차리라. 이 훈련을 하기 전에, 셜리가 새로운 존재방식 디스크(217쪽)를 완성한 것을 살펴보고 아래 설명으로부터 거기에 어떻게 도달했는지 검토해 보는 시간을 가지라. 셜리는 심상을 사용하였다. 심상은 새로운 존재방식 과정에서 중심이 된다.

셜리는 그녀가 원하는 방식으로 정확하게 느끼고, 생각하고, 행동하는 자신을 상상하였다. 특히 일이 정말 잘 된다면 신체적 · 정서적으로 어떻게 느껴지는지 상상했다. 새로운 존재방식을 지지하는 강점(모듈 2에서 확인한)을 떠올렸고, 디스크의 바탕에 새로운 기저 양식과 함께 이를 포함시켰다. 그런 다음 그녀는 새로운 행동과 새로운 사고방식을 확인하였는데, 이는 강점과 새로운 기저 양식으로부터 나온 것이었다. 그녀가 새로운 사고방식에 대한 신념을 한 번이 아닌 두 번 평가하였다는 것에 주목하라. 그녀는 두 종류의 평가를 했다.

- '본능 수준'의 신념 평가: '내면에서 어떻게 느끼는지(비록 그렇게 나쁘지 않다고 이성적으로 알지라도)'
- '이성 수준'의 신념 평가(괄호 안에): '이성적 마음이 나에게 말하는 것은 실제 상황이 어떤지에 더 가깝다.'

주요 질문: '내가 어떻게 되고 싶은가?'

문제가 있는 상황들 속에서 당신이 되고 싶은 대로 정확하게 되어 있는 자신을 상상하라. 비록 지금 이 방식대로 느끼거나 행동할 수 있다는 것을 믿기 어렵더라도. 이들 상황 중 하나의 상황 속에 있는 자신을 분명하게 보라. 자신과 상황에 대해 느끼고 싶은 대로 정확히 느끼고, 행동하고 싶은 대로 정확히 행동하고, 생각하고 싶은 대로 정확히 생각하라. 어떻게 느끼고 싶은가? 이것을 느끼는 신체의 어떤 특별한 부분을 알아차렸는가? 무엇을 하고 있는 자신이 보이는가? 그것은 어떻게 느껴지나? 신체에서 이렇게 느껴지는 것이 어떤가? 어떤 개인적 강점을 이 상황에서 떠올렸는가? 몸으로 이것도 느끼라. 자신에 대해서 그리고 상황에 대해서 어떤 생각과 심상이 떠오르는가? 이전과 다르게 행동하는 자신을 보는 것이 어떤가? 사고와 행동의 어떤 새로운 기저 양식이 당신의 목록에 포함되었는가?

218쪽의 디스크 전체를 완성했다면 새로운 사고방식으로 돌아가 이 새로운 생각에 대한 당신의 신념을 평가하라. 본능 수준에서 어떻게 느끼는지('나는 쓸모없어.' 100%)와 그것에 대해 정말로 이성적으로 생각한다면 당신은 자신을 어떻게 평가할지('나는 쓸모없어.' 50%)의 차이를 인식할 수 있을 것이다. 먼저, '본능 수준에서 어떻게 느껴지는지'에 대해 살펴보고 평가를 입력하라. 그다음 괄호 안에 '이성 수준'의 평가를 써 넣으라.

셜리의 새로운 존재방식

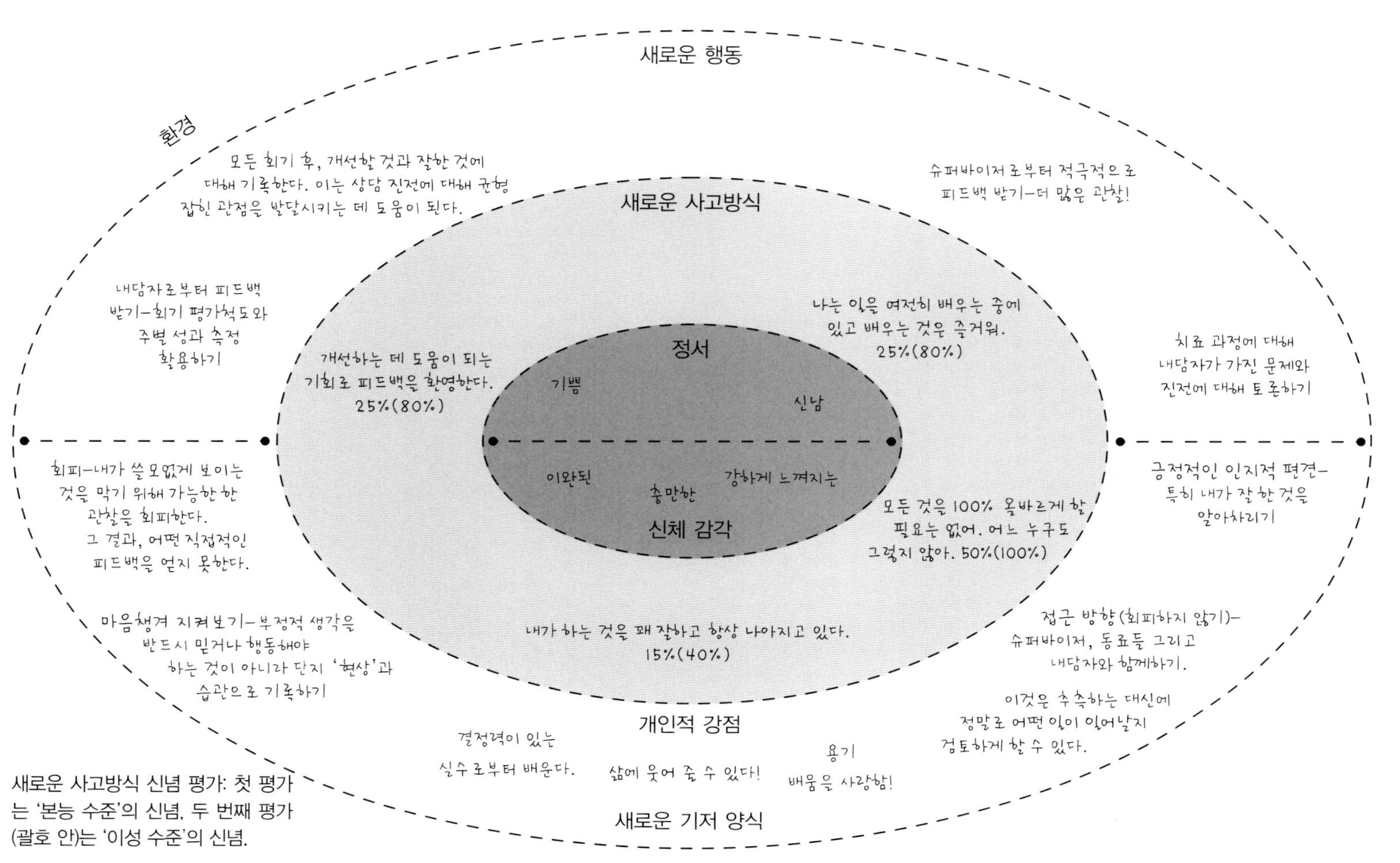

새로운 사고방식 신념 평가: 첫 평가는 '본능 수준'의 신념, 두 번째 평가(괄호 안)는 '이성 수준'의 신념.

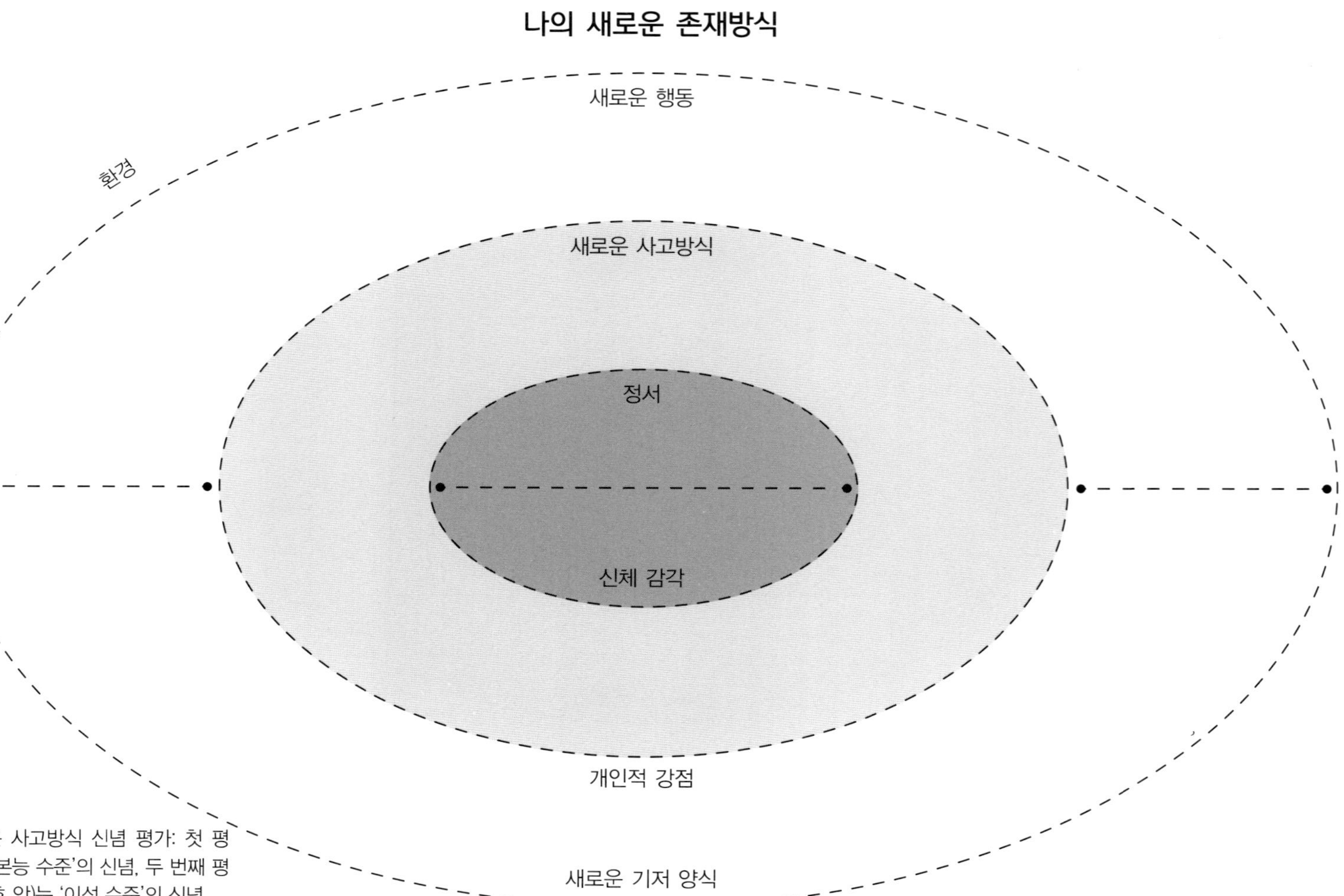

새로운 사고방식 신념 평가: 첫 평가는 '본능 수준'의 신념, 두 번째 평가(괄호 안)는 '이성 수준'의 신념.

처음에 당신은 새로운 사고방식에 대한 믿음이나 새로운 행동 양식에 대한 자신감이 높지 않다는 것을 발견할 것이다. 신념과 자신감을 높이는 데 사용할 수 있는 많은 전략이 있다. 여기서 우리는 새로운 존재방식 기록책(New way of Being Record Book)을 소개하고자 한다. 다음 모듈에서 새로운 신념을 강화할 수 있는 다른 방법들을 소개할 것이다.

새로운 존재방식 기록책은 오래된 존재방식의 부정적인 인지적 편견이 오래된 존재방식을 강화하는 정보에 습관적으로 초점을 맞추는 것을 의미한다는 전제에 근거한다. 체계적으로 얕잡아보고, 무시하고, 왜곡하고, 최소화하고 또는 대안적인 더 긍정적 존재방식을 지지하는 정보를 알아차리지 못한다. 예를 들면, 셜리의 경우 그녀의 많은 내담자가 좋은 진전을 보이고 있고 규칙적으로 상담에 오고 있으며, 슈퍼바이저로부터 받은 피드백이 대부분 아주 긍정적이라는 사실에 대해 인식하지 못하고 있었다.

새로운 존재방식 기록책은 새로운 존재방식을 지지하기 위한 증거를 마련하려고 계획되었다. 새로운 존재방식이 형성하고 안정화하는 데 시간이 좀 걸리기 때문에, 새로운 존재방식 기록책은 첫 주에는 매일 사용하는 것을 기본으로 한다. 남아 있는 모듈 기간 동안, 그것을 규칙적으로, 되도록이면 매일 사용하는 것을 권한다. 더 완고한 오래된 존재방식을 위해서 내담자는 이 기록책을 몇 개월 동안 사용할 필요가 있다. 새로운 존재방식 기록책은 부정적 편견 때문에 이전에 알아차리지 못한 새로운 존재방식을 지지하는 경험을 지속적으로 찾기 위한 것이다(즉, 새로운 존재방식을 위한 '근육 키우기'를 위해 작은 것이라도 잘 하고 있는 것을 찾아내려는 것이다).

새로운 존재방식 기록책을 사용하기 위해 두 가지 예비적인 과제가 있다.

1. 새로운 존재방식의 주요 요소를 요약하는 새로운 존재방식 요약 진술(모듈 2에서의 문제 진술 요약과 다소 비슷한)하기
2. 새로운 존재방식에 의해 행동하고 있다는 증거가 되는 어떤 행동, 사고방식, 개인적 강점의 표출 또는 신체 감각과 정서 밝히기

이 과제들은 기록책 준비 활동지에 쓰여 있다.

예시. 셜리의 기록책 준비 활동지

먼저, 다음 쪽의 셜리의 새로운 존재방식 기록책 준비 활동지를 살펴볼 것이다.

셜리의 기록책 준비 활동지

나의 새로운 존재방식 요약 진술
나는 항상 기술을 계속 향상시키는 방법을 찾고 있다. 자신감을 높이기 위해 잘한 것을 찾는다. 비록 때때로 고통스럽기는 하지만, 가장 빨리 배우는 방법이라는 것을 알기 때문에 의도적으로 슈퍼바이저와 내담자로부터 피드백을 받는다. 나는 직장의 훈련생처럼 실수할 수밖에 없다는 것을 인식하고 있다. 모든 사람이 그렇다! 실수에 대해 채찍질하지 않을 것이다. 내가 부정적이면 그 생각을 기록하고 내가 배우고 있는 중이라는 것을 인식하면서 나 자신에게 온정적이고 점잖게 대할 것이다. 그런 다음 잘하고 있는 모든 것에 다시 초점을 맞춘다.
새로운 존재방식으로부터 행동하고 있다는 증거가 되고 오랜 시간 그것을 유지시키는 데 도움이 될 행동, 사고와 존재방식(개인적 강점 포함)의 예시
• 치료 회기 녹화하는 것(비록 나의 일부가 원치 않더라도!) • 슈퍼바이저로부터 피드백을 받는 것 • 정기적으로 만족도 평가와 내담자에게 피드백을 받는 것(회기 평가 척도 사용, 기록하기) • 내담자가 개선되고 있는 시기를 기록하고 자신을 칭찬하는 것 • 자신에 대한 부정적인 감정으로부터 더 빨리 벗어나는 것 • 정기적으로 잘한 것을 기록하는 것(매 상담 후) • 개선할 수 있는 점을 기록하는 자신을 칭찬하기. 기록하는 것이 치료사로서 개선하는 방법이라는 것을 인식하는 것 • 잘하지 못한 것에 대해 자신을 꾸짖지 않는 것 • 내담자의 작업에 대해 긍정적 태도를 갖는 것 • 슈퍼비전 시간을 기대하는 것

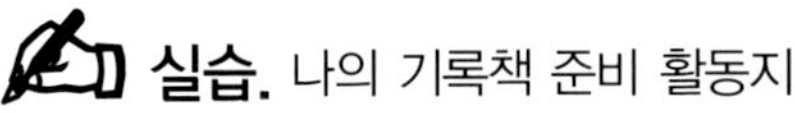
실습. 나의 기록책 준비 활동지

이제 새로운 존재방식 기록책을 위해 다음 쪽의 준비 활동지를 당신이 사용할 차례이다.

나의 기록책 준비 활동지

나의 새로운 존재방식 요약 진술
새로운 존재방식으로부터 행동하고 있다는 증거가 되고 오랜 시간 동안 그것을 유지시키는 데 도움이 될 행동, 사고와 존재방식(개인적 강점 포함)의 예시

새로운 존재방식 기록책 활용하기

새로운 존재방식의 '근육 키우기'를 위해 기록책은 몇 주 동안 또는 몇 개월 동안 규칙적으로 사용하는 것이 가장 좋다. 비록 정보가 부족하지만, 적어도 한 달 동안 기록책에 매일 새로운 존재방식의 예시를 1~5개 기록하고 그다음 필요할 때 그것을 지속할 것을 권한다. 자신을 위한 반복적인 '근육 키우기'의 가치를 평가할 수 있기 위해서 새로운 존재방식 기록책은 이 모듈과 SP/SR 워크북의 나머지 모듈에 포함된다. 단순한 공책이나 하루씩 나눠지는 일기장은 이상적인 기록책이다. 대안적으로는 기록책을 들고 다니기 위한 간단한 방법인 휴대전화의 노트북 기능을 활용할 수 있다.

예시. 셜리의 새로운 존재방식 기록책

다음 글상자는 셜리가 기록책에 처음 이틀 동안 쓴 것을 보여 준다.

새로운 존재방식 예시: 월요일

1. 내담자 A에게 피드백을 요청했다.
2. 내담자 B에게 피드백을 요청했고 회기 평가 척도를 완성하도록 했다. 그리고 평가에 대해 토론했다. 그 회기가 그녀에게 정말로 효과적이었다고 생각한다니 다행이다!
3. 내담자 C에게 피드백을 요청했고 회기 평가 척도를 완성하도록 했다. 평가에 대해 토론했다. 그녀는 그 회기가 좋았다고 말했다. 그러나 진전이 있었다고 느끼지는 않았다. 처음에는 절망적으로 느껴졌다. 그다음에는 물론 새로운 존재방식을 떠올렸다. 이는 배울 기회이다! 다음 회기를 시작할 때 그녀에게 진전이란 어떤 의미인지, 무엇과 같은 것인지 물어봐야만 하고 거기에 어떻게 도달할지, 어떻게 다르게 행동해야 할지 토론해야만 한다. 피드백은 좋은 생각인 것 같다!
4. 이 모든 보고서를 해야만 한다. 부정적 상태에 빠지지 않으려고, 마음챙겨 지켜보기를 하려고 생각할 때까지 정말로 힘이 빠졌다. 그것은 실제적으로 도움이 되었다.

새로운 존재방식 예시: 화요일

1. 슈퍼비전—와, 이건 정말 달랐다! 존이 사례 공식화를 잘했다고 말했다. 또 그는 행동 실험 계획하기도 잘 진행했다고 생각한다고 했다. 난 일을 잘하고 있다. 그리고 내가 그저 운 좋다고 생각하기보다 존으로부터 긍정적인 피드백을 기록하였다.
2. 다시 슈퍼비전…… 내담자 C와 작업할 때 불편한 감정을 숨기려고 애쓰기보다 존에게 가서 내가 느끼는 것, 치료 시간에 일어난 일 그리고 막막함에 대해 말했다. 그는 실제로 내가 감정을 말한 것에 대해 칭찬했고 그도 내담자에게 그런 느낌을 받는다고 말했다! 정말 의미 있는 대화였고 사실상 유용한 생각들을 얻게 되었다.
3. 내담자 D와 상담을 잘했다! 생각이 정말로 그가 느끼는 것에 영향을 미친다는 것을 이해했는데, 이는 그가 정말 처음으로 '알아차린 것'이었다.

4. 내담자 E는 개선되고 있다. 지난 주보다 BAI가 5점 감소하였다. 잘하고 있는 것이 틀림없다. 실제로 그녀는 '재미있는 심상 작업을 하는 것'이 큰 차이를 만들었다고 말했다!
5. 내담자 F의 상담은 그렇게 좋지 않았다. 개선이 없었다. 막힌 느낌이었고 희망이 없고…… 아니다, 괜찮다. 그것을 다음 슈퍼비전에 가지고 갈 것이다. 그것은 배울 기회가 된다. …… 아직 기분을 완전히 극복하지는 못했다. 그러나 적어도 수치스러워하기보다는 그로부터 배울 수 있다는 것을 알 수 있다. 그리고 오늘 저녁 나 자신에게 친절할 것이고 콘서트를 즐길 것이다. 그리고 확실히 그 회기에 대해서는 잊어버릴 것이다!

실습. 나의 새로운 존재방식 기록책

적당한 기록책을 만들거나 사거나 스마트폰을 사용하라. 그리고 다음 달까지 매일 새로운 존재방식의 예시를 기록하는 것을 시작하라. 날짜별로 구별하라. 예시 기록을 잊지 않도록 암시나 신호를 보내는 방법을 찾으라(예: 휴대전화의 알람 활용하기).

자기반영 질문

새로운 존재방식을 형성하는 것은 얼마나 쉬웠는가 또는 어려웠는가? 이는 오래된 존재방식을 조사하는 것과 비교해서 어떠하였는가? 오래된 존재방식을 조사하는 것과 새로운 존재방식을 형성하는 동안 내면에서 느껴지는 것의 차이가 있었는가?

새로운 존재방식을 구성하기 위해 심상을 활용하는 것은 어떠했는가? 새로운 존재방식을 형성하기 위해 당신이 할 수 있었던 것이 또 있을까?

새로운 존재방식을 형성하는 경험이 당신의 임상 실습에 어떤 의미가 있는가?

새로운 존재방식 신념 평가하기를 할 때, '본능 수준'의 평가와 '이성 수준'의 평가 사이에 차이가 있었는가? 이것을 어떻게 이해했는가? 그것은 내담자와 얼마나 관련되는가? 임상 실습에 이 차이를 어떻게 도입할 수 있을까?

새로운 존재방식 실습을 정기적으로 한다는 것을 기억하기 위해 무엇을 할 것인가?

기록책을 활용하여 새로운 존재방식의 예시를 찾는 것은 얼마나 쉬웠는가 또는 어려웠는가? 이전에 알아차리지 못했던 것을 알아차렸는가? 어떻게 생각하는가?

이 모듈로부터 배운 것을 동료에게 말한다면, 뭐라고 말하겠는가?

MODULE 10

새로운 존재방식 구체화하기

> 나는 나의 이야기를 아주 잘 상상할 수 있었다. 나는 거기에 있었다. …… 그것은 나의 많은 새로운 존재방식을 엿볼 수 있다는 것을 알게 했다. …… 바로 잊지 못할 것 같다. 내가 아닌 것의 증거를 떠올리는 대신에 그것은 계속 미래에 초점을 맞추도록 돕는다는 것을 알았다. 나는 내가 어떤 사람인지에 대한 증거를 기대할 것이다.
>
> – SP/SR 참여자

모듈 9에서 당신은 새로운 존재방식을 형성하고, 새로운 존재방식의 실례를 기록하기 위해 새로운 존재방식 기록책을 계획하였다. 다음 두 모듈에서는 새로운 존재방식을 강화하기 위한 다양한 방법을 사용한다. 이 모듈에서는 내러티브, 심상 그리고 Korrelboom과 동료들의 경쟁 기억 훈련(Competitive Memory Training: COMET)의 강점기반 작업으로부터 나온 신체기반 전략들을 사용한다. 모듈 11에서는 행동 실험을 사용하여 새로운 존재방식 형성을 계속한다. 또 그다음 몇 주에 걸쳐서 새로운 존재방식 기록책을 계속한다. 이 모듈을 위해 여러 회기에 걸쳐 이 훈련을 규칙적으로 하길 권한다. 그래서 이 모듈을 위해 더 많은 시간을 써야 할 것이다. 새로운 존재방식을 발달시키는 것은 새로운 기술로 '근육 키우기'를 하는 것이다. 근육 키우기는 시간이 걸리고 체력 훈련처럼 연습하는 것이다. 그래서 이를 촉진하기 위해 계획된 과제는 모듈의 일부가 된다. 모듈은 다른 시간대에 하도록 선택할 수 있는 몇 개의 구분되는 영역으로 구성된다. 먼저, 지금까지 한 새로운 존재방식 기록책을 검토한다. 기억하겠지만, 우리는 매일 해야 하는 과제로 이것을 계획하였다.

실습. 새로운 존재방식 기록책 검토

지금까지 새로운 존재방식 기록책을 사용하는 것이 어떠했는가? 그것을 얼마나 사용할 수 있었는가? '본능 수준'의 신념에 영향을 미쳤는가? 몇 번이나 예시를 기록했는가? 매일 사용했는가? 며칠을 못했는가? 완전히 잊어버렸거나 몇 가지 이유로 못했는가? 다음 쪽의 표에 당신의 반응을 기록하라.

새로운 존재방식 기록책 검토

1. 새로운 존재방식 기록책은 어떤 영향을 미쳤는가?	
2. 모듈 9 이후 새로운 존재방식 기록책을 얼마나 많이 사용하고 있는가?	일수: 하루에 기재한 수:
3. (있다면) 무엇이 장애가 되었는가? 어떤 것이 장애가 되었다면, 모듈 6의 'SP/SR 과제를 하지 않은 이유' 실습으로 돌아가라. 그중 관련되는 것이 있는지 확인하라.	
4. 만약 필요하다면, 다음 몇 주 동안 일상생활 안에서 새로운 존재방식 기록책을 어떻게 해낼지, 문제 해결하기를 해 보라. 모듈 6의 문제 해결 활동지를 사용하라(예: 문제 정의, 브레인스토밍, 강점과 약점, 해결방법 선택, 실행 계획, 있을 수 있는 문제, 이 문제를 극복하는 방법).	

일반적으로, 오래된(도움이 되지 않는) 존재방식은 강한 부정적인 인지적 편견을 가지고 있고, 쉽게 접근 가능한 과거에 불안했거나 실패했던 일들에 대한 기억들과 비교적 접근하기 어려운 과거에 성공했던 일들에 대한 기억들을 가지고 있다. Kees Korrelboom과 동료들은 새로운 존재방식을 강화하는 방법 중 하나가 비슷하거나 관련된 상황에서 긍정적인 특징을 보이는 과거 일에 대한 기억을 찾아 회복하는 것이라고 말한다. 그것들이 더 두드러지게 되도록 그 기억들을 재생시키거나 재경험할 수 있다. 아래 방법들은 Korrelboom의 COMET 훈련으로부터 파생된 것이다. COMET은 경쟁 기억 훈련을 나타내며, COMET 개입의 목적은 긍정적 기억에의 접근을 증가시키는 것이다(Chris Brewin의 회복 경쟁 모델로부터 파생된 COMET의 인지과학 근거는 2장 참조).

새로운 존재방식의 특징이 명백한 이야기

COMET의 첫 훈련은 새로운 존재방식 특징이 뚜렷한 두 가지 이야기를 쓰는 것이다. 그것은 현재 문제 영역과 유사한 상황일 수 있는데, 거기서 내담자는 긍정적 특징을 보여 줄 것이다(예: 이전 직장 상황에서의 끈기). 또는 유사한 특징이 명백히 나타나는 다른 상황일 수 있다(예: 학교에서의 끈기 또는 4일간 도보 완주에서의 끈기). 이 실습은 나타난 긍정적 특징의 요약으로 마무리된다.

예시. 셜리의 역경에 대한 학교에서의 끈기

다음은 셜리의 이야기 중의 하나로, 그녀의 새로운 존재방식 특징은 명백하다. 이야기는 그녀의 학교생활에서 시작된다.

이야기 1

나는 10세 때, 나중에 만성 피곤-바이러스형으로 판명난 '알 수 없는 질병'으로 6개월 동안 아팠다. 수업을 1년의 반 이상 못 들었다. 친구들을 보러 가지 못했고, 학교로 돌아갔을 때는 내가 약간은 이방인으로 느껴졌다. 나는 나를 많이 좋아할 것 같지 않은 다른 아이들이 있는 반으로 들어갔다. 집으로 가서 학교에 그만 다니고 싶다고 말했던 것을 기억한다. 그런 마음이었다. 그러나 엄마와 아빠는 내가 되돌아가기를 고집했다. 난 정말 자신감이 부족했다. 난 결코 따라잡을 수 없고 항상 애써야 한다고 느껴졌다. 그것은 다음 세 달 동안 지속되었음에 틀림없다. 그러나 호튼 선생님이 아침 쉬는 시간에 한쪽으로 나를 데려가서 운동장 쪽 벽에 나를 앉히고 요즘 어떤지 물었다. 나는 솔직하게 말했다. 선생님이 이미 알고 있다고 생각했다. 선생님은 아주 친절했고 방과 후 수업을 제공했고, 나중에는 2시간씩 했다. 어쨌든 그녀의 친절이 모든 변화를 낳았다. 그 후 나는 결심을 했고 할 수 있다고 생각했다. 나는 재빨리 따라잡았고 2, 3주 만에 모든 면에서 잘하고 있다고 생각되었다. 6주 안에 나는 반에서 상위권에 도달했고, 그 후 그해의 나머지를 성공적으로 보냈다! 결국 학교에서 최고의 해가 되었던 것 같다.

이 이야기는 나에 대해 무엇을 말하는가? 그리고 나의 긍정적인 자질에 대해 무엇을 말하는가?

나는 놀라운 결정력을 보여줄 수 있고 열정적일 때 아주 잘 한다. 만약 누구와 대화를 하고 그들의 지지를 느낀다면 정말 도움이 되는 것 같다. 나 자신의 의지와 끈기로 할 수 있을 때까지 지지를 느끼는 것만으로도 충분한 것처럼 보인다.

실습. 새로운 존재방식의 특징이 명백한 이야기

새로운 존재방식의 구성 요소를 나타내는 과거 이야기를 회상하라. 그것은 현재의 문제 영역과 유사한, 긍정적 특징을 나타내고 있는 상황일 수 있거나 비슷한 특징이 명백하게 나타나는 다른 상황일 수 있다. 할 수 있는 만큼 아주 자세히 그 상황을 묘사하라. 당신이 나타낸 특징을 상세히 표현하라. 그 이야기의 마지막 요약에서 당신과 당신의 특징에 대해 이야기가 무엇을 말하는지 기록하라.

새로운 존재방식 특징을 나타내는 나의 이야기

이야기 1

이 이야기는 나에 대해 무엇을 말하는가? 그리고 나의 긍정적인 자질에 대해 무엇을 말하는가?

이야기 2

이 이야기는 나에 대해 무엇을 말하는가? 그리고 나의 긍정적인 자질에 대해 무엇을 말하는가?

실습. 심상으로 이야기 재경험하기

위의 이야기들 중 어떤 것이 새로운 존재방식에 대해 가장 확실하게 설명하는가? 주의 깊게 다시 이야기들을 읽어 보라.

조용한 몇 분의 시간을 내어서 하나 이상의 이야기를 재경험하기 위해 심상을 사용하라. 눈을 감고, 상황 속으로 들어가, 마음속으로 느린 동작으로 그것을 다시 경험하라. 특히 가장 큰 효과를 내기 위해 당신의 긍정적인 특징이 나타나는 순간에 초점을 맞출 때 당신의 신체 감각, 정서, 순간에서 순간으로의 행동을 알아차리라.

만약 시간이 있다면 두 번째 이야기를 가지고 비슷한 과정을 거쳐 보라.

심상으로 이야기 재경험하기

경험은 어떠하였는가? 신체와 정서에서 무엇을 알아차렸는가? 그 후 어떻게 느꼈는가?

상상하는 이야기에 음악과 신체 움직임 추가하기

연구에 의하면, 신체에 느껴지는 것과 활기찬 음악을 듣는 것에 초점을 맞추는 것은 정서와 긍정적 경험을 강화할 수 있다. 다음 실습은 이야기와 심상에 음악과 신체 움직임을 추가하는 것이다. 먼저, 이야기 속에서 나타나는 긍정적 특징을 상징하는 음악 한 곡을 고르라. 실습에서는 그 상황에서 경험하는 긍정적 특징을 의미하는 방식으로 신체를 움직이는데, 선택한 음악에 따라 하도록 한다.

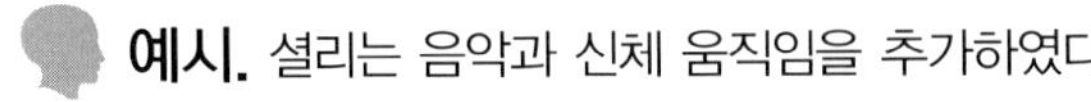

예시. 셜리는 음악과 신체 움직임을 추가하였다.

먼저, 셜리는 강점, 힘 그리고 결정력을 상징하는 가장 좋아하는 음악 중 하나를 선택했다. 그런 다음 음악에 움직임을 넣어 걸으면서 자신이 얼마나 큰지, 어깨와 등이 얼마나 강한지를 느꼈다. 세상을 가질 준비가 된 강함과 새로움을 느꼈다!

 **실습.** 당신이 상상하는 이야기 속에 음악과 신체 움직임 추가하기

움직임, 음악, 심상을 사용하여 신체 안에서 이야기를 경험하라. 특히 당신의 이야기에 나오는 가장 중요한 특징들을 느끼라. 움직임은 이 특징을 경험할 때 당신이 느끼는 것을 상징한다. 이야기 중간에 이 특징들을 표현하는 자신의 이미지를 떠올리라. 음악을 틀고 동시에 몸을 움직이라(예: 걷고, 손, 팔, 다리, 얼굴로 표현하라). 어떻게 느끼는지 알아차리라. 몇 분 동안 지속하라. 자신과 신체, 마음속에서 느끼는 것을 알아차리라. 다음 주 안에 적어도 실습을 네 번 반복하라.

나의 이야기 속에 음악과 신체 움직임 추가하기
당신의 경험은 어떠하였는가?

새로운 존재방식은 다른 상황에 도전할 때 틀림없이 문제에 직면할 것이다. 문제를 예상하고 해결하기 위해 문제가 될 수 있는 특별한 쟁점을 확인하고 그것들을 다루는 전략들을 발달시킬 수 있다.

실습. 잠재적인 문제 예상하기

어떤 상황이 새로운 존재방식에 대해 문제를 일으킬 것이라고 예상하는가? 이는 정서, 인지 또는 행동 반응, 타인의 행동 또는 환경과 관련된 요인들(예: 집이나 직장 규칙 또는 절차)을 포함할 것이다. 이 상황을 다음 상자에 기록하라.

잠재적인 문제 상황
1.
2.
3.

잠재적 문제를 해결하기 위한 아이디어나 규칙

잠재적 문제를 해결하기 위해 (모듈 6에서처럼) 문제 해결 전략을 사용한다. 새로운 존재방식 문제를 해결하기 위한 효과적인 방법은 기저 가정과 삶의 규칙에 관한 모듈 7에서처럼 문제에 직면하기 위한 특별한 규칙을 만드는 것이다. 이 규칙들은 '만약 …… [문제] 그러면 …… [옳은 전략]' 진술의 형태를 띤다.

 예시. 셜리의 잠재적 문제를 해결하기 위한 새로운 규칙

셜리의 상황 중 하나는 내담자를 개선시키는 데 실패하는 데서 초래된다. 문제 해결 접근을 활용하여, 그녀는 다양한 방법을 브레인스토밍했다.

- 자동적으로 그들의 개선 부족을 나의 기술 부족 탓으로 돌리지 말라. 내가 통제할 수 없는 많은 다른 가능성이 존재한다.
- 많은 내담자는 치료를 받는 동안 개선되지 않는다. 그것이 현실이다.
- 개선 부족의 원인이라 여기는 요인을 목록화하도록 내담자들에게 요구한다.
- 그들과 방법을 토론한다.
- 슈퍼바이저와 이 사례들을 토론한다.

그녀가 만든 규칙은 다음과 같다. '만약 내담자가 개선되지 않는다면, 단지 나의 기술 부족만이 아니라 많은 이유가 있다. 주의 깊게 이유를 조사하기 전에 미리 미성숙한 결론에 도달하지 말자!'

실습. 잠재적 문제를 해결하기 위한 새로운 규칙

'만약 …… [문제] 그러면 …… [옳은 전략]' 형식을 사용하여 잠재적 문제를 해결하기 위한 규칙 한두 개를 만들라.

나의 새로운 규칙
1.
2.
3.

 **실습.** 나의 새로운 존재방식을 강화하기 위한 과제

새로운 존재방식 근육 키우기는 규칙적인 (매일의) 실습, 즉 심상 실험과 행동 실험, 피드백 그리고 필요한 경우 수정하기를 포함한다. 과제는 새로운 사고방식, 양식, 정서, 행동을 형성하려는 새로운 존재방식 작업의 필수적인 부분이다. 아래에 새로운 존재방식을 형성하는 실습을 위해 다음 주 동안 훈련할 두 가지 과제가 있다. 당신은 매일 실습하고 기록하는 것을 기억하도록 돕는 메모지나 일기를 사용할 수 있다.

> 다음 주의 적어도 4일 동안, 잠재적인 문제 상황을 해결하기 위해 움직임과 음악을 사용하여 새로운 규칙, 양식, 행동을 수행하는 자신을 상상하는 연습을 하라. 그리고 아래의 새로운 존재방식 심상 과제 실습 기록지에 그 효과를 기록하라.

또 새로운 존재방식 기록책을 매일 하라. 그 효과를 기록하라.

새로운 존재방식 심상 과제 실습
1일차 효과
2일차 효과

3일차 효과

4일차 효과

자기반영 질문

새로운 존재방식의 특징이 나타나는 과거 이야기를 찾는 것은 어떠하였는가? 그것들에 대해 기록하는 것은 얼마나 쉬웠는가, 어려웠는가? 그것들을 기록할 때 신체적으로, 정서적으로, 인지적으로 무엇을 경험하였는가? 그것들을 상상하는 것은 얼마나 쉬웠는가 또는 어려웠는가? 그 효과는 어떠하였는가?

내담자의 경험과 관련된 이야기를 회상시킬 때 당신은 얼마나 편안하였는가 또는 어려웠는가? 당신의 경험은 내담자와의 작업에서 어떻게 도움이 될까?

움직임과 음악은 당신이 어떻게 다르게 느끼도록 하였는가? 실습을 계속하였는가? 이는 당신의 임상 실습에 어떻게 적용될 것이라고 생각하는가?

이 모듈에서 사용된 새로운 존재방식 형성하기 접근방법을 이전에는 본 적이 없을 것이다. 당신이 일반적으로 CBT 기술을 사용하는 데에 이 새로운 접근은 얼마나 잘 어울리겠는가? 내담자와 이 방법을 사용하는 것을 상상할 때 어떤 생각이나 감정이 떠오르는가? 이런 생각과 감정은 이 워크북을 하는 과정에서의 다른 어떤 반응을 반영하는가? 만약 그렇다면 관련시킬 수 있는 것이 있는가?

새로운 존재방식에서 신념과 자신감에 관해서, 당신의 새로운 존재방식을 이성적으로 얼마나 믿는가와 '가슴' 또는 '본능' 수준에서 그것을 얼마나 믿는가의 사이에 어떤 갈등을 경험하고 있는가? 당신은 이전에 '머리'와 '가슴'을 대조시켰다. 자신에 대한 정보를 처리하는 이 두 가지 방식에서 어떤 변화를 경험하고 있는가?

가장 힘든 것은 무엇이었는가? 특별히 쉬운 것이 있었는가? 만약 그렇다면 그에 대해 설명할 수 있겠는가? 이 모듈에서 당신이 기억하고 싶은 아주 두드러진 부분은 어디인가?

MODULE 11

새로운 존재방식을 평가하고 강화하기 위해 행동 실험 활용하기

내가 실험을 선택하는 데 있어 유일하게 어려웠던 점은 선택의 종류가 너무 많다고 느낀 것이었다. 회피하는 경향 때문에 6개월 전에 이 문제로 고군분투했었다는 것을 알고 있기에 이것은 분명히 주목할 만한 것이었다. 나의 오래된 존재방식—하지 마, 바보처럼 보일 거야. 그들은 좋아하지 않을 거야. 상처 입을 거야.—은 확실히 장애가 되고 있었다. 아, 어리석은 오래된 존재방식이여.

- SP/SR 참여자

모듈 8에서 서로 다른 형태의 행동 실험과 목적에 대해 설명했다. 도움이 되지 않는 가정과 관련된 오래된 존재방식을 평가하고 그것을 새로운 대안적 가정과 비교하였다. 모듈 9와 10에서는 심상에서 새로운 존재방식 기록책까지 기술들을 사용하여 새로운 존재방식을 발달시키고 강화시키는 아이디어를 소개했다. 이 모듈에서는 또 다른 행동 실험을 하게 될 것이다. 그러나 이번에는 새로운 존재방식을 강화하도록 구체적으로 계획된 새로운, 도움이 되는 직업 관련 가정 또는 개인적 가정을 위한 증거를 쌓는 것이 목적이 될 것이다. 그 전에 모듈 10에서 실습한 새로운 존재방식 기록책과 구체화하는 실습을 어떻게 해 오고 있는지 확인하고자 한다.

 **실습.** 새로운 존재방식 기록책과 구체화하는 실습 검토하기

다음 쪽의 표를 완성하라.

새로운 존재방식 기록책과 구체화하는 실습 검토

새로운 존재방식 기록책:

모듈 10 이후 새로운 존재방식의 더 많은 예시를 기록할 수 있었는가? 만약 그렇다면 어떤 효과가 있나?

만약 그렇지 않다면 무엇이 장애가 되었나? 그리고 당신이 새로운 존재방식으로 돌아가기 위해서는 무엇을 할 수 있을까?

구체화하는 실습:

구체화하는 어떤 실습(내러티브, 심상, 움직임, 음악)을 훈련에 포함할 수 있었는가? 이것은 어떠했는가?

만약 할 수 없었거나 마음이 내키지 않았다면 무엇이 장애가 되었나? 이를 해결하기 위해 할 수 있는 적절한 방법이 있는가? (만약 어떤 것이 장애가 되었다면 모듈 6의 'SP/SR 과제를 하지 않은 이유', 실습으로 돌아가라. 그중 어떤 것이 관련되는지 확인하라.)

행동 실험을 위해 새로운 존재방식 가정 확인하기

모듈 8에서 보았듯이 행동 실험을 위해 특별한 실험이나 일련의 실험에 의해 평가될 수 있는 구체적인 가정이나 신념을 확인할 필요가 있다. 일반적으로 사람들이 부정적 가정을 평가하거나 두려운 재앙이 실제로 일어날지 어떨지 관찰할 때, 질문하기는 직접적으로 평가될 수 있는(음성언어 또는 심상 기반의) 분명한 생각을 드러나게 할 수 있다(예: '나는 비웃음을 당할 것이다.' '나는 실패할 것이다.' '나는 거절당할 것이다.'). 그러나 우리가 부정적 가정을 평가하는 오래된 존재방식 마음상태에 있을 때는 대개 특별한 긍정적 가정을 만들기 어렵다.

이미 새로운 존재방식을 발달시키고 있을 때, 모듈 8에서 했던 이전 행동 실험보다 더 새로운 가정이나 일련의 가정에 대한 강한 신념을 가지고 다음 행동 실험을 할 수 있다. 그러나 머리 수준의 신념과 본능 수준의 신념 사이에 여전히 차이가 있을 수 있다. 이 실험은 새로운 가정을 '실제 평가'할 수 있는 기회로서 그것이 훈련에 얼마나 '적합한지' 경험적으로 이해하게 해 준다. 새로운 존재방식과 관련된 새로운 행동 방식을 실습할 때 무슨 일이 일어나는지 알 수 있다. 기분이 어떤가? 사람들은 어떻게 반응하는가? 무엇을 배울 수 있는가? 가정을 수정하거나 조정할 필요가 있는가?

예시. 자야쉬리의 새로운 존재방식 가정

SP/SR 워크북의 초기 모듈에서 자야쉬리는 자신이 실수로 생각되는 어떤 것에 대해 매우 비판적인 경향이 있고 자신에게 온정적이지 못하다는 것을 알게 되었다. 그녀는 '만약 내가 온정적이라면 실패, 게으름 그리고 저급한 수준을 받아들이게 될 것이다.'라는 가정을 인식하게 되었다. 그녀는 어떤 점에서 자기비판이 유용하고 개선하는 데 유일한 방법이라고 믿었다. 모듈 7에서 모듈 10을 하는 동안, 자야쉬리는 새로운 존재방식에 자기온정을 포함하는 것이 도움이 될 수 있다는 것을 깨닫기 시작했다. 그녀는 자신이 타인(예: 여동생)에게 매우 온정적이라는 것을 알았다. 그러나 자신에게는 매우 거친 태도를 취하고 있다는 것을 깨달았고 이는 자신감을 파괴하고 있었다. 평가되는 새로운 가정은 '만약 실수한 나 자신에게 자기온정과 수용을 보인다면 변화하고 개선하는 것이 더 쉬울 것이다.'였다. 이미 초기의 실험으로부터 이 생각에 대한 몇 가지 증거를 갖게 되었지만, 가정에 대한 직접적 평가를 통해 실질적인 '본능 수준'의 경험을 할 수 있고 이것이 새로운 사고방식 굳히기를 시작하게 할 수 있다고 생각했다.

실습. 나의 새로운 존재방식 가정 형성하기

평가하고자 하는 가정을 확인하기 위해 새로운 존재방식으로 들어가는 모듈 9와 10에서의 작업에 다시 주의를 돌리는 것은 도움이 될 수 있다. 새로운 존재방식을 온전히 상상하라. 이 방식으로 생각하고, 느끼고, 행동하고 싶은 것에 대해 느껴진 감각을 경험할 수 있는지 살펴보라. 일단 새로운 존재방식에 몰입되면, 행동 실험으로 평가될 수 있는 도움이 되는 가정을 확인하기 위해 그 경험을 사용하라. 또는 모듈 8에서의 새로운 가정을 사용하기를 원하고, 그것을 위한 더 많은 증거를 쌓기 위해 다른 실험을 하고자 할 것이다.

평가될 나의 새로운 존재방식 가정:

행동 실험 계획하기

새로운 존재방식 행동 실험 기록지는 '오래된 가정'에 초점을 맞추지 않는다는 것을 제외하고는 모듈 8에 나오는 오래된 가정과 새로운 가정을 비교하는 계획하기 활동지와 매우 유사하다. 그 목적은 새로운 존재방식에서 나온 새로운 가정을 위한 증거를 형성하는 것이다. 모듈 8에서처럼 어떤 잠재적 문제를 확인하고 해결하며, 그런 다음 행동 실험을 수행하고 평가를 한다. 실험에 이어서 그 결과가 충분히 '이해되도록' 하고, 그런 다음 분명한 후속 행동을 낳기 위해 결과를 활용하는 것이 목적이다.

실습. 나의 새로운 행동 실험 기록지

먼저, 249~250쪽의 셜리의 예시를 보라. 셜리는 슈퍼비전 상황에서 새로운 존재방식을 평가하기로 결정했다. 그다음에는 가능한 한 아주 자세히 251~252쪽에 있는 당신의 계획 기록지를 완성하라.

셜리의 새로운 존재방식 행동 실험 기록지(첫 3열)

목표 인지	실험	예상	결과	배운 점
새로운 사고방식은 어떤 것이 있는가? 평가하려는 도움이 되는 새로운 방식의 가정은 무엇인가? 인지에 대한 신념을 평가하라(0~100%). 먼저 '본능 수준'의 신념 평가를 하고, 그다음 괄호 안에 '이성 수준'의 평가를 하라.	새로운 존재방식의 사고를 평가하기 위한 실험을 계획하라. 당신의 어떤 강점과 새로운 존재방식이 여기서 유용할까?	새로운 존재방식의 관점에서 어떤 일이 일어날 것이라고 예측하는가? 얼마나 그럴 것 같은가('본능 수준'과 '이성 수준'의 평가)?(0~100%)	실제로 어떤 일이 일어났는가? 자신(행동, 사고, 감정, 신체 감각)에 대해 무엇을 발견하였는가? 당신의 환경, 다른 사람에 대해서는? 힘든 점은? 그것을 어떻게 했는가? 결과는 예측과 얼마나 맞아떨어지는가?	지금은 새로운 가정을 얼마나 믿는가(0~100%)? 안전행동에 대해 무엇을 배웠는가? 안전 행동을 그만할 것인가? 실제적인 의미는 무엇인가? 새로운 방식의 가정이 수정될 필요가 있는가? 만약 그렇다면 수정된 관점은 어떤 것이 될까?
새로운 사고방식 100% 모두 잘 해야 할 필요는 없다. 누구도 그렇게 하지 않는다. 내 직업은 여전히 배우고 있는 중이고 배우는 것은 재미있다. 나는 일을 꽤 잘하고 항상 개선되고 있다. 새로운 가정 슈퍼바이저에게 내담자와 무엇을 해야 할지 모른다는 것을 시인하면, 그는 나를 지지할 것이고 나는 그 경험으로부터 배우게 될 것이다. 10%(85%)	다음 주, 막힌 사례에 대해 슈퍼비전을 받으러 갈 것이고 무엇을 해야 할지 모른다고 정직하게 말할 것이다. 숨기지 않고, 모든 것이 잘 되고 있는 척하지 않을 것이다.	슈퍼바이저는 나의 정직을 칭찬할 것이고 도와줄 것이다. 그것이 그가 거기 있는 이유이다. 나는 불안하고 취약하게 느껴지겠지만 전반적으로 이익이 될 것이다. 30%(70%)		신념 평가: 새로운 가정 _____% (_____%)

잠재적 문제 해결하기
어떤 오래된 행동 방식에 머물러 있는가? 내담자에게 묻지 않거나 심지어 비디오카메라가 고장 난 척함으로써 상담을 녹화하는 것을 회피하려고 애쓴다. 녹화를 보여 주는 것을 회피하기 위해 슈퍼비전을 토론으로 돌리려고 애쓴다. 어떤 강점과 새로운 존재방식이 유용할까? 나는 결단력이 있고 일에 전념한다. 내가 여기서 무엇을 해야 하는지 알고 '인내력'을 사용할 필요가 있다! 지금 나의 패턴에 대해 진정으로 깨닫고 다르게 해야 한다는 것을 안다. 나는 전에 큰 변화를 성취한 경험이 있다(예: 체중을 많이 줄였을 때). 장애가 되는 것을 막기 위해 확인된 개인적 강점과 새로운 방식을 어떻게 사용할 것인가? 대신에 무엇을 하게 될까? 녹화를 피하려는 생각을 먼저 알아차릴 것이다. 내가 용감했고 오래된 생각과 행동에 반하여 나아갔을 때 떠올렸던 이미지들을 다시 떠올릴 것이다. 나는 불안하겠지만 그것은 내가 새로운 것을 하고 있고 회피하지 않을 것이라는 것을 상기시킬 것이다.
어떤 실제적인 문제가 장애가 될까? 나의 슈퍼바이저는 슈퍼비전 시간을 취소할 것 같다(그는 법정에서 전문가 증언을 해야만 할 것 같다고 말했다). 또는 카메라가 문제가 생길 것 같다. 그것을 어떻게 해결할 것인가? 카메라를 미리 점검해 볼 것이다. 그런 다음 내가 무엇을 하고 있는지 알기 위해, 준비를 확실히 하기 위해 가능한 한 많은 내담자에게 요청할 것이다. 만약 슈퍼바이저가 취소해야만 한다면, 동료에게 피드백을 받기 위해 녹화한 것을 보여 줄 것이다.

나의 새로운 존재방식 행동 실험 기록지

목표 인지	실험	예상	결과	배운 점
새로운 사고방식은 어떤 것이 있는가? 평가하려는 도움이 되는 새로운 방식의 가정은 무엇인가? 인지에 대한 신념을 평가하라(0~100%). 먼저 '본능 수준'의 신념 평가를 하고, 그다음 괄호 안에 '이성 수준'의 평가를 하라.	새로운 존재방식의 사고를 평가하기 위한 실험을 계획하라. 당신의 어떤 강점과 새로운 존재방식이 여기서 유용할까?	새로운 존재방식의 관점에서 어떤 일이 일어날 것이라고 예측하는가? 얼마나 그럴 것 같은가('본능 수준'과 '이성 수준'의 평가)?(0~100%)	실제로 어떤 일이 일어났는가? 자신(행동, 사고, 감정, 신체 감각)에 대해 무엇을 발견하였는가? 당신의 환경, 다른 사람에 대해서는? 힘든 점은? 그것을 어떻게 했는가? 결과는 예측과 얼마나 맞아떨어지는가?	지금은 새로운 가정을 얼마나 믿는가(0~100%)? 안전 행동에 대해 무엇을 배웠는가? 안전 행동을 그만할 것인가? 실제적인 의미는 무엇인가? 새로운 방식의 가정이 수정될 필요가 있는가? 만약 그렇다면 수정된 관점은 어떤 것이 될까?
새로운 사고방식 새로운 가정				신념 평가: 새로운 가정 ______% (______%)

잠재적 문제 해결하기
어떤 오래된 행동 방식에 머물러 있는가? 어떤 강점과 새로운 존재방식이 유용할까? 장애가 되는 것을 막기 위해 확인된 개인적 강점과 새로운 방식을 어떻게 사용할 것인가? 대신에 무엇을 하게 될까?
어떤 실제적인 문제가 방해가 될까? 이를 어떻게 해결할 것인가?

행동 실험의 결과

모듈 8에서 했듯이, 행동 실험을 완성한 후 다음 단계는 251쪽의 새로운 존재방식 행동 실험 기록지의 네 번째와 다섯 번째 열을 완성할 수 있도록 일어난 일(그리고 일어나지 않은 일)에 대해 생각할 시간을 가지는 것이다. 이 두 열에서는 그 경험을 요약하고 다음 단계를 계획하도록 돕는 질문을 한다.

실습. 나의 새로운 존재방식 행동 실험 검토 활동지

이제 251~252쪽의 행동 실험 기록지로 돌아가 마지막 두 열인 '결과'와 '배운 점'을 완성함으로써 실험에서 일어난 일을 검토하라.

254~255쪽의 표에서 셜리가 행동 실험을 어떻게 이해했는지 볼 수 있다.

셜리의 새로운 존재방식 행동 실험 기록지

목표 인지	실험	예상	결과	배운 점
새로운 사고방식은 어떤 것이 있는가? 평가하려는 도움이 되는 새로운 방식의 가정은 무엇인가? 인지에 대한 신념을 평가하라(0~100%). 먼저 '본능 수준'의 신념을 평가하고, 그다음 괄호 안에 '이성 수준'의 평가를 하라.	새로운 존재방식의 사고를 평가하기 위한 실험을 계획하라. 당신의 어떤 강점과 새로운 존재방식이 여기서 유용할까?	새로운 존재방식의 관점에서 어떤 일이 일어날 것이라고 예측하는가? 얼마나 그럴 것 같은가('본능 수준'과 '이성 수준'의 평가)?(0~100%)	실제로 어떤 일이 일어났는가? 자신(행동, 사고, 감정, 신체 감각)에 대해 무엇을 발견하였는가? 당신의 환경, 다른 사람에 대해서는? 힘든 점은? 그것을 어떻게 했는가? 결과는 예측과 얼마나 맞아떨어지는가?	지금은 새로운 가정을 얼마나 믿는가(0~100%)? 안전 행동에 대해 무엇을 배웠는가? 안전 행동을 그만할 것인가? 실제적인 의미는 무엇인가? 새로운 방식의 가정이 수정될 필요가 있는가? 만약 그렇다면 수정된 관점은 어떤 것이 될까?
새로운 사고방식 100% 모두 잘 해야 할 필요는 없다. 누구도 그렇게 하지 않는다. 내 직업을 여전히 배우고 있는 중이고 배우는 것은 재미있다. 나는 일을 꽤 잘하고 개선되고 있다. 새로운 가정 슈퍼바이저에게 내담자와 무엇을 해야 할지 모른다는 것을 시인하면, 그는 나를 지지할 것이고, 그 경험으로부터 배우게 될 것이다. 10%(85%)	다음 주, 막힌 사례에 대해 슈퍼비전을 받으러 갈 것이고 무엇을 해야 할지 모른다고 정직하게 말할 것이다. 숨기지 않고 모든 것이 잘 되고 있는 척하지 않을 것이다.	슈퍼바이저는 나의 정직을 칭찬할 것이고 도와줄 것이다. 그것이 그가 거기 있는 이유이다. 나는 불안하고 취약하게 느껴지겠지만 전반적으로 이익이 될 것이다. 30%(70%)	많은 회기를 녹화했고 슈퍼비전에 가지고 가서 무엇을 해야 할지 모르는 상태라는 것을 인정했다! 매우 불안했지만 모든 준비 작업이 정말로 도움이 되었고 내가 오래된 행동 방식을 깨고 새로운 것을 시도하고 있다는 것을 계속 상기시켰다. 슈퍼바이저는 많은 도움이 되었다. 그는 내가 생각하는 것보다 이미 더 많은 것을 알고 있다는 것을 깨닫도록 도와주었다. 심지어 그는 나를 비웃지 않았고, 포기하도록 말하지도 않았다는 사실이 마음을 든든하게 했다. 본능 수준에서 더 자신감이 느껴졌다. 이는 정말 내 신념을	신념 평가: 새로운 가정 50 % (60 %) 이 가정을 더 확장시킬 수 있다고 생각한다. 다양한 상황에서 찾아보는 것을 걱정했다는 것을 깨달았다. 나의 새로운 가정은 '만약 위험을 감수하고 새로운 것을 시도한다면 불안하겠지만 자동적으로 판단되지는 않을 것이다. 더 많은 위험을 감수해야 한다.'와 더 비슷할 필요가 있다. 직장에서, 더 불안을 일으키는

			강화하였고 또 타인에 대한 나의 신념을 재고하도록 도왔다. 큰 어려움이나 놀람은 없었다. 나 자신을 밀어붙이고 도전했던 이전 상황과 그 후 얼마나 자신 있게 느꼈는지 떠올림으로써 이 실험을 아주 잘 계획하고, 일(예: 첫 내담자는 녹화하는 것을 거절했다)을 더 잘 해결할 수 있었다. 그것은 새로운 가정과 관련된 나의 예상을 완전히 지지했다! 본능 수준에서 정말로 그것들을 확신했다. 내가 더 일찍 하길 원했던 그 변화가 분명히 일어났다.	상황으로 나 자신을 자극할 필요가 있다. 새로운 상황은 도전이 되지만 내가 성장하고 배우도록 돕는다는 것을 기억해야 한다. 다음 달에 몇 시간 강의하기로 했는데, 그것은 많은 생각을 불러일으킨다. 오래된 방식은 이제 그만!

후속 실험 계획하기

모듈 8에서 보았듯이, 새로운 존재방식을 심기 위해 후속 실험을 하는 것은 중요하다.

 **예시.** 셜리의 후속 실험

슈퍼바이저와의 새로운 존재방식 실험은 성공적이었고 셜리는 미래에 누군가에 의해 정당하게 또는 부당하게 비판받을 수 있다는 것과 자존감이 붕괴되지 않고 비판을 다룰 수 있다는 것이 중요하다는 것을 깨달았다.

셜리의 후속 실험: 무엇을, 어디에서, 누구와?
새로운 것을 시도하고 그 일이 잘못될 수 있다. …… 나의 일부는 여전히 비판받는 것에 대해 걱정하지만, 조만간 나는 비판받는 상황에 있게 될 것이다! 비판이나 실수에 대한 나의 반응과 신념을 평가하는 것이 필요하다. 편안한 영역 밖의 새로운 상황에 나를 계속 노출시킬 필요가 있다. 의도적으로 작은 실수를 해 볼 필요가 있을 것이다. 가게에서 돈을 잘못 내는 사소한 일을 시작해 볼 것이다.

실습. 후속 실험

다음 상자에 당신의 새로운 존재방식을 강화하는 데 잠재적으로 도움이 될 하나 이상의 행동 실험을 계획하라.

후속 실험: 무엇을, 어디에서, 누구와?

간략한 심상, 은유 또는 그림 창조하기

이 모듈의 마지막 훈련으로서, 새로운 존재방식을 간략한 심상, 은유 또는 그림—새로운 존재방식을 심는 데 단서를 주는, 일상에서 사용될 수 있는 새로운 존재방식을 상징하는 것 —으로 담는 것은 매우 도움이 된다. 문화적인 아이콘을 심상에 포함하는 것도 마찬가지이다. 아이콘은 일반적인 문화적 상징을 사용하거나 당신의 '영웅' 중 하나의 특징을 대표할 수 있다. 예를 들면, 당신에게 나쁜 짓을 하는 사람에 대한 원한 없이 기꺼이 협력하는 의지와 닮은 만다라를 구체화하는 것이다.

예시. 자야쉬리의 간략한 심상, 은유, 또는 그림

자야쉬리는 인터넷에서 자기온정을 연상시키는 연꽃 잎 그림을 다운받았다. 복사를 여러 장 해서 책상 위에, 일지 위에, 치료실 안에 놓아두었다.

실습. 나의 간략한 심상, 은유 또는 그림

이제 새로운 존재방식을 상징하는 심상, 은유 또는 그림을 떠올릴 수 있는지 보기 위해 잠시 조용히 시간을 보내라. 다음 상자에 기록하거나 그리거나 이미지를 표현하라.

나의 심상/은유/그림

다음 주에 더 적절한 심상이나 은유를 발견할 수 있다. 만약 그렇게 한다면 이것을 기록하고 새로운 버전으로 실습하라. 당신의 존재 안에 그것을 심기 위해 하루에도 여러 번 심상이나 은유를 불러낼 수 있도록 단서와 상기시키는 것을 찾으라. 지금 계획해 보라. 어떤 단서를 사용할 것인가?

나의 심상이나 은유를 위한 단서와 상기시키는 것

자기반영 질문

새로운 가정을 평가하기 위한 행동 실험을 계획할 때 무엇을 알아차렸는가? (감정은 어떠하였는가? 신체 감각은? 생각은? 행동은? 놀랄 만한 것이 있었나?)

행동 실험을 돌아보고 실제로 일어난 일을 이해하려고 했을 때 어떤 생각이 들었는가? 새로운 가정에 대해 생각해 보았을 때 '머리'와 '본능' 수준에서의 신념에 차이가 있는가?

새로운 존재방식 실험에서 일어난 일을 떠올렸을 때 직장 밖의 삶에서 또는 치료사로서의 자신에 대해 알게 된 것이 있는가? 또는 이 두 가지 모두에 적용되는 것이 있는가?

지금은 CBT 실습에서 새로운 존재방식과 오래된 존재방식을 평가하는 목적을 어떻게 이해하고 있는가?

새로운 존재방식을 대표하는 심상, 은유 또는 그림 그리기를 얼마나 지지하는가? 이것은 유용하였는가? 장애가 되는 것이 있었는가? 만약 그렇다면 무엇이 도움이 되었는가?

이 모듈에서 배운 것 중 기억해야 한다고 생각되는 것은 무엇인가?

MODULE 12

새로운 존재방식 유지하고 향상시키기

새로운 존재방식 유지 계획 자체가 내가 계속하도록 도울 것이라고 생각한다. 이것을 끝까지 마친 다음 손을 떼고 모든 것을 잊어버릴까 봐 걱정하고 있었다. 그래서 새로운 존재방식 유지 계획을 워드로 깔끔하게 정리해서 안전하게 유지할 것이다!

- SP/SR 참여자

CBT에서 중요한 목표는 치료가 끝났을 때 내담자들이 스스로의 치료사가 될 수 있다는 믿음과 기술에 힘을 실어 주는 것이다. 이를 위한 한 가지 방법은 치료의 시작부터 '재발 방지'에 초점을 맞추는 것이다. 물론 치료로서 재발 방지를 강조하는 것은 종결이 되는 시점에서이다. 종결 시기 상담에서 치료사는 내담자가 치료실로 오게 한 문제를 이해하고 해결하고, 회복을 향해 이룬 진전을 검토하도록 격려한다. 일반적으로 내담자와 치료사는 내담자의 목표에 대한 진전을 검토하고 가치 있다고 증명된 CBT 기술들을 확인한다. 그런 다음 그들은 미래에 내담자가 직면하게 될 진전에 장애가 될 것을 생각해 보고, 이 장애물을 다루는 방법을 예상하고, 예방 조치를 위한 초기 경고 신호를 인식하는 데 초점을 맞추게 된다. 이 과정의 마지막은 '청사진'이라 부르는 요약 활동지인데, 이는 내담자가 치료에서 이룬 진전을 발판으로 삼아 집에서 할 일을 상기시켜 주는 것이다.

『자기탐색을 통한 인지행동치료 경험하기』의 강점기반 관점에서 종결 시기 상담의 목표는 '재발 방지'가 아니라 '새로운 존재방식의 유지와 강화하기'이다. 이 워크북, 특히 마지막 모듈들에서 했듯이, 우리는 내담자의 삶에 새로운 존재방식을 통합하고 단단하게 세우도록 내담자를 돕기를 바란다.

이 마지막 모듈은 두 가지 목표가 있다. 첫째, 내담자에게 활용하게 될 과정과 유사한 새로운 존재방식을 유지하고 강화하는 과정을 거치는 것이다. 새로운 존재방식 자기공식화와 신념 평가를 검토하고 '새로운 존재방식 유지 계획'이라 부르는 개인적 '청사진'을 만들게 될 것이다.

두 번째 목표는 CBT 치료사로서 전문적 발전을 위해 SP/SR 경험을 반영하는 것이다. 워크북에 참여하는 이유는 '개인적 자기'나 '치료사 자기'(또는 둘 다)를 활용하여 '자기탐색을 통한 CBT 경험하기'를 하는 데 있고, 이것이 '치료사 자기' 관점에서 내담자와의 작업에 대해 어떤 의미를 지니는지 생각해 보는 것에 있다. 실습은 어떠하였는가? 가치가 있었는가? 만약 그렇다면 어떤 점에서 그러한가? 미래를 위해 어떤 의미가 있을까? SP/SR에서 배운 점을 치료사로서 그리고 더 넓은 인생에서 지속적인 발전을 위해 어떻게 적용할 것인가? 미래를 위해 전문적 역할(또는/그리고 개인적 역할)의 일부로 만들고 싶은 SP/SR 실습의 측면이 있을지도 모른다.

실습. PHQ-9와 GAD-7 검토하기

첫 단계로서, 일반적으로 치료 마지막에 내담자에게 요구하는 것처럼 다음 쪽과 아래 표를 사용하여 PHQ-9와 GAD-7을 재평가하라. 진전을 관찰하기 위해 다른 질문지를 사용하였다면, 이제 그것들로 자신을 재평가하라.

PHQ-9: 사후 SP/SR

지난 2주 동안, 다음 문제들로 인해 얼마나 자주 신경 쓰였습니까?	전혀 없음	며칠 동안	1주일 이상	거의 매일
1. 매사에 흥미나 즐거움이 거의 없다.	0	1	2	3
2. 기분이 가라앉거나 우울하거나 희망이 없다.	0	1	2	3
3. 잠들기 어렵거나 자꾸 깨어남 또는 너무 많이 잔다.	0	1	2	3
4. 피곤하거나 기력이 저하된다.	0	1	2	3
5. 식욕이 없거나 과식한다.	0	1	2	3
6. 자신이 나쁜 사람이라고 느낀다. 또는 실패자라고 느끼거나 자신이나 가족을 실망시켰다고 느낀다.	0	1	2	3
7. 신문 읽기나 TV 시청과 같은 일에 집중하기가 어렵다.	0	1	2	3
8. 다른 사람들이 알아챌 정도로 매우 느리게 움직이거나 말함 또는 그 반대로 너무 초조하고 안절부절못하여 평소보다 많이 돌아다니고 서성거린다.	0	1	2	3
9. 자신이 죽는 게 더 낫다고 생각하거나 어떤 식으로든 스스로를 자해할 것이라고 생각한다.	0	1	2	3

0～4:	우울 증상 없음
5～9:	가벼운 우울
10～14:	중간 정도의 우울
15～19:	약간 심한 정도의 우울
20～27:	심한 우울
	나의 점수: __________

GAD-7: 사후 SP/SR

지난 2주 동안, 다음 문제들로 인해 얼마나 자주 신경 쓰였습니까?	전혀 없음	며칠 동안	1주일 이상	거의 매일
1. 초조하거나 불안하거나 조마조마함을 느낀다.	0	1	2	3
2. 걱정하는 것을 멈추거나 조절할 수가 없다.	0	1	2	3
3. 여러 가지 것들에 대해 걱정을 너무 많이 한다.	0	1	2	3
4. 편하게 있기가 어렵다.	0	1	2	3
5. 너무 안절부절못해서 가만히 있기가 힘들다.	0	1	2	3
6. 쉽게 짜증이 나거나 쉽게 성을 내게 된다.	0	1	2	3
7. 마치 끔찍한 일이 생길 것처럼 두렵게 느껴진다.	0	1	2	3

출처: Copyright by Pfizer, Inc. *Experiencing CBT from the Inside Out: A Self-Practice/Self-Reflection Workbook for Therapists*(The Guilford Press, 2015)에서 재출간. 이 책의 구매자는 이 측정도구를 복사하거나 다운로드 할 수 있음.

0～4:	불안 증상 없음
5～9:	가벼운 불안
10～14:	중간 정도의 불안
15～21:	심한 불안
	나의 점수: __________

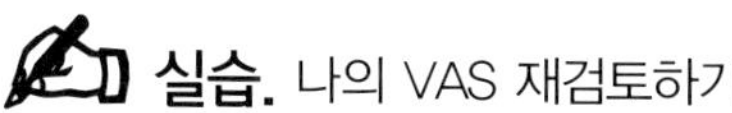

실습. 나의 VAS 재검토하기

처음 도전한 문제를 평가하라(모듈 1). 상기시키기 위해 아래에 문제를 간단히 요약하라. 이제 모듈 1에서 만든 VAS를 사용하여 걱정의 현재 수준을 평가하라. 그리고 이전 점수와 이 점수를 비교하라. 변화가 있는가? 얼마나? 무엇이 이 변화에 도움이 되었는가?

나의 VAS

도전하는 문제:

0% —— 50% —— 100%

없음 / 중간 정도 / 가장 심함

0% 설명	50% 설명	100% 설명

실습. 나의 목표 검토하기

모듈 2와 모듈 6을 보고 당신의 목표와 모듈 6에서 이룬 진전을 떠올려 보라. 어떠한가? 실습을 요약하고 다음 단계를 위해 다음 쪽의 표를 완성하라.

나의 목표 검토하기

	목표 1	목표 2
각 목표에 대한 진전을 논하라. 자신을 위해 설정한 시간 계획은 어떠했는가? 처음에 생각한 것처럼 현실적이고 성취 가능하였는가? 목표는 측정 가능하였는가?		
(있었다면) 어떤 장애물이 있었는가? • 내적 요소(예: 자기의심, 낮은 동기, 지연시키는 오래된 패턴, 자기비판) • 통제할 수 있는 외적 요소(예: 일, 가족 요구) • 통제 밖에 있는 외적 요소		
다음 단계는 무엇인가?		

실습. 나의 오래된 존재방식/새로운 존재방식 검토하기

나의 오래된 존재방식 자기공식화

우선, 모듈 9로 돌아가 오래된 존재방식 자기공식화를 검토하라. 이는 얼마나 익숙하게 느껴지는가? 변화가 있었는가? 만약 그렇다면 무엇을 알아차렸는가? 오래된 존재방식 속에서 많은 시간을 보내고 있으며 이 관점으로 보고 있는가? 그렇지 않다면 무엇이 변화하였는가? 다음 상자에 당신의 생각을 써 보라.

나의 오래된 존재방식: 나는 어떤 차이를 알아차렸는가?

나의 새로운 존재방식 자기공식화

모듈 9에서 했던 새로운 존재방식 디스크를 검토하라. 또는 더 좋게는 새로운 방식을 더 깊이 심기 위해 다음 쪽의 새로운 존재방식 디스크에 그것을 옮겨 적으라. 추가하고 싶은 것이 있는지 보라. 예를 들어, 모듈 11에서 만든 심상이나 은유 또는 그때 생각하지 못했던 강점들을 추가하고 싶을 것이다.

이제 새로운 사고방식을 검토하라. 다음 쪽의 새로운 존재방식 디스크에 모듈 9에서 나온 새로운 사고방식을 쓰고 '본능 수준'과 '이성 수준'으로 인지를 재평가하라. 모듈 9에서의 평가와 차이가 있는가? 그것은 무엇인가? 얼마나 많은 진전이 있었는가? 무엇이 차이를 만들었는가?

나의 새로운 존재방식: 나는 어떤 차이를 알아차렸는가?

나의 새로운 존재방식

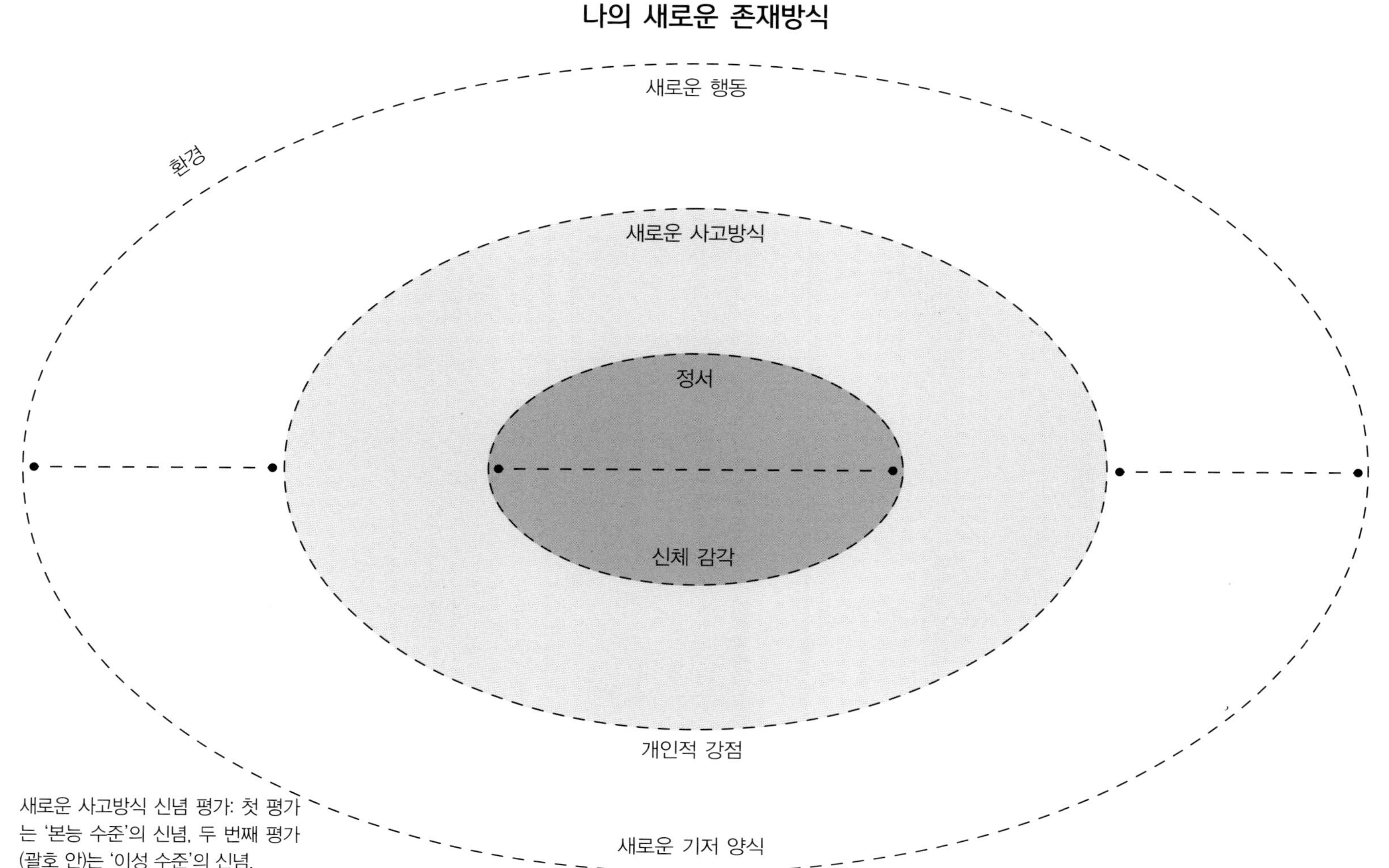

새로운 사고방식 신념 평가: 첫 평가는 '본능 수준'의 신념, 두 번째 평가(괄호 안)는 '이성 수준'의 신념.

나의 새로운 존재방식 기록책

새로운 존재방식 기록책 쓰기를 지속할 수 있었는가? 차이가 있었는가? 만약 그렇다면 어떻게 할 것인가? 만약 그것을 지속할 수 없었다면 무엇이 장애가 되었는가? 어떤 식으로 이 문제를 해결할 수 있었는가? 그렇게 하는 데 무엇이 도움이 될 수 있었을까? 내담자에게 어떤 의미가 있는가?

나의 존재방식 기록책: 어떤 영향을 미쳤는가?

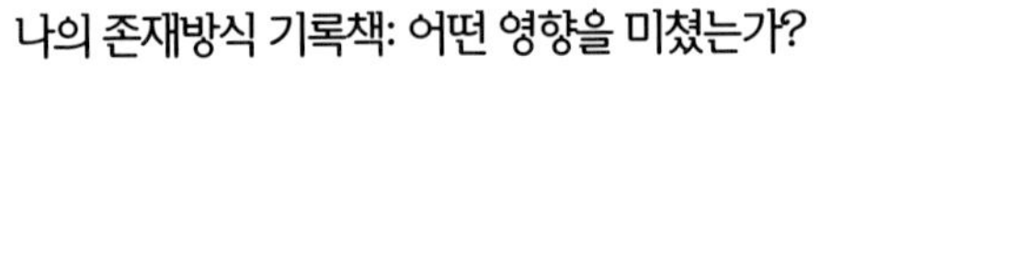

나의 새로운 존재 방식의 내러티브, 심상, 음악 그리고 신체 움직임(COMET 실습)

모듈 10에서 상상하고 썼던 새로운 존재방식 이야기들을 계속 생각하고 있는가? 그것들을 더 잘 회상할 수 있도록 새겨 넣을 수 있었는가? 음악과 움직임을 사용하여 실습하였는가? 이것은 차이가 있었는가?

나의 새로운 존재방식의 내러티브, 심상, 음악 그리고 신체 움직임: 얼마나 도움이 되었는가?

나의 행동 실험

행동 실험은 어떤 영향을 미쳤는가? 다른 행동 실험을 하거나 '행동 실험'에서의 경험에 대해 생각해 보았는가? 행동 실험을 계획하는 것이나 수행하는 것이 쉬웠는가 어려웠는가?

나의 행동 실험: 어떤 영향을 미쳤는가?

나의 간략한 심상, 은유 또는 그림

모듈 11의 마지막에 한 간략한 심상, 은유 또는 그림이 유용하다는 것을 알았는가? 적절한 시간에 그것을 떠올릴 수 있었는가? 얼마나 자주? 그렇게 하는 데 무엇이 도움이 되었는가 또는 무엇이 장애가 되었는가?

심상, 은유 그리고 그림: 무엇을 알아차렸는가?

실습. 오래된 존재방식에서 새로운 존재방식으로 옮겨 가는 데 무엇이 도움이 되었는가

워크북을 되돌아보자. 오래된 존재방식에서 새로운 존재방식으로 옮겨 갈 수 있도록 하는 데 특히 유용했던 자기훈련 실습이 있었는가(예: 강점과 문화적 요소, 행동 계획을 포함한 5영역 모델을 활용하여 공식화하기, 사고 기록지, 심상, 은유, 행동 실험, 신체기반 전략 사용하기, 긍정적 기억에의 접근을 증가시키기, 새로운 존재방식 기록책 또는 잠재적 문제 해결을 돕는 '새로운 규칙'을 활용한 문제 해결)? 아래에 이 목록을 만들고 미래에 계속 사용하기 위해 기억하고 싶은 것에 동그라미를 치라.

나의 가장 유용한 자기훈련 실습

'아' 하는 순간이 있었는가? 있었다면 무엇이었는가?

실습. 나의 새로운 존재방식 유지 계획 세우기

273~274쪽의 표는 새로운 존재방식 유지 계획, 즉 변화를 위한 개인적 청사진을 만드는 방법을 제공한다. 당신이 아는 지금 자신의 상태와 시작할 때의 상태를 상기시키기 위해 워크북에서 했던 몇 가지 실습을 되돌아보는 것이 도움이 될 것이다. 완성된 표를 복사하고, 당신이 이룬 진전을 떠올리고, 이후에도 지속할 수 있도록 당신의 계획을 떠올릴 수 있게 그것을 눈에 띄는 곳에 놓아두고 싶을 것이다.

나의 새로운 존재방식 유지 계획

문제 영역의 발달과 유지에 대해 그리고 강점 영역에 대해 SP/SR을 통해 배운 점이 있는가?
당신이 배운 전략과 기술 중에서 발달과 변화에 도움이 된 것은 무엇인가?
이후 새로운 존재방식을 어떻게 지속적으로 강화할 것인가? (어떤 기술로? 어떤 단서와 상기시키는 것으로?)
어떤 내적(사고와 정서) 또는 외적(상황) 요소가 새로운 존재방식을 훈련하는 데 장애가 될까?
무엇이 당신을 좌절하게 하고 당신을 오래된 방식으로 밀어 넣어 버릴까(예: 미래에 대한 스트레스, 직장 문제, 개인적 취약점, 관계, 삶의 문제)?

어떤 초기 단서가 이것을 알려 줄 것인가?
좌절이 된다면 무엇을 할 것인가? 좌절의 초기 단서를 본다면 무엇을 변화시킬 것인가? 잠재적 문제를 처리하기 위해 새로운 해결 전략과 강점을 사용할 수 있도록 어떻게 생각나게 할 것인가?
워크북 완성을 통해 배운 점을 어떻게 발전시킬 수 있을까? 미래의 반영 훈련에 대한 목표는 무엇일까?
반영을 전문적인 삶의 규칙적인 부분이 되도록 하기 위해 어떤 단계를 밟을 수 있을까? 3장의 '반영 능력 형성하기' 절을 다시 보라. 유용한 몇 가지 조언이 있을까?
이 새로운 목표를 실현하는 데 있어서 어떤 어려움이나 문제에 직면하게 될까? 그렇다면 이 어려움을 어떻게 극복할 것인가?

자기반영 질문

새로운 존재방식 전략 중 어떤 것이 새로운 사고방식에 대한 당신의 신념을 형성하고 새로운 행동과 기저 양식을 낳는 데 가장 효과적이었는가?

자기탐색을 통한 CBT의 경험으로부터의 경험적 전략과 인지적 전략 사이의 관계와 그것들의 상대적 효과를 어떻게 이해하는가? 경험적 전략과 인지적 전략을 잘 엮을 수 있는 방법은 무엇이라고 생각하는가?

나의 새로운 존재방식 유지 계획인 종결 작업에서 무엇을 알아차렸는가? 당신을 놀라게 한 사고, 정서 또는 행동이 있었는가?

개인적인 새로운 존재방식 유지 계획을 세우는 것은 이후 당신의 치료에 어떻게 영향을 미칠 것인가?

자기탐색을 통한 CBT 경험하기에서 당신의 경험을 어떻게 요약하겠는가?

이 워크북을 완성한 다음, 가장 중요한 '실제적인' 메시지가 무엇이라고 생각하는가?:
전문적 관점에서는?

개인적 관점에서는?

이후에 SP/SR을 계속할 가치가 있다고 생각되는가? 만약 그렇다면 어떻게 그렇게 하겠는가? 전문적인 삶에서 규칙적인 부분이 되도록 굳히기 위해 어떤 방법을 취할 것인가? 이것을 하는 데 장애가 되는 것이 있을까?

모듈 주석

모듈 주석의 목적은 CBT의 원리와 실제에 대한 깊은 이해를 할 수 있도록 논평과 참고문헌을 제공함으로써 워크북의 가치를 높이는 것이다. 자기탐색을 통한 CBT 경험하기에서의 실습은 워크북을 활용하는 심리치료사들이 이미 CBT의 원리와 실제를 알고 있다는 것을 가정한다. 그러나 항상 그런 것은 아닐 수 있다. 일부 심리치료사는 학습의 일부로 워크북을 사용할 것이고, 일부는 CBT 원리를 잘 알지만 그들의 활용에 대한 더 자세한 분석을 원할 것이다.

우리는 핵심 도서 여섯 권을 추천한다. 이들 도서는 CBT에 대한 견고한 기초 지식을 제공하고 많은 주요 전략을 검토할 수 있는 유용한 참고서들을 제공한다. 더불어 더 숙련된 CBT 심리치료사들을 위한 심화 도서 세 권을 추천한다. 이들 도서는 심리치료사들이 이미 기본적인 CBT 기술에 유능하다는 것을 가정한다.

추천서 다음에 각 모듈을 위한 주석이 있다. 주석들은 다양한 목적을 가지고 있다. 모듈에서 특색 있는 기술의 근거를 확장시키고, 개입방법과 내담자를 위한 사용에 대해 더 이론적인 배경과 더 많은 지식을 제공한다. 그리고 주석들은 유용하다고 증명된 추천서의 장들과 다른 참고서를 독자에게 알려 준다.

CBT 핵심 추천서

Beck, J. S. (2011). *Cognitive behavior therapy: Basics and beyond* (2nd ed.). New York: Guilford Press.

Greenberger, D., & Padesky, C. (1995). *Mind over mood: Change how you feel by changing the way you think*. New York: Guilford Press.

Kuyken, W., Padesky, C. A., & Dudley, R. (2009). *Collaborative case conceptualization: Working effectively with clients in cognitive-behavioral therapy*. New York: Guilford

Press.

Persons, J. B. (2008). *The case formulation approach to cognitive-behavior therapy.* New York: Guilford Press.

Sanders, D., & Wills, F. (2005). *Cognitive therapy: An introduction.* London: Sage.

Westbrook, D., Kennerley, H., & Kirk, J. (2011). *An introduction to cognitive behaviour therapy: Skills and applications* (2nd ed.). London: Sage.

CBT 심화 도서

Butler, G., Fennell, M., & Hackmann, A. (2008). *Cognitive-behavioral therapy for anxiety disorders: Mastering clinical challenges.* New York: Guilford Press.

Newman, C. F. (2013). *Core competencies in cognitive-behavioral therapy.* New York: Routledge.

Whittington, A., & Grey, N. (2014). *How to become a more effective therapist: Mastering metacompetence in clinical practice.* Chichester, UK: Wiley.

모듈 1: 도전할 문제 확인하기

척도 사용

CBT는 그 효과를 평가하기 위한 방법으로서 항상 척도 사용을 강조한다. 측정도구는 다양한 방식, 예를 들면 평가의 보조로서 기초선을 형성하기 위해, 치료의 피드백을 제공하기 위해, 그리고 치료 결과에 대한 객관적인 증거를 모으기 위해서 사용될 수 있다. CBT에서 측정도구의 활용에 대한 더 자세한 토론을 위해서는 Westbrook 등(2011, Ch. 5)이 추천된다.

이 모듈에서는 우울의 기본 측정도구로 PHQ-9(Kroenke, Spitzer, & Williams, 2001)와 다양한 불안장애의 측정도구로 GAD-7(Spitzer, Williams, Kroenke, & Löwe, 2006)을 포함한다. 그것들은 간단하고 자유롭게 사용 가능한 척도로 폭넓게 사용되고 있다(예: 영국 국가보건서비스에서 권하는 척도). 그것들은 당신의 '도전할 문제'와 관련될 수도 있고 되지 않을 수도 있다. 그러므로 자기훈련의 영향을 가장 잘 평가할 수 있도록 자신의 문제 영역(예: 분노, 불확실에 대한 과민증, 자기온정 부족)에 맞는 특수한 자료와 척도를 사용하기를 권한다. 예를 들어, 과거에 SP/SR 참여자들은 분노 척도(예: Reynolds, Walkey, & Green, 1994), 불확실에 대한 과민증 척도(예: Buhr & Dugas, 2002), 자기온정 척도(예: Neff, 2003)를 활용하였다.

평가와 문제 확인

대부분 CBT 입문서들은 치료에서 해결될 수 있는 문제를 분명히 확인하고 우선순위를 정하는 것에 대한 중요성을 설명하는 장을 포함한다. 문제 확인은 기능적 분석의 기본으로, CBT 공식화에 정보를 제공한다. Persons(2008)는 사례 공식화에 대한 그녀의 포괄적인 책에서('핵심 추천서' 참고) 첫 사례 공식화의 기초로써 문제 목록의 중요성을 강조하고 설명한다. 또 Westbrook 등(2011, Ch. 4)은 현재 문제의 설명과 이해하는 과정 및 그것이 평가와 공식화를 실증하는 방법을 자세히 설명한다.

VAS를 사용한 정서 평가

VAS에 대한 명확한 설명을 위해서는 Greenberger와 Padesky(1995, pp. 26-32)를 보라. Beck(2011, pp. 158-166)은 정서를 확인하고, 정서들을 구별하고, 정서의 강도를 측정하기 위한 기술을 더 상세히 제공한다.

추가 읽을거리

Buhr, K., & Dugas, M. J. (2002). The intolerance of uncertainty scale: Psychometric properties of the English version. *Behaviour Research and Therapy, 40,* 931-945.

Kroenke, K., Spitzer, R. L., & Williams, J. B. W. (2001). The PHQ-9: Validity of a brief depression severity measure. *Journal of General Internal Medicine, 16,* 606-613.

Neff, K. D. (2003). The development and validation of a scale to measure self-compassion. *Self and Identity, 2,* 223-250.

Reynolds, N. S., Walkey, F. H., & Green, D. E. (1994). The anger self report: A psychometrically sound (30 item) version. *New Zealand Journal of Psychology, 23,* 64-70.

Spitzer, R. L., Kroenke, K., Williams, J. B., & Löwe, B. (2006). A brief measure for assessing generalized anxiety disorder: The GAD-7. *Archives of Internal Medicine, 166*, 1092-1097.

모듈 2: 문제 공식화하기와 변화 준비하기

5영역 모델

Greenberger와 Padesky는 이 모듈에 대해 명확히 설명하는데, 1장과 함께 특히 도움이 된다. Padesky와 Mooney(1990)는 내담자와의 모델 사용에 대해 설명한다. 출판물들 이후, 모델은 5영역 모델, 5요소 모델 그리고 5체계 모델을 포함하여 다양한 이름이 붙여졌다. 이 모델이 CBT 접근으로 우울에 어떻게 적용되는지에 관심이 있다면, Williams(2009)가 『우울 극복하기: 5영역 접근(Overcoming Depression: A Five Areas Approach)』에서 훌륭한 개관을 제공하고 있으니 참고하라.

문화의 역할 이해하기

지난 몇 년 동안, 수많은 CBT 저자는 내담자와 치료사가 자신들의 경험을 이해하고 다른 문화적 환경 안에서 사용하기 위해 CBT 기술을 적용하는 것을 돕는 데 문화의 역할을 강조하고 있다. 2장에서 설명했듯이, Hays는 다문화적 치료 접근을 CBT에 통합하는 것을 강하게 지지한다. 그녀의 책 『문화를 넘어 관계하기: 상담자의 도구상자(Connecting Across Cultures: The Helper's Toolkit)』(2013)는 해결 도구에 대한 상세한 설명을 제공하고 일상적 CBT 실습에 문화를 통합하는 다양한 방법을 설명한다. 또 Kuyken, Padesky와 Dudley(2009)의 책 4장은 내담자의 문화가 강점기반 사례 개념화에 유용하게 통합될 수 있는 방법을 설명한다.

공식화에 문제 진술 사용하기

'문제 진술'의 아이디어는 일부 독자에게는 익숙하지 않을 것이다. 목적은 공유된 이해에 도달하기 위해 문제와 상황 그리고 문제가 삶에 미치는 영향을 설명하는 데 내담자의 말을 사용하는 것이다. 그렇게 함으로써 그것은 유지 공식화를 이해하고 설명하는 데 유용하고 간단명료한 방법이 된다. 영국에서 그리고 이제는 세계적으로 문제 진술은 낮은 강도의 CBT 서비스에서 일상적으로 사용되고 있다. Richards와 Whyte(2011, pp. 14-15)를 참고하라.

공식화에 강점 포함하기

처음의 CBT 공식화에 강점기반 요소를 소개한다. 2장에서 설명했듯이, 탄력성을 형성하기 위해 강점을 포함하는 것은 SP/SR에 대한 우리의 접근을 지지하는 특징적인 원리 중 하나이다. 탄력성을 형성하는 중요한 단계인 사례 공식화에 강점을 포함하는 생각은 Kuyken, Padesky와 Dudley의 책 4장 그리고 Padesky와 Mooney(2012)의 논문에 상세히 설명되어 있다.

목표 확인을 위해 심상 활용하기

심상은 효과적인 목표 설정을 하는 데 유용한 도구일 수 있다. CBT에서 심상 활용에 대한 복합적인 설명을 위해서는 Hackmann 등(2011)의 『옥스퍼드 인지치료 심상 가이드(Oxford Guide to Imagery in Cognitive Therapy)』를 참고하라. 169~178쪽에서 목표를 설정하기 위해 심상을 사용하는 것에 대한 자세한 설명을 제공한다.

SMART 목표 설정하기

SMART 원리를 사용한 목표 설정의 중요성에 관한 추가 정보를 위해서는 Westbrook 등(2011, pp. 235-238)을 참고하라.

추가 읽을거리

Hackmann, A., Bennett-Levy, J., & Holmes, E. (2011). *Oxford guide to imagery in cognitive therapy*. Oxford, UK: Oxford University Press.

Hays, P. A. (2013). *Connecting across cultures: The helper's toolkit*. Los Angeles: Sage.

Hays, P. A., & Iwamasa, G. Y. (Eds.). (2006). *Culturally responsive cognitive-behavioral therapy: Assessment, practice, and supervision.* Washington, DC: American Psychological Association.

Padesky, C. A., & Mooney, K. A. (1990). Clinical tip: Presenting the cognitive model to clients. *International Cognitive Therapy Newsletter, 6,* 13-14. Available at http://padesky.com/clinical-corner/publications; click on "Fundamentals."

Padesky, C. A., & Mooney, K. A. (2012). Strengths-based cognitive-behavioural therapy: A four-step model to build resilience. *Clinical Psychology and Psychotherapy, 19,* 283-290.

Richards, D., & Whyte, M. (2011). *Reach out: National programme student materials to support the delivery of training for Psychological Wellbeing Practitioners delivering low intensity interventions* (3rd ed.). London: Rethink.

Williams, C. (2009). *Overcoming depression: A five areas approach.* London: Hodder Arnold.

모듈 3: 행동 양식의 변화를 위해 행동 활성화 활용하기

행동 활성화 전략은 Beck이 우울을 위한 최초의 인지치료 모델을 발달시킨 이후 CBT의 주요 영역에 속하는 것이다(Beck, Rush, Shaw, & Emery, 1979). 고전적인 Beck의 인지치료는 치료 초기에 특히 심한 우울 내담자를 위한 행동 계획을 포함한다. 처음에 기본적인 활성화의 목적은 즐거운 활동에의 낮은 참여와 저조한 기분을 초래하는 활동 감소의 악순환을 깨기 위한 것이다. 행동과 기분 관찰하기, 양식 탐색하기(예: 행동과 정서 사이의 관계), 그런 다음 기분을 개선할 것 같은 의미 있는 활동 계획하기를 격려한다. 내담자가 더 적극적이게 됨에 따라, CBT 치료사들은 대개 행동 실험을 그 치료 과정에 통합하는 기회로 활용한다. 예를 들어, 내담자가 얼마나 성취 가능한지 또는 그 활동들이 얼마나 즐거움을 가져다줄지에 대한 내담자의 믿음을 평가하는 것이다. 또 다양한 활동에 참여함으로써 얻는 소소한 이점이라고 인식하도록 내담자를 돕기 위해 즐거움과 성취에 대한 평가를 활용할 수 있다.

더 최근에 행동 활성화는 원래의 행동주의 이론에 더 가까운, 서로 다른 이론적 근거와 함께 그 자체만으로 증거기반 독립형 개입방법으로 발달되고 있다. 이 모듈에서의 첫 활성화 실습은 CBT에서의 행동 계획의 초기 사용과 공식적인 행동주의의 초기 단계 둘 다와 일치한다.

현재 대부분의 CBT 도서는 폭넓은 CBT 접근의 한 요소로 활동 계획이나 행동 활성화 영역을 포함한다(예: Westbrook et al., 2011, pp. 254-261). 『기분 다스리기(Mind over Mood)』

(Greenberger & Padesky, 1995)의 10장은 고전적인 CBT와 일치하는 방식으로 내담자를 위한 행동 계획의 사용을 소개하고 내담자를 위한 유용한 유인물을 포함한다.

별개의 접근으로 행동주의에 관심이 있다면 Martell, Addis와 Jacobson(2001)의 『상황 속에서의 우울: 유도된 행동 전략(Depression in Context: Strategies for Guided Action)』과 Martell 등(2010)의 『우울을 위한 행동 활성화: 임상심리사를 위한 안내서(Behavioral Activation for Depression: A Clinician's Guide)』를 참고하라. 또 내담자에게 사용될 수 있거나 행동주의 경험을 깊게 하고자 한다면 치료사에 의해 성취될 수 있는 『한 번에 한 단계씩 우울 극복하기(Overcoming Depression One Step at a Time)』(Addis & Martell, 2004)라는 스스로 할 수 있는 훌륭한 워크북이 있다.

추가 읽을거리

Addis, M. E., & Martell, C. R. (2004). *Overcoming depression one step at a time.* Oakland, CA.: New Harbinger.

Beck, A. T., Rush, A. J., Shaw, B. F., & Emery, G. (1979). *Cognitive therapy of depression.* New York: Guilford Press.

Martell, C. R., Addis, M. E., & Jacobson, N. S. (2001). *Depression in context: Strategies for guided action.* New York: Norton.

Martell, C., Dimidjian, S., & Herman-Dunn, R. (2010). *Behavioral activation for depression: A clinician's guide.* New York: Guilford Press.

모듈 4: 도움이 되지 않는 사고와 행동 확인하기

모든 훌륭한 CBT 입문서들은 인지와 사고 양식 확인하기에 초점을 맞추고 5영역 모델을 다룬다. 주요 추천서들을 참고하라.

'하향식 화살표' 기술

'하향식 화살표' 기술은 Greenberger와 Padesky(1995, pp. 131-135), Westbrook 등(2011, pp. 147-149)에 잘 설명되어 있다.

NATs를 확인하고 기록하기 위한 사고 기록지 활용하기

자동적 사고의 확인과 기록을 위한 사고 기록지의 사용에 대한 만족할 만한 설명은 Greenberger와 Padesky(1995)의 책 5장과 Beck(2011)의 책 9장에서 볼 수 있다.

도움이 되지 않는 사고와 행동 양식과 과정

Frank와 Davidson(2014)의 책 『사례 공식화와 치료 계획을 위한 초진단적 지침(The Transdiagnostic Road Map to Case Formulation and Treatment Planning)』은 초진단적 과정과 체계에 대한 훌륭한 설명을 제공하고 사례 공식화에서의 역할을 설명한다. 일반적인 인지적 편견의 유용한 목록은 Westbrook 등(2011, pp. 172-174)에서 볼 수 있다. 안전 행동에 대한 두 가지 흥미로운 논문은 안전 행동과 적응적 대처 전략의 구분에 관한 Thwaites와 Freeston(2005)의 논문과 안전 행동의 부적응적인 사용과 적절한 사용의 구별에 관한 Rachman, Radomsky와 Shafran(2008)의 논문이다.

유지 사이클

도표 형태로 정리한 유지 사이클의 훌륭한 예시는 Westbrook 등(2011)의 책 4장을 참고하라(예: 안전 행동, 회피/도피, 행동 감소, 재앙적 오해석, 과각성).

추가 읽을거리

Frank, R. I., & Davidson, J. (2014). *The transdiagnostic road map to case formulation and Treatment planning: Practical guidance for clinical decision making*. Oakland, CA: New Harbinger.

Rachman, S., Radomsky, A. S., & Shafran, R. (2008). Safety behaviour: A reconsideration. *Behaviour Research and Therapy*, *46*, 163-173.

Thwaites, R., & Freeston, M. (2005). Safety seeking behaviours: Fact or fiction? How can we clinically differentiate between safety behaviours and adaptive coping strategies across anxiety disorders? *Behavioural and Cognitive Psychotherapy*, *33*, 1-12.

모듈 5: 도움이 되지 않는 사고와 행동을 수정하기 위해 인지적 기술 활용하기

도움이 되지 않는 사고 그리고 사고와 행동의 양식을 인식하고 수정하는 것은 CBT의 핵심에 놓여 있다. 주요 추천서들은 이 주제를 자세히 다룬다. 모듈 5의 초점은 변화를 위한 인지적 방법에 있다. 변화를 위한 실습방법은 모듈 3(행동 활성화), 8, 10과 11(행동 실험과 다른 실습방법)에서 볼 수 있다.

소크라테스식 질문하기

많이 인용된 회의 발표에서 Padesky(1993)는 소크라테스식 질문을 CBT의 '초석'이라고 말했다. 다른 유형의 소크라테스식 질문의 좋은 예시를 제공하는 내용은 Greenberger와 Padesky(1995, Ch. 6), Beck(2011, Ch. 11), Westbrook 등(2011, Ch. 7)에서 볼 수 있다.

확장된 공식화

확장된 공식화 도표는 Westbook 등(2011, Ch. 4)에 있는 공식화 도표를 적용한 것이다. 공식화하는 방법에 대한 종합적인 설명은 Persons(2008)와 Kuyken 등(2009)에서 찾아볼 수 있다. 'CBT 핵심 추천서'를 참고하라. Sanders와 Wills(2005)는 인지적 내용과 처리과정을 다루는 데 유용한 설명을 제공한다.

추가 읽을거리

Padesky, C. A. (1993, September). *Socratic questioning: Changing minds or guided discovery?* Paper presented at the European Congress of Behavioural and Cognitive Therapies, London. Available at http://padesky.com/clinical-corner/publications; click on "Fundamentals."

모듈 6: 진전 검토하기

모듈 6은 SP/SR을 하는 것의 장애물 해결하기와 문제 해결 전략을 하기 전에 모듈 1과 2에서 설명한 목표와 VAS를 검토한다.

SP/SR을 하는 것의 장애물

SP/SR 과제를 하는 데 장애가 될 수 있는 다양한 문제가 있을 수 있다는 것을 참여자들이 인식할 수 있도록 Beck, Rush, Shaw와 Emery(1979, p. 408)의 자기계발 과제를 하지 않은 이유 질문지를 적용하였다. 진전에 장애가 될 수 있는 다른 종류의 저항, 특히 대인관계 문제와 관련된 것들은 Leahy(2001)의 『인지치료에서 저항 극복하기(Overcoming Resistance in Cognitive Therapy)』에 설명되어 있다.

Beck(2011, Ch. 17)은 '과제 충실성'을 높이기 위한 아이디어와 함께 과제에 대해 도움이 되는 설명을 하고 있다. CBT에서 과제 활용에 대한 자세한 설명은 Kazantzis, Deane, Ronan와 L'Abate(2005)에서 볼 수 있다.

문제 해결하기

구조화된 문제 해결에 대한 간단한 소개는 Westbrook 등(2011, pp. 264-266), Sanders와 Wills(2005, pp. 131-132)에서 볼 수 있다. 과정에 대한 더 자세한 설명은 Nezu, Nezu와 D'Zurilla(2012)를 참고하라.

추가 읽을거리

Beck, A. T., Rush, J. A., Shaw, B. F., & Emery, G. (1979). *Cognitive therapy for depression.* New York: Guilford Press.

Kazantzis, N., Deane, F. P., Ronan, K. R., & L'Abate, L. (2005). *Using homework assignments in cognitive behavior therapy.* New York: Routledge.

Leahy, R. L. (2001). *Overcoming resistance in cognitive therapy.* New York: Guilford Press.

Nezu, A. M., Nezu, C. M., & D'Zurilla, T. J. (2012). *Problem-solving therapy: A treatment manual.* New York: Springer.

모듈 7: 도움이 되지 않는 가정 확인하기와 새로운 대안 구성하기

사고의 수준

대부분 CBT 입문서는 사고의 세 가지 수준, 즉 자동적 사고, 기저 가정(때때로 중간 신념으로 언급된다) 그리고 핵심 신념을 확인한다. 예를 들어 Beck(2011, Ch. 3), Greenberger와 Padesky(1995, Ch. 9)를 참고하라.

기저 가정

기저 가정과 '삶의 규칙'을 확인하는 것 그리고 그것들을 명시적 진술로 만드는 것은 중요한 CBT 기술이다. 가정과 규칙은 때때로 행동 실험의 기초를 제공한다(모듈 8과 11 참조). Sanders와 Wills(2005, pp. 137-143), Beck(2011, Ch. 13)은 CBT에서의 기저 가정의 역할에 대한 도움이 되는 개관을 제공하고 그것들을 확인하는 방법을 설명한다(Beck은 그것들을 '중간 신념'이라고 칭한다). 불안장애 치료에서 기저 가정의 역할에 대한 구체적인 설명은 Butler, Fennell와 Hackmann(2008, Ch. 2)을 참고하라.

모듈 8: 도움이 되지 않는 가정을 평가하기 위해 행동 실험 활용하기

행동 실험

대부분의 SP/SR 참여자는 CBT에서 중요한 개입으로 노출을 잘 알게 될 것이다. 그러나 일부는 행동 실험에 대해 아주 잘 알지는 못할 것인데, 그들이 알아야만 한다! 연구들은 행동 실험이 CBT의 가장 강력한 개입방법 중 하나라고 말한다(Bennett-Levy et al., 2004). 자동적 사고 기록보다 더 효과적인 것으로 보이고(Bennett-Levy, 2003; McManus, Van Doorn, & Yiend, 2012), 어떤 상황에서는 노출보다 더 효과적인데, 특히 사회적 불안을 겪고 있는 내담자에게 효과적이다(Clark et al., 2006; McMillan & Lee, 2010; Ougrin, 2011).

노출과 행동 실험에는 중요한 차이가 있다. 노출은 행동주의 이론에 기초를 두고 있다. 내담자는 두려운 자극에 노출되고, 두려움이 익숙해질 때까지 두려움과의 접촉이 유지된다. 행동 실험은 인지행동 이론에 기초를 두고 있다. 그것들은 계획된 경험적 활동을 통해 사고, 가정 또는 자기, 타인 또는 세상에 대한 신념을 평가하기 위해 계획된다. 간단히 말해, 노출은 대중 연설에 대한 공포가 있는 사람이 자신의 두려움이 익숙해질 때까지 대중 연설을 할 기회를 가져야만 한다. 행동 실험은 노출만으로 충분하지 않다는 것을 말한다. 두려움은 공포를 유지하고 있는 신념들이 성공적으로 확인되고, 도전되고 또는 확신되지 않을 때까지 익숙해지지 않을 것이다(예: '내가 연설을 한다면 사람들은 내가 얼마나 어리석은지 알게 될 것이다.' 또는 '얼굴이 붉어질 것이고, 나는 완전 바보처럼 보일 것이다.' 또는 '나는 사고의 흐름을 잃어버리고 조각상처럼 거기에 그냥 서 있다가 끝날 것이다.'). 그러므로 행동 실험은 개인의 특수한 신념을 목표로 하고 평가한다.

노출과 행동 실험의 또 다른 주요 차이는 노출이 대개 불안장애 치료에 제한되는 반면에 행동 실험은 다른 장애를 가진 내담자의 신념(예: '만약 내가 침대에서 벗어난다면, 나는 더 우울해지기만 할 것이다.')을 평가하기 위해 계획될 수 있다는 것이다. 다시 말해, 행동 실험은 노출보다 더 다목적적이고 광범위한 개입방법이다.

행동 실험의 이론, 계획, 실제에 대한 주요 참고문헌은 Bennett-Levy 등(2004)의『인지치료에서 행동 실험 옥스퍼드 가이드(Oxford Guide to Behavioural Experiments in Cognitive Therapy)』이다. 유용한 요약 내용은 Westbrook 등(2011, Ch. 9), Butler 등(2008, Ch. 6)에서 볼 수 있다.

'머리' 대 '가슴' 또는 '본능' 구별

모든 CBT 치료사는 "머리로는 이것을 알겠어요. 그런데…… 가슴으로는…… 본능적 반응은……."이라고 말하는 내담자에게 익숙할 것이다. 2장에서 말했듯이, '머리'와 '가슴' 또는 '본능' 수준의 신념 간의 분리가 정보를 처리하는 다른 양식과 수준의 기능이라는 점을 말하는 좋은 이론적 근거가 있다. Teasdale와 Barnard의 인지 하위체계 상호작용 모델—2장과 이 책의 마지막에 제시되어 있는 Teasdale와 Barnard의 책을 참고하라—은 행동 실험, 심상 그리고 신체 기반 개입방법과 같은 경험적 기술들이 경험적 요소가 없는 합리적인 인지 기술보다 '본능 수준'의 변화를 낳는 데 더 성공적인 것 같다고 말한다. Stott(2007)는 '머리'와 '가슴'의 차이와 CBT를 위한 그것의 의미에 대해 흥미로운 설명을 한다.

모듈 8과 몇몇 다른 모듈에서 참여자들이 스스로 차이를 경험할 수 있고 치료의 의미를 반영할 수 있도록 하기 위해 참여자들에게 따로 평가하게 함으로써 '머리'와 '가슴' 또는 '본능' 수준의 신념 간 차이를 강조한다. 서로 다른 '신체 신념'(예: '본능' 대 '머리') 사이의 의미 있는 차이가 있는지 말하기에는 너무 이르지만, 일부 연구에 의하면 차이가 있을 수 있는데 (Nummenmaa et al., 2014), 두려움, 불안 그리고 혐오와 관련된 '본능 수준'의 신념에 관해서 있을 수 있다.

추가 읽을거리

Bennett-Levy, J. (2003). Mechanisms of change in cognitive therapy: The case of automatic thought records and behavioural experiments. *Behavioural and Cognitive Psychotherapy, 31*, 261-277.

Bennett-Levy, J., Butler, G., Fennell, M., Hackmann, A., Mueller, M., & Westbrook, D. (Eds.). (2004). *The Oxford guide to behavioural experiments in cognitive therapy.* Oxford, UK: Oxford University Press.

Clark, D. M., Ehlers, A., Hackmann, A., McManus, F., Fennell, M., Grey, N., et al. (2006). Cognitive therapy versus exposure and applied relaxation in social phobia: A randomized controlled trial. *Journal of Consulting and Clinical Psychology, 74*, 568-578.

McManus, F., Van Doorn, K., & Yiend, J. (2012). Examining the effects of thought records and behavioral experiments in instigating belief change. *Journal of Behavior Therapy and Experimental Psychiatry, 43,* 540-547.

McMillan, D., & Lee, R. (2010). A systematic review of behavioral experiments vs. exposure alone in the treatment of anxiety disorders: A case of exposure while wearing the emperor's new clothes? *Clinical Psychology Review, 30,* 467-478.

Nummenmaa, L., Glerean, E., Hari, R., & Hietanend, J. K. (2014). Bodily map of emotions. *Proceedings of the National Academy of Sciences, 111,* 646-651.

Ougrin, D. (2011). Efficacy of exposure versus cognitive therapy in anxiety disorders: Systematic review and meta-analysis. *BMC Psychiatry, 11,* 200.

Stott, R. (2007). When head and heart do not agree: A theoretical and clinical analysis of rational-emotional dissociation (RED) in cognitive therapy. *Journal of Cognitive Psychotherapy: An International Quarterly, 21,* 37-50.

모듈 9: 새로운 존재방식 구성하기

새로운 존재방식 모델: 오래된 그리고 새로운 존재방식

존재방식 모델은 『자기탐색을 통한 인지행동치료 경험하기』를 쓰는 동안 발달되었다. 우리 중에 출판물에서 새로운 존재방식이라는 용어를 가장 먼저 사용한 사람은 Hackmann, Bennett-Levy와 Holmes(2011)이다. 우리는 Teasdale와 Barnard의 ICS 모델을 근거로 스키마 기반 접근을 포함하기 위해 Hackmann 등의 아이디어를 확장시켰다. 존재방식의 이론적 · 임상적 근거는 2장에서 설명하였다. 특히 Teasdale와 Barnard, Brewin, Padesky와 Mooney 그리고 Korrelboom이 우리의 생각에 미친 영향을 인정한다.

존재방식 모델을 개발하면서 우리가 깨달은 것 중 하나는 용어 '스키마'가 CBT 치료사에 의해 부정적인 것—부정적 핵심 신념과 관련된 부정적 정서와 행동—으로 해석되고 있다는 점이다(추가 설명을 위해서는 James, Goodman, & Reichelt, 2014 참조). 그러나 인간이 도움이 되는 스키마와 도움이 되지 않는 스키마를 가지고 있다는 것은 명백하다. 그리고 많은 스키마가 반드시 핵심 신념의 수준에 있는 것은 아니다. 그것들은 관습과 경험을 통해 선택한 일을 하는 방식이고 규칙이다. 숙련된 치료사들은 자동적이고 대개 무의식적인 스키마를 가지고 있다. 즉, 다른 표현과 함께 내담자를 볼 때 그것들이 '몰려 들어오고' '몰려 나온다'. 그들의 사고는 일련의 행동, 정서 그리고 신체 반응을 동반하는데, 이는 유사한 상황을 넘어서 일관되고 예상 가능하다. 어떤 스키마는 다른 것만큼 기능적이거나 효과적이지 않으며, 치료사들이 SP/SR에서 해결할 수 있는 '도전할 문제' 형태가 될 수 있다. 스키마는 주의를 요구하는가? 아마도 그럴 것이다. 그것들은 '핵심 신념' 수준에서 주의를 요구하는가? 대개는 아닌 것 같다.

오래된 그리고 새로운 존재방식 표현을 위한 디스크 모델

우리는 전체적 방식으로 존재방식 모델을 표현하기를 원한다. 몇 가지 실험을 한 후에 우리는 더 일반적인 CBT 공식화 방법으로, 때때로 '중앙난방 도표'(!)라고 부르기보다 '동심원' 접근방식이라는 용어를 선택했다. 이는 Teasdale과 Barnard의 ICS 모델로 구성되어 있는데, 이는 스키마가 인지, 정서, 신체 감각 그리고 행동의 꾸러미로 '몰려 들어오고' '몰려 나가는' 것을 함의한다. 그러므로 이 요소들을 응집적인 전체의 일부로서 그리고 가까운 이웃으로서 표현하는 것이 적절한 것처럼 보인다. 점선이 있는 동심원의 디스크는 이것을 하기 위한 방법으로 보인다. 또 디스크는 보통의 공식화 도표보다는 내담자를 위해 더 중요한 것이 될 수 있다.

새로운 존재방식의 표현에서, 강점이 새로운 존재방식의 핵심에 있기 때문에 도표의 가운데에 개인적 강점을 두었다. 디스크 모델에 대한 설명은 2장을 참조하라.

새로운 존재방식 기록책

처음에 새로운 존재방식의 증거를 기록하기 위해 긍정적 자료 수집(Positive Data Log; Greenberger & Padesky, 1995, pp. 143-144)의 활용을 예상하였다. 그러나 새로운 존재방식 용어는 새로운 일련의 신념을 위한 증거 모으기를 넘어서서 방법을 확장하였다는 것을 곧 깨닫게 되었다. 스키마에 기반하면서 새로운 존재방식은 새로운 행동, 새로운 인지, 새로운 기저 양식 그리고 신체, 정서와 연결짓는 새로운 방식을 포함한다. 따라서 새로운 존재방식 기록책은 결과와 마찬가지로 과정을 기록하는 데 사용된다. 신념에 대한 측정 가능한 효과가 있는지 없는지에 상관없이 일을 하는 새로운 방식은 그 자체로 중요하다.

추가 읽을거리

Hackmann, A., Bennett-Levy, J., & Holmes, E. A. (2011). *The Oxford guide to imagery in cognitive therapy.* Oxford, UK: Oxford University Press.

James, I. A., Goodman, M., & Reichelt, F. K. (2014). What clinicians can learn from schema change in sport. *The Cognitive Behaviour Therapist, 6,* e14.

Teasdale, J. D. (1996). Clinically relevant theory: Integrating clinical insight with cognitive science. In P. M. Salkovskis (Ed.), *Frontiers of cognitive therapy* (pp. 26-47). New York: Guilford Press.

Teasdale, J. D. (1999). Emotional processing, three modes of mind and the prevention of relapse in depression. *Behaviour Research and Therapy, 37,* S53-S77.

모듈 10: 새로운 존재방식 구체화하기

이 모듈은 Korrelboom과 동료들의 경쟁 기억 훈련(COMET)에 대한 작업으로 특징지어진다. 2장에서 COMET의 근거와 Brewin의 기억 이용 가능성에 대한 회복 경쟁과 그것의 연관성을 설명하였다. Korrelboom의 작업은 내러티브, 심상, 신체 움직임과 음악을 포함한다. 만약 규칙적으로 실습한다면 '가슴'이나 '본능' 수준에 영향을 미칠 것이라는 Teasdale이 제안한 일종의 경험적 접근이다. 또 COMET 접근의 가치는 과거 성공 기억(Biondolillo & Pillemer, 출판 중), 긍정적 심상(Pictet, Coughtrey, Mathews, & Holmes, 2011), 신체 움직임(Michalak, Mischnat, & Teismann, 출판 중) 그리고 음악(Sarkamo, Tervaniemi, Laitinen et al., 2008)으로부터 기분에 미치는 긍정적 영향을 설명하는 연구에 의해 나타난다.

추가 읽을거리

Biondolillo, M. J., & Pillemer, D. B. (in press). Using memories to motivate future behaviour: An experimental exercise intervention. *Memory.*

Korrelboom, K., Maarsingh, M., & Huijbrechts, I. (2012). Competitive memory training (COMET) for treating low self-esteem in patients with depressive disorders: A randomized clinical trial. *Depression and Anxiety, 29,* 102-112.

Korrelboom, K., Marissen, M., & van Assendelft, T. (2011). Competitive memory training (COMET) for low self-esteem in patients with personality disorders: A randomized effectiveness study. *Behavioural and Cognitive Psychotherapy, 39,* 1-19.

Michalak, J., Mischnat, J., & Teismann, T. (in press). Sitting posture makes a difference-Embodiment effects on depressive memory bias. *Clinical Psychology and Psychotherapy.*

Pictet, A., Coughtrey, A. E., Mathews, A., & Holmes, E. A. (2011). Fishing for happiness: The effects of generating positive imagery on mood and behaviour. *Behaviour Research and Therapy, 49,* 885-891.

Sarkamo, T., Tervaniemi, M., Laitinen, S., Forsblom, A., Soinila, S., Mikkonen, M., et al. (2008). Music listening enhances cognitive recovery and mood after middle cerebral artery stroke. *Brain, 131*, 866-876.

모듈 11: 새로운 존재방식을 평가하고 강화하기 위해 행동 실험 활용하기

새로운 존재방식을 평가하는 행동 실험

행동 실험을 평가하는 가정을 설정하는 세 가지 방법이 있다. 오래된 가정(가정 A)을 평가하거나 모듈 8에서처럼 오래된 가정을 새로운 가정과 비교할 수 있다(가정 A 대 가정 B). 또는 단순히 새로운 가정의 증거를 만드는 것을 계획할 수 있다(가정 B). 마지막 방법이 모듈 11의 주안점이다.

2장에서 언급했듯이, 단순히 새로운 가정을 평가하는 것으로 충분하지 않다. Teasdale과 Barnard의 ICS 모델은 경험적 전략들의 영향을 처리하는 마음상태가 중요하다고 말한다. 만약 오래된 존재방식 마음상태로 경험을 처리한다면(예: '나는 말하는 동안 불안하였고 그것을 무시해 버렸어.'), 우리는 새로운 존재방식 마음상태를 통해 경험을 처리하는 것(예: '나는 말하는 동안 불안했지만 그것을 통제하였고, 사람들은 내가 말하는 것에 진정으로 반응하는 것으로 보였어.')과는 다소 다른 태도를 지닐 것이다. 새로운 존재방식 관점은 오래된 참조틀에 의해 고려되지 않거나 무시되곤 했던 다른 종류의 정보들에 대해 마음이 개방적이게 한다. 따라서 행동 실험의 중요성은 가정 B의 증거 만들기에 전적으로 초점을 맞추었다. 경험을 처리하는 마음상태는 처리되는 정보를 결정한다.

간략한 심상, 은유 또는 그림 창조하기

모듈 11에서 간략한 심상, 은유, 아이콘 또는 그림을 포함하는 것은 요약이나 오래된 체계/새로운 체계 모델을 상기시키는 것으로써 이미지나 은유를 꾸준히 강조했던 Padesky와 Mooney(2000, 2012)의 작업에 주로 기인한 것이다. Gilbert(2005, 2013)의 온정적인 마음 훈련은 더 온정적인 자기를 창조하는 데 심상의 가치를 강조하고 있다. Padesky와 Mooney, Gilbert와 Korrelboom의 연구로부터 나온, 새로운 존재방식을 형성하고 만드는 데 심상을 사용한 예시는 Hackmann 등(2011, Ch. 13)을 참고하라. CBT에서 은유 사용에 대한 더 많은 정보를 위해서는 Stott, Mansell, Salkovskis, Lavender와 Cartwright-Hatton(2010)을 참고하라. 또 그림, 색칠 그리고 다른 예술 형태는 상징적인 수준에서 의미를 포함하는 매체가 된다. 이 방법은 Butler와 Holmes(2009)의 장에 잘 설명되어 있다.

추가 읽을거리

Butler, G., & Holmes, E. A. (2009). Imagery and the self following childhood trauma: Observations concerning the use of drawings and external images. In L. Stopa (Ed.), *Imagery and the damaged self: Perspectives on imagery in cognitive therapy* (pp. 166-180). New York: Routledge.

Gilbert, P. (Ed.). (2005). *Compassion: Conceptualisations, research and use in psychotherapy.* Hove, UK: Routledge.

Gilbert, P., & Choden. (2013). *Mindful compassion.* London: Robinson.

Hackmann, A., Bennett-Levy, J., & Holmes, E. A. (2011). *The Oxford guide to imagery in cognitive therapy.* Oxford, UK: Oxford University Press.

Mooney, K. A., & Padesky, C. A. (2000). Applying client creativity to recurrent problems: Constructing possibilities and tolerating doubt. *Journal of Cognitive Psychotherapy, 14,* 149-161.

Padesky, C. A., & Mooney, K. A. (2012). Strengths-based cognitive-behavioural therapy: A four-step model to build resilience. *Clinical Psychology and Psychotherapy, 19,* 283-290.

Stott, R., Mansell, W., Salkovskis, P., Lavender, A., & Cartwright-Hatton, S. (2010). *Oxford guide to metaphors in CBT: Building cognitive bridges.* Oxford, UK: Oxford University Press.

모듈 12: 새로운 존재방식 유지하고 향상시키기

재발 방지/새로운 존재방식 유지하고 향상시키기

재발 방지는 성공적인 CBT를 위한 주요 요소이다. 재발 방지 전략들은 내담자가 자신의 치료사가 되도록 내담자가 갖고 있는 생각 안에서 찾게 된다. 치료 종결과 재발 방지에 대한 유용한 설명은 Sanders와 Wills(2005, Ch. 9), Beck(2011, Ch. 18), Newman(2013, Ch. 9)을 참고하라.

새로운 존재방식의 관점에서 마지막 모듈의 목적은 재발 방지보다는 새로운 존재방식을 유지하고 향상시키는 것이다. 그러나 미래를 위해 학습하고 숙고한 의미를 검토하는 기본적인 전략은 대체로 동일하다.

새로운 존재방식 유지 계획

새로운 존재방식 유지 계획은 CBT 치료사들이 대개 치료 종결 회기에 사용하는 '청사진' 계획을 철저히 따른다. 문제나 어려운 일에서 재발 방지를 위해 또는 새로운 존재방식을 유지하고 강화하기 위해 쓰인 계획들은 추진력이 지속되도록 무엇을 해야 할지 긍정적으로 상기시키는 것으로써 활용된다. Butler 등(2008, Ch. 10)은 특히 불안장애 내담자의 상황에서 청사진을 사용하는 것에 대한 도움이 되는 상세한 설명을 제공하고 있다. 또 Sanders와 Wills(2005, p. 190)는 청사진의 간단한 형식의 예시를 제공하고 있다.

참고문헌

1. Padesky, C. A. (1996). Developing cognitive therapist competency: Teaching and supervision models. In P. M. Salkovskis (Ed.), *Frontiers of cognitive therapy* (pp. 266-292). New York: Guilford Press.
2. Bennett-Levy, J., & Lee, N. (2014). Self-practice and self-reflection in cognitive behaviour therapy training: What factors influence trainees' engagement and experience of benefit? *Behavioural and Cognitive Psychotherapy, 42*, 48-64.
3. Bennett-Levy, J., Turner, F., Beaty, T., Smith, M., Paterson, B., & Farmer, S. (2001). The value of self-practice of cognitive therapy techniques and self-reflection in the training of cognitive therapists. *Behavioural and Cognitive Psychotherapy, 29*, 203-220.
4. Beck, A. T., & Freeman, A., & Associates. (1990). *Cognitive therapy of personality disorders*. New York: Guilford Press.
5. Beck, J. S. (1995). *Cognitive therapy: Basics and beyond*. New York: Guilford Press.
6. Friedberg, R. D., & Fidaleo, R. A. (1992). Training inpatient staff in cognitive therapy. *Journal of Cognitive Psychotherapy, 6*, 105-112.
7. Wills, F., & Sanders, D. (1997). *Cognitive therapy: Transforming the image*. London: Sage.
8. Safran, J. D., & Segal, Z. V. (1990). *Interpersonal processes in cognitive therapy*. New York: Basic Books.
9. Sanders, D., & Bennett-Levy, J. (2010). When therapists have problems: What can CBT do for us? In M. Mueller, H. Kennerley, F. McManus, & D. Westbrook (Eds.), *The Oxford guide to surviving as a CBT therapist* (pp. 457-480). Oxford, UK: Oxford University Press.
10. Beck, J. S. (2011). *Cognitive behavior therapy: Basics and beyond* (2nd ed.). New York: Guilford Press.
11. Kuyken, W., Padesky, C. A., & Dudley, R. (2009). *Collaborative case conceptualization: Working effectively with clients in cognitive-behavioral therapy*. New York: Guilford Press.
12. Newman, C. F. (2013). *Core competencies in cognitive-behavioral therapy*. New York: Routledge.
13. Bennett-Levy, J., Lee, N., Travers, K., Pohlman, S., & Hamernik, E. (2003). Cognitive therapy from the inside: Enhancing therapist skills through practising what we preach. *Behavioural and Cognitive Psychotherapy, 31*, 145-163.
14. Bennett-Levy, J., Thwaites, R., Chaddock, A., & Davis, M. (2009). Reflective practice in cognitive behavioural therapy: The engine of lifelong learning. In J. Stedmon & R. Dallos (Eds.), *Reflective practice in psychotherapy and counselling. Maidenhead* (pp. 115-135). Berkshire, UK: Open University Press.
15. Davis, M., Thwaites, R., Freeston, M., & Bennett-Levy, J. (in press). A measurable impact of a self-practice/self-reflection programme on the therapeutic skills of experienced cognitive-behavioural therapists. *Clinical Psychology and Psychotherapy*.
16. Thwaites, R., Bennett-Levy, J., Davis, M., & Chaddock, A. (2014). Using self-practice and self-reflection (SP/SR) to enhance CBT competence and meta-competence. In A. Whittington & N. Grey (Eds.), *The cognitive behavioural therapist: From theory to clinical practice* (pp. 241-254). Chichester, UK: Wiley-Blackwell.
17. Haarhoff, B., & Farrand, P. (2012). Reflective and self-evaluative practice in CBT. In W. Dryden & R. Branch (Eds.), *The CBT handbook* (pp. 475-492). London: Sage.
18. Haarhoff, B., Gibson, K., & Flett, R. (2011). Improving the quality of cognitive behaviour therapy case conceptualization: The role of self-practice/self-reflection. *Behavioural and Cognitive Psychotherapy, 39*, 323-339.
19. Farrand, P., Perry, J., & Linsley, S. (2010). Enhancing Self-Practice/Self-Reflection (SP/SR) approach to cognitive behaviour training through the use of reflective blogs. *Behavioural and Cognitive Psychotherapy, 38*, 473-477.
20. Chellingsworth, M., & Farrand, P. (2013, July). *Is level of reflective ability in SP/SR a predictor of clinical competency?* British Association of Behavioural and Cognitive Psychotherapy Conference, London.
21. Chigwedere, C., Fitzmaurice, B., & Donohue, G. (2013, September). *Can SP/SR be a credible equivalent for personal therapy? A preliminary qualitative analysis*. European Association of Behavioural and Cognitive Therapies, Marrakesh, Morocco.
22. Gale, C., & Schroder, T. (in press). Experiences of self-practice/self-reflection in cognitive behavioural therapy: A meta-synthesis of qualitative studies. *Psychology and Psychotherapy*.
23. Fraser, N., & Wilson, J. (2010). Self-case study as a catalyst for personal development in cognitive therapy training. *The*

Cognitive Behaviour Therapist, 3, 107-116.
24. Fraser, N., & Wilson, J. (2011). Students' stories of challenges and gains in learning cognitive therapy. *New Zealand Journal of Counselling, 31,* 79-95.
25. Chaddock, A., Thwaites, R., Freeston, M., & Bennett-Levy, J. (in press). Understanding individual differences in response to Self-Practice and Self-Reflection (SP/SR) during CBT training. *The Cognitive Behaviour Therapist, 7,* e14.
26. Schneider, K., & Rees, C. (2012). Evaluation of a combined cognitive behavioural therapy and interpersonal process group in the psychotherapy training of clinical psychologists. *Australian Psychologist, 47,* 137-146.
27. Cartwright, C. (2011). Transference, countertransference, and reflective practice in cognitive therapy. *Clinical Psychologist, 15,* 112-120.
28. Laireiter, A.-R., & Willutzki, U. (2003). Self-reflection and self-practice in training of cognitive behaviour therapy: An overview. *Clinical Psychology and Psychotherapy, 10,* 19-30.
29. Laireiter, A.-R., & Willutzki, U. (2005). Personal therapy in cognitive-behavioural therapy: Tradition and current practice. In J. D. Geller, J. C. Norcross, D. E. Orlinsky (Eds.), *The psychotherapist's own psychotherapy: Patient and clinician perspectives* (pp. 41-51). Oxford, UK: Oxford University Press.
30. Schön, D. A. (1987). *Educating the reflective practitioner.* San Francisco: Jossey-Bass.
31. Skovholt, T. M., & Rønnestad, M. H. (2001). The long, textured path from novice to senior practitioner. In T. M. Skovholt (Ed.), *The resilient practitioner: Burnout prevention and self-care strategies for counselors, therapists, teachers, and health professionals.* Boston: Allyn & Bacon.
32. Sutton, L., Townend, M., & Wright, J. (2007). The experiences of reflective learning journals by cognitive behavioural psychotherapy students. *Reflective Practice, 8,* 387-404.
33. Milne, D. L., Leck, C., & Choudhri, N. Z. (2009). Collusion in clinical supervision: Literature review and case study in self-reflection. *The Cognitive Behaviour Therapist, 2,* 106-114.
34. Bennett-Levy, J. (2006). Therapist skills: A cognitive model of their acquisition and refinement. *Behavioural and Cognitive Psychotherapy, 34,* 57-78.
35. Bennett-Levy, J., & Thwaites, R. (2007). Self and self-reflection in the therapeutic relationship: A conceptual map and practical strategies for the training, supervision and self-supervision of interpersonal skills. In P. Gilbert & R. Leahy (Eds.), *The therapeutic relationship in the cognitive behavioural psychotherapies* (pp. 255-281). London: Routledge.
36. Niemi, P., & Tiuraniemi, J. (2010). Cognitive therapy trainees' self-reflections on their professional learning. *Behavioural and Cognitive Psychotherapy, 38,* 255-274.
37. Bennett-Levy, J., McManus, F., Westling, B., & Fennell, M. J. V. (2009). Acquiring and refining CBT skills and competencies: Which training methods are perceived to be most effective? *Behavioural and Cognitive Psychotherapy, 37,* 571-583.
38. Kazantzis, N., Reinecke, M. A., & Freeman, A. (2010). *Cognitive and behavioral theories in clinical practice.* New York: Guilford Press.
39. Teasdale, J. D. (1996). Clinically relevant theory: Integrating clinical insight with cognitive science. In P. M. Salkovskis (Ed.), *Frontiers of cognitive therapy* (pp. 26-47). New York: Guilford Press.
40. Teasdale, J. D. (1997). The transformation of meaning: The Interacting Cognitive Subsystems approach. In M. Power & C. R. Brewin (Eds.), *Meaning in psychological therapies: Integrating theory and practice* (pp. 141-156). New York: Wiley.
41. Teasdale, J. D. (1997). The relationship between cognition and emotion: The mind-in-place in mood disorders. In D. M. Clark & C. G. Fairburn (Eds.), *The science and practice of cognitive behaviour therapy* (pp. 67-93). Oxford, UK: Oxford University Press.
42. Teasdale, J. D. (1999). Emotional processing, three modes of mind and the prevention of relapse in depression. *Behaviour Research and Therapy, 37,* S53-S77.
43. Teasdale, J. D. (1999). Multi-level theories of cognition-emotion relations. In T. Dalgleish & M. Power (Eds.), *Handbook of cognition and emotion* (pp. 665-681). New York: Wiley.
44. Teasdale, J. D, & Barnard, P. J. (1993). *Affect, cognition and change: Re-modelling depressive thought.* Hove, UK: Erlbaum.
45. Brewin, C. R. (2006). Understanding cognitive behaviour therapy: A retrieval competition account. *Behaviour Research and Therapy, 44,* 765-784.
46. Mooney, K. A., & Padesky, C. A. (2000). Applying client creativity to recurrent problems: Constructing possibilities and tolerating doubt. *Journal of Cognitive Psychotherapy, 14,* 149-161.
47. Padesky, C. A. (2005, June). *The next phase: Building positive qualities with cognitive therapy.* Paper presented at the 5th International Congress of Cognitive Psychotherapy, Gotenburg, Sweden.
48. Padesky, C. A., & Mooney, K. A. (2012). Strengths-based cognitive-behavioural therapy: A four-step model to build resilience. *Clinical Psychology and Psychotherapy, 19,* 283-290.
49. Ekkers, W., Korrelboom, K., Huijbrechts, I., Smits, N., Cuijpers, P., & van der Gaag, M. (2011). Competitive memory

training for treating depression and rumination in depressed older adults: A randomized controlled trial. *Behaviour Research and Therapy, 49*, 588–596.

50. Korrelboom, K., de Jong, M., Huijbrechts, I., & Daansen, P. (2009). Competitive memory training (COMET) for treating low self-esteem in patients with eating disorders: A randomized clinical trial. *Journal of Consulting Clinical Psychology, 77*, 974–980.
51. Korrelboom, K., Maarsingh, M., & Huijbrechts, I. (2012). Competitive memory training (COMET) for treating low self-esteem in patients with depressive disorders: A randomized clinical trial. *Depression and Anxiety, 29*, 102–112.
52. Korrelboom, K., Marissen, M., & van Assendelft, T. (2011). Competitive memory training (COMET) for low self-esteem in patients with personality disorders: A randomized effectiveness study. *Behavioural and Cognitive Psychotherapy, 39*, 1–19.
53. van der Gaag, M., van Oosterhout, B., Daalman, K., Sommer, I. E., & Korrelboom, K. (2012). Initial evaluation of the effects of competitive memory training (COMET) on depression in schizophrenia-spectrum patients with persistent auditory verbal hallucinations: A randomized controlled trial. *British Journal of Clinical Psychology, 51*, 158–171.
54. Hackmann, A., Bennett-Levy, J., & Holmes, E. A. (2011). *The Oxford guide to imagery in cognitive therapy*. Oxford, UK: Oxford University Press.
55. Persons, J. B. (2008). *The case formulation approach to cognitive-behavior therapy*. New York: Guilford Press.
56. Beck, A. T. (1976). *Cognitive therapy and the emotional disorders*. New York: International Universities Press.
57. Beck, A. T., Rush, A. J., Shaw, B. F., & Emery, G. (1979). *Cognitive therapy of depression*. New York: Guilford Press.
58. Kuehlwein, K. T. (2000). Enhancing creativity in cognitive therapy. *Journal of Cognitive Psychotherapy, 14*, 175–187.
59. Beck, A. T, Emery, G., & Greenberg, R. L. (1985). *Anxiety disorders and phobias: A cognitive perspective*. New York: Basic Books.
60. Harvey, A. G., Watkins, E., Mansell, W., & Shafran, R. (2004). *Cognitive behavioural processes across psychological disorders: A transdiagnostic approach to research and treatment*. Oxford, UK: Oxford University Press.
61. Hawton, K., Salkovskis, P., Kirk, J., & Clark, D. (1989). *Cognitive behaviour therapy for psychiatric problems*. Oxford, UK: Oxford University Press.
62. Salkovskis, P. M. (Ed.). (1996). *Frontiers of cognitive therapy*. New York: Guilford Press.
63. Barlow, D. H., Allen, L. B., Choate, M. L. (2004). Toward a unified treatment for emotional disorders. *Behavior Therapy, 35*, 205–230.
64. Barlow, D. H., Farchione, T. J., Fairholme, C. P., Ellard, K. K., Boisseau, C. L., Allen, L. B., et al. (2011). *Unified protocol for transdiagnostic treatment of emotional disorders: Therapist guide*. New York: Oxford University Press.
65. Frank, R. I., & Davidson, J. (2014). *The transdiagnostic road map to case formulation and treatment planning*. Oakland, CA: New Harbinger.
66. Farchione, T. J., Fairholme, C. P., Ellard, K. K., Boisseau, C. L., Thompson-Hollands, J., Carl, J. R., et al. (2012). Unified protocol for transdiagnostic treatment of emotional disorders: A randomized controlled trial. *Behavior Therapy, 43*, 666–678.
67. Titov, N., Dear, B. F., Schwencke, G., Andrews, G., Johnston, L., Craske, M. G., et al. (2011). Transdiagnostic internet treatment for anxiety and depression: A randomised controlled trial. *Behaviour Research and Therapy, 49*, 441–452.
68. Frederickson, B. (2009). *Positivity*. New York: Crown.
69. Seligman, M. E., Steen, T. A., Park, N., & Peterson, C. (2005). Positive psychology progress: Empirical validation of interventions. *American Psychologist, 60*, 410–421.
70. Sin, N. L., & Lyubomirsky, S. (2009). Enhancing well-being and alleviating depressive symptoms with positive psychology interventions: A practice-friendly meta-analysis. *Journal of Clinical Psychology, 65*, 467–487.
71. Snyder, C. R., Lopez, S. J., & Pedrotti, J. T. (2011). *Positive psychology: The scientific and practical explorations of human strengths* (2nd ed.). Los Angeles: Sage.
72. Wood, A. M., Froh, J. J., & Geraghty, A. W. (2010). Gratitude and well-being: A review and theoretical integration. *Clinical Psychology Review, 30*, 890–905.
73. Cheavens, J. S., Strunk, D. R., Lazarus, S. A., & Goldstein, L. A. (2012). The compensation and capitalization models: A test of two approaches to individualizing the treatment of depression. *Behaviour Research and Therapy, 50*, 699–706.
74. Vilhauer, J. S., Young, S., Kealoha, C., Borrmann, J., IsHak, W. W., Rapaport, M. H., et al. (2012). Treating major depression by creating positive expectations for the future: A pilot study for the effectiveness of future-directed therapy (FDT) on symptom severity and quality of life. *CNS Neurosciences and Therapeutics, 18*, 102–109.
75. Hays, P. A. (2012). *Connecting across cultures: The helper's toolkit*. Thousand Oaks, CA: Sage.
76. Naeem, F., & Kingdon, D. G. (Eds.). (2012). *Cognitve behaviour therapy in non-western cultures*. Hauppage, NY: Nova Science.
77. De Coteau, T., Anderson, J., & Hope, D. (2006). Adapting manualized treatments: Treating anxiety disorders among Native Americans. *Cognitive and Behavioral Practice, 13*, 304–309.

78. Grey, N., & Young, K. (2008). Cognitive behaviour therapy with refugees and asylum seekers experiencing traumatic stress symptoms. *Behavioural and Cognitive Psychotherapy, 36,* 3-19.
79. Bennett-Levy, J., Wilson, S., Nelson, J., Stirling, J., Ryan, K., Rotumah, D., et al. (2014). Can CBT be effective for Aboriginal Australians? Perspectives of Aboriginal practitioners trained in CBT. *Australian Psychologist, 49,* 1-7.
80. Naeem, F., Waheed, W., Gobbi, M., Ayub, M., & Kingdon, D. (2011). Preliminary evaluation of culturally sensitive CBT for depression in Pakistan: Findings from Developing Culturally-sensitive CBT Project (DCCP). *Behavioural and Cognitive Psychotherapy, 39,* 165-173.
81. Rathod, S., Phiri, P., Harris, S., Underwood, C., Thagadur, M., Padmanabi, U., et al. (2013). Cognitive behaviour therapy for psychosis can be adapted for minority ethnic groups: A randomised controlled trial. *Schizophrenia Research, 143,* 319-326.
82. Alatiq, Y. (2014). Transdiagnostic cognitive behavioural therapy (CBT): Case reports from Saudi Arabia. *The Cognitive Behaviour Therapist, 7,* e2.
83. Hays, P. (2009). Integrating evidence-based practice, cognitive-behavior therapy, and multicultural therapy: Ten steps for culturally competent practice. *Professional Psychology: Research and Practice, 40,* 254-360.
84. Hays, P. A., & Iwamasa, G. Y. (Eds.). (2006). *Culturally responsive cognitive-behavioral therapy: Assessment, practice, and supervision.* Washington, DC: American Psychological Association.
85. Bennett-Levy, J. (2003). Mechanisms of change in cognitive therapy: The case of automatic thought records and behavioural experiments. *Behavioural and Cognitive Psychotherapy, 31,* 261-277.
86. McManus, F., Van Doorn, K., & Yiend, J. (2012). Examining the effects of thought records and behavioral experiments in instigating belief change. *Journal of Behavior Therapy and Experimental Psychiatry, 43,* 540-547.
87. Padesky, C. A. (2005, May). *Constructing a new self: A cognitive therapy approach to personality disorders.* Workshop presented at the Institute of Education, London.
88. Korrelboom, K., van der Weele, K., Gjaltema, M., & Hoogstraten, C. (2009). Competitive memory training for treating low self-esteem: A pilot study in a routine clinical setting. *The Behavior Therapist, 32,* 3-8.
89. Bennett-Levy, J., Butler, G., Fennell, M., Hackmann, A., Mueller, M., & Westbrook, D. (Eds.). (2004). *The Oxford guide to behavioural experiments in cognitive therapy.* Oxford, UK: Oxford University Press.
90. James, I. A., Goodman, M., & Reichelt, F. K. (2014). What clinicians can learn from schema change in sport. *The Cognitive Behaviour Therapist, 6,* e14.
91. James, I. A. (2001). Schema therapy: The next generation, but should it carry a health warning? *Behavioural and Cognitive Psychotherapy, 29,* 401-407.
92. Fennell, M. (2004). Depression, low self-esteem and mindfulness. *Behaviour Research and Therapy, 42,* 1053-1067.
93. Safran, J. D., & Muran, J. C. (2000). *Negotiating the therapeutic alliance: A relational treatment guide.* New York: Guilford Press.
94. Gilbert, P., & Leahy, R. (Eds.). (2007). *The therapeutic relationship in the cognitive behavioural therapies.* London: Routledge.
95. Freeston, M., Thwaites, R., & Bennett-Levy, J. (in preparation). *Horses for courses: Designing, adapting and implementing self-practice/self-reflection programmes.*
96. Bennett-Levy, J., & Beedie, A. (2007). The ups and downs of cognitive therapy training: What happens to trainees' perception of their competence during a cognitive therapy training course? *Behavioural and Cognitive Psychotherapy, 35,* 61-75.
97. Beck, J. S. (2005). *Cognitive therapy for challenging problems.* New York: Guilford Press.
98. Bennett-Levy, J., & Padesky, C. A. (2014). Use it or lose it: Post-workshop reflection enhances learning and utilization of CBT skills. *Cognitive and Behavioral Practice, 21,* 12-19.
99. Barnard, P. J. (2004). Bridging between basic theory and clinical practice. *Behaviour Research and Therapy, 42,* 977-1000.
100. Barnard, P. J. (2009). Depression and attention to two kinds of meaning: A cognitive perspective. *Psychoanalytic Psychotherapy, 23,* 248-262.
101. McCraty, R., & Rees, R. A. (2009). The central role of the heart in generating and sustaining positive emotions. In S. Lopez & C. R. Snyder (Eds.), *Oxford handbook of positive psychology* (pp. 527- 536). New York: Oxford University Press.
102. Michalak, J., Mischnat, J., & Teismann, T. (in press). Sitting posture makes a difference Embodiment effects on depressive memory bias. *Clinical Psychology and Psychotherapy.*
103. Niedenthal, P. M. (2007). Embodying emotion. *Science, 316,* 1002-1005.
104. Nummenmaa, L., Glerean, E., Hari, R., & Hietanen, J. K. (2014). Bodily maps of emotions. *Proceedings of the National Academy of Sciences, 111,* 646-651.
105. Haarhoff, B., & Thwaites, R. (2016). *Reflection in CBT.* London: Sage.

저자 소개

James Bennett-Levy, PhD

호주 시드니 대학교 농촌보건대학센터의 정신건강 분야 부교수이다. 2001년에 쓴 SP/SR에 관한 첫 논문 이후 자기경험적인 CBT 훈련에 앞장서고 있으며, 25권이 넘는 CBT 훈련 출판물을 포함하여 치료사 훈련에 관한 문헌들에 지대한 공헌을 하고 있다. 특히 2006년 치료사 기술 발달에 대한 서술적-절차적-반영적 모델은 널리 활용 · 인용되고 있다. 그는 가장 최근의 출판물인 인지치료의 심상에 대한 옥스퍼드 지침을 포함하여, CBT 실습에 관한 다른 세 책의 공저자 혹은 공동 편집자이다.

Richard Thwaites, DClinPsy

영국의 국립건강보험심리치료 서비스를 위한 임상감독이자 임상심리학자이고, CBT 치료사이다. SP/SR 프로그램 운영과 CBT 영역에서 치료를 할 뿐만 아니라 임상지도, 슈퍼비전, 훈련, 자문을 하고 있다. 최근에는 CBT에서 치료적 관계의 역할과 기술 발달의 과정에서 반영적 실습의 활용에 대한 연구에 관심이 있다.

Beverly Haarhoff, PhD

임상심리학자이며, 남반구에 CBT 대학원 과정이 처음으로 설립되는 데 앞장섰던 뉴질랜드 오클랜드의 매시 대학교 심리학과 부교수이다. 지난 14년 동안 CBT와 임상심리학 훈련생을 훈련시키고 슈퍼비전을 해 왔다. 그의 연구는 주로 모든 발달 수준에 있는 CBT 치료사들을 대상으로 치료사 기술 습득을 지원하고 개선하는 방법으로서 SP/SR에 초점이 맞춰져 있다. 개인치료실을 운영하고 있으며 정기적으로 CBT 훈련 워크숍을 진행하고 있다.

Helen Perry, MA

호주 시드니 대학교의 겸임교수이며, 개인치료실에서 임상심리학자로 일하고 있다. 뉴질랜드 오클랜드의 매시 대학교에서 CBT 석사과정 프로그램을 만드는 데 중요한 역할을 하였으며, 현재도 CBT 훈련가이자 슈퍼바이저로 활동하고 있다. 온라인 CBT 훈련에 관한 연구의 프로젝트 관리자였으며, 2개의 CBT 관련 논문의 공저자이다. 다양한 임상 환경에서 일해 왔으며, 우울과 불안 동반 장애 그리고 외상과 스트레스 관련 장애에 특별히 관심을 가지고 있다.

역자 소개

정은주(Jeong Eunju)

대구교육대학교 교육학 학사

울산대학교 교육학(상담교육) 석사

영남대학교 미술치료학 박사

영국 Institute of Psychoanalysis 정신분석수련

영국 SDS Training Company 인지행동치료수련

현 영남대학교 환경보건대학원 미술치료학과 겸임교수

울산 정앤정 미술치료연구소 소장

한국미술치료학회 수련감독미술치료전문가

〈주요 저 · 역서〉

미술치료학개론(공저, 학지사, 2011)

미술치료기법 II(공저, 학지사, 2013)

색채심리(공저, 학지사, 2015)

미술치료와 신경과학: 관계, 창조성 그리고 탄력성(공역, 학지사, 2018)

〈주요 논문〉

20대 여대생의 불안 감소를 위한 인지행동 미술치료: 사례 연구(2018) 外 다수

자기탐색을 통한 인지행동치료 경험하기

-치료사를 위한 자기훈련/자기반영 워크북-

Experiencing CBT from the Inside Out

-A Self-Practice/Self-Reflection Workbook for Therapists-

2020년 1월 10일 1판 1쇄 인쇄
2020년 1월 20일 1판 1쇄 발행

지은이 • James Bennett-Levy · Richard Thwaites
Beverly Haarhoff · Helen Perry
옮긴이 • 정은주
펴낸이 • 김진환
펴낸곳 • (주) 학지사
04031 서울특별시 마포구 양화로 15길 20 마인드월드빌딩
대표전화 • 02)330-5114 팩스 • 02)324-2345
등록번호 • 제313-2006-000265호

홈페이지 • http://www.hakjisa.co.kr
페이스북 • https://www.facebook.com/hakjisa

ISBN 978-89-997-1984-4 93180

정가 20,000원

이 도서의 국립중앙도서관 출판시도서목록(CIP)은 서지정보유통지원시스템 홈페이지(http://seoji.nl.go.kr)와 국가자료공동목록시스템(http://www.nl.go.kr/kolisnet)에서 이용하실 수 있습니다.
(CIP 제어번호: CIP2019047667)